Junio '00
Madrid

TÉCNICAS DE ROLFING-MOVIMIENTO

Mary Bond

TÉCNICAS DE ROLFING-MOVIMIENTO

Cómo conseguir la integración
y el equilibrio del cuerpo

EDICIONES URANO

Argentina - Chile - Colombia - España
México - Venezuela

Título original: *Rolfing Movement Integration*
Editor original: Healing Arts Press, Rochester (Vermont)
Traducción: Equipo editorial
Ilustraciones: Bárbara Mindell

ISBN: 84-7953-131-2
Depósito legal: B. 10.815-96

Fotocomposición: FD Autoedició, S.L. - Muntaner, 217 - 08036 Barcelona
Impreso por I.G. Puresa, S.A. - Girona, 139 - 08203 Sabadell (Barcelona)

Printed in Spain

Índice

Introducción

Las reglas del juego gravitatorio

Hoy es el día de la evaluación anual de la postura para los estudiantes de séptimo curso de enseñanza primaria, y tú estás en la fila que espera a la puerta de la enfermería, feliz de verte libre del examen de historia. Cuando entras en la consulta, la enfermera, con un rotulador, te traza una línea de puntos en la espalda y, señalándote un cuadro de las curvaturas de la columna vertebral, te explica las calamitosas consecuencias de la escoliosis (una curvatura lateral de la espina dorsal). Durante un par de días, todo el interés se centra en la amenaza de la escoliosis; se dice que una de tus compañeras la sufre y que probablemente tendrá que llevar un corsé especial. Pero eso de la postura es un tema aburrido del que no tardáis en olvidaros alegremente; vuestra refinación mundana os lleva a imitar las imágenes que veis en las revistas, y eso de «andar derechos» es algo que ya está pasado de moda.

Demos ahora un salto en el tiempo hasta llegar a la reunión con que celebráis el cincuenta aniversario del final de vuestros estudios secundarios. Pregúntate si tu aspecto y la sensación que tienes de tu cuerpo se corresponden con la vitalidad, la flexibilidad y la imagen que te gustaría tener. Y si no es así, ¿por qué no? Muchas cosas han afectado a tu cuerpo entre el último curso de enseñanza primaria y tu septuagésimo cumpleaños: la dieta, el ejercicio, el trabajo, la diversión, el amor y la suerte, por no citar más que algunas. Otro factor importante es la actitud que cada cual tiene hacia su cuerpo. ¿Lo ves solamente como algo que hay que decorar o camuflar, como un mero vehículo que te transporta de un lugar a otro, de una experiencia a la siguiente?

La mayoría de nosotros nos desentendemos del cuerpo. Al comienzo del juego de la vida nos dieron, como si fueran cartas de un mazo o propiedades del Metropol y, cierta cantidad de «yos»: el yo mental o intelectual, que va a la universidad hasta obtener un título; el yo emocional, que se enamora y se desenamora, y llora al ver ciertas películas, y el yo espiritual, que busca el significado en la religión o la paz en la meditación. Al yo físico, es decir al cuerpo, se lo relega a la misión de llevar a sus otros compañeros al trabajo, a la iglesia y a la discoteca. En el yo físico ni siquiera se piensa, hasta que un día, en mitad del juego, es él quien impide que alguno de los otros «yos» se mueva.

La «forma» de nuestro cuerpo no es sólo su apariencia, sino también su capacidad para moverse, para llevarnos de un lado a otro con energía y gracia a lo largo de la vida. Y tu forma es algo que ya empezó a estar condicionado mucho tiempo antes de la rutinaria apreciación de tu postura que pueda haber hecho la enfermera. Desde muy temprano empezamos a moldearnos tomando como modelos a las personas que nos rodean, que generalmente son nuestros padres y hermanos. Inconscientemente, imitamos sus ritmos, posturas, gestos y tensiones. Estas personas constituyen nuestro mundo conocido, y como necesitamos sentirnos cerca de ellas, hacemos lo mismo que hacen ellas.

Cuando llegamos a la adolescencia, generalmente recubrimos nuestras pautas de movimiento familiares y adquiridas con los gestos de nuestros amigos, con las posturas de nuestros héroes, con nuestra actitud de rebeldía. Más adelante, a medida que nos hacemos adultos, nuestros modelos son las imágenes de lo que para nuestra sociedad son el logro y el éxito. En el mundo de hoy, dominado por los medios de comunicación, nos vemos cada vez más acosados por la tentación de asumir formas y posturas que vemos fuera de nosotros mismos.

Aunque el papel de la mujer en nuestra sociedad ha empezado a cambiar en las últimas décadas, la imagen que los medios de comunicación siguen presentando de nuestro cuerpo corresponde a ideales

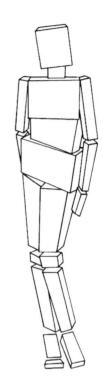

Figura 1: *La despreocupada gracia de una modelo encubre una estructura mal equilibrada y un porte inestable.*

físicos anticuados. La moda ofrece dos alternativas a las mujeres. Una de ellas es la postura negligente de las modelos, con la pelvis hacia delante, el pecho hundido y la cabeza hacia delante, en una combinación de pasividad y seducción. La otra, más autoafirmativa y extravertida, levanta los pechos y la cabeza, arquea la espalda y hace sobresalir las nalgas. Ambas posturas sugieren que la mujer es un accesorio sexual del hombre. Es raro que se retrate a una mujer apoyada sobre ambos pies, a no ser en una actitud desafiantemente masculina. A medida que el papel de la mujer y su concepto de sí misma, condicionados por el colectivo, vayan cambiando y volviéndose más definidos y seguros, también cambiará la imagen que nos dan los medios de comunicación del cuerpo femenino.

En cuanto a los hombres, a los pobres se los condiciona desde la infancia para «mantener el tipo», proyectando una pétrea imagen de estoicismo y estabilidad. En nuestra cultura, usar el cuerpo como un medio de expresión ha sido un signo de debilidad, y la movilidad de la pelvis una señal de afeminamiento. Elvis Presley introdujo un cierto grado de libertad dentro de los límites de la industria del espectáculo: mientras estéis haciendo música, chicos, no hay nada de malo en que mováis las caderas. A medida que el papel masculino cambia, los medios de comunicación también empiezan a presentarnos a los hombres en posturas más relajadas, pero por cada hombre que da la impresión de sentirse cómodo en su cuerpo sigue habiendo multitud de cinturas rígidas y labios tensos.

Además de estos modelos familiares y culturales, ¿qué más hay que determine nuestra forma? Pues, accidentes, traumas, enfermedades... Las pruebas que impone la vida nos van vaciando, nos dejan menos enteros de lo que estábamos. ¿Recuerdas aquel accidente de esquí? ¿Aquel esguince? ¿La vez que se te enganchó el tacón y tropezaste en las escaleras? Desde entonces no te has sentido tan en forma, tan ágil ni tan libre en tu cuerpo como antes. ¿Y qué hay de todos esos kilos que aumentaste al romper con tu novio, durante los largos meses de depresión y terapia hasta que recuperaste tu autoestima? Finalmente, pudiste volver a tu peso normal, pero nunca recobraste del todo la antigua sensación de ligereza y naturalidad.

Y además, claro, está tu trabajo. Quizá te pases muchas horas ante el ordenador, o puede que seas dentista y tengas que inclinarte y doblarte para observar a tus pacientes. Y tampoco te hace ningún bien sostener el teléfono entre el mentón y el hombro mientras tomas nota de algo. Ni cargar con un equipo pesado de un lado a otro en un edificio en construcción. Usamos el cuerpo de muy diversas maneras, y pocos hay que lleguemos a la noche sin quejarnos de algún efecto físico de nuestras actividades cotidianas.

Nuestro cuerpo debe de estar hecho de plástico flexible para dejarse moldear tan fácilmente por los modelos a imitar, las modas, los traumas y los gajes del oficio, es decir, por la vida. Y cuando nos aproximamos a la madurez y el plástico se vuelve menos flexible, el cuerpo empieza a llamarnos la atención de otra manera. Ya no nos recuperamos como antes. A eso lo llamamos «envejecer», y el hecho de que las primeras señales aparezcan prematuramente lo achacamos a nuestra mala suerte. Daríamos cualquier cosa por volver a sentirnos bien en nuestro cuerpo, por recuperar la libertad y la soltura que antes teníamos.

Pues, lo creas o no, podemos hacerlo. El primer paso en esta dirección consiste en modificar nuestras actitudes respecto de lo que es el cuerpo. En vez de considerarlo un estorbo, hemos de verlo como algo que está condicionado por la manera en que lo habitamos. Y puesto que el cuerpo responde al trato que le damos, quizá seamos en cierto modo responsables de él.

Supongamos que el cuerpo, en vez de ser una carta que nos han servido al comienzo de ese juego que es la vida, es en realidad el lugar donde se juega la partida. Tal vez la idea de la Biblia sea la correcta: nuestro cuerpo es un templo, una obra arquitectónica móvil que es nuestra morada.[1] Visto de esta manera, el cuerpo hace mucho más que servirnos de disfraz, contenernos y llevarnos de un lado a otro. Cada aspecto nos sirve para expresarnos, y todo lo que le sucede nos afecta esencialmente.

Todo cae

Todos los objetos que hay en el universo están sometidos a la gravedad. La ley newtoniana de la gravitación universal, uno de los principios fundamentales de la física, afirma que todos los objetos del universo atraen a todos los demás objetos del universo. La fuerza de atracción es mayor o menor según sean el tamaño y la distancia, pero de todas maneras, la atracción está presente en todas partes.

Esta fuerza, que nos liga a la Tierra y que liga entre sí a las estrellas y los planetas, es un factor de nuestro bienestar físico que generalmente pasa inadvertido. Y sin embargo, dado que nuestro cuerpo es una estructura física, está sujeto a las mismas leyes físicas que cualquier otra estructura de nuestro planeta. Así pues, una estructura que no se encuentre en una relación equilibrada con la fuerza de la gravedad se desplomará debido a la magnitud inmensamente mayor de la

---

1. 1 Corintios 6, 19-20.

Tierra en relación con cualquiera de los objetos que hay sobre ella. La gravedad puede ser temporalmente desafiada por otros factores, como la energía mecánica, la velocidad o el equilibrio, pero cuando las dos fuerzas se desequilibran, siempre gana la gravedad, y nos caemos.

Nuestra manera de movernos, aceptando la influencia de la gravedad u oponiéndonos a ella, viene a ser como jugar con la gravedad... o quizá sea más bien ella la que juega con nosotros. La buena disposición con que permitamos que juegue con nuestro cuerpo y a través de él determina en gran parte en qué forma llegaremos a cumplir los setenta.

Piensa en la última vez que tropezaste con algo. En el momento en que estabas a punto de caer tenías varias opciones: prepararte para resistir tensándote, relajarte totalmente y entregarte a la experiencia que te reservara la gravedad, o cualquier variante intermedia entre estos dos extremos.

Nuestro instinto nos conduce generalmente a la primera opción: prepararnos para resistir tensándonos. Procuramos mantener las condiciones del templo. Cuando el suelo se mueve, ya sea en sentido literal o figurado, desafiamos temporalmente a la gravedad reforzando la tensión del cuerpo. Si este refuerzo temporal se mantiene mucho rato después de la caída, el cuerpo lo acepta como un sostén permanente, y la pauta de compensación se vuelve rígida. Y como esta tensión no es inherente a la estructura, desequilibra el cuerpo y lo hace más vulnerable.

Un segundo tropezón puede causar un daño más grave, que con frecuencia se localiza misteriosamente en el sitio ya lesionado. Y cuando dejas de estar pendiente del pie donde te rompiste un dedo, te tuerces el tobillo.

Los ingenieros sismológicos saben que la seguridad estructural de un edificio exige que los cimientos sean móviles y los pilares flexibles. Cuando hay un terremoto, la rigidez estructural es un desastre, y esto no es menos válido para el cuerpo humano. Cuanto más flexible y elástico sea el cuerpo, más segura será su relación con la gravedad, y más perdurable su vitalidad.

Una metáfora del amor

Nos defendemos de la gravedad tanto por razones emocionales como por causas puramente físicas. Los malos tratos físicos o emocionales, las pérdidas, el abandono, el rechazo, son experiencias que equivalen a una «caída» emocional, y nuestra reacción ante ellas es proteger nuestros sentimientos tensando el cuerpo. Curiosamente, cuando nos quitan la «alfombra» emocional sobre la cual nos apoyamos, nuestra reacción es tan física como si la alfombra fuera real. ¿Podría ser que nuestra experiencia física de la gravedad fuera en cierto sentido una plantilla de nuestra vivencia emocional de la seguridad?

Supongamos ahora que en vez de luchar con la gravedad nos dejamos apoyar por ella. Imagina qué sensación te daría tener a la gravedad como compañera, y no como adversaria. Nuestra primera vivencia de estar apoyados se remonta a la infancia, cuando el amor

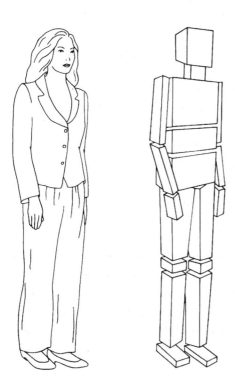

Figura 2: *Un equilibrio acorde con la gravedad se percibe y se siente como algo pacífico y tranquilo.*

de nuestros padres nos envolvía, tanto física como emocionalmente. Y a lo largo de toda la vida hemos tenido otras vivencias de apoyo, gracias a los amigos, a un maestro a quien respetábamos, a una especulación en bolsa afortunada... Recuerda cómo en esas ocasiones tu cuerpo se sentía equilibrado, firme, seguro, capaz de flotar, flexible, expansivo, grácil, cómodo y libre. Cuando el cuerpo está equilibrado en relación con la gravedad, tenemos estas mismas sensaciones físicas. La gravedad nos nutre, nos da una sensación muy semejante a la de ser queridos.

El simbolismo cristiano refleja la ley de la gravitación con la Estrella de Belén: la gravedad anuncia el nacimiento del amor. La atracción de la estrella por la Tierra simboliza el amor que nos vincula a unos con otros como seres humanos y nos proporciona nuestra primera sensación de contar con un apoyo en el universo físico.

Cuando perdemos esta seguridad de tener un apoyo y nos ponemos tensos ante los golpes de la vida, perdemos nuestra relación originaria con la gravedad. Dejamos de sentirnos físicamente apoyados y dejamos de sentirnos amados. Cuando luchamos o competimos con la gravedad, por la razón que fuere, restringimos nuestra capacidad de encarnar plenamente el amor y de expresarlo con libertad.

Cuando por razones emocionales desafiamos a la gravedad, esta vivencia deja en el cuerpo huellas de tensión, que asumen la forma de gestos de rabia, dolor, sufrimiento y miedo. Quizá no tengamos conciencia de que en nuestra carne han quedado estas huellas, y no sean tampoco visibles para un ojo inexperto, pero se han convertido en un factor subyacente en nuestra comunicación recíproca e influyen en nuestro trato con el mundo. Hacen cambios en los planos del templo. Por ejemplo, levantas una taza de té de una forma que te parece la más normal del mundo. Pero el modo en que mueves el brazo y el hombro está marcado por un momento de impaciencia que tuvo tu madre cuando tenías tres años. Ella te sacó bruscamente del patio de recreo, y en ese instante sentiste un intenso dolor, confusión y pérdida de confianza. A partir de entonces, el uso de tu brazo se encuentra limitado por un gesto de contracción defensiva del que ni siquiera te das cuenta y que es automático, incluso cuando te acercas a alguien para abrazarlo.

El restablecimiento de tu relación con la gravedad

Entonces, ¿qué se ha de hacer? ¿Tenemos que ser prisioneros de la carne, o hay alguna manera de devolverle su vitalidad original y de borrar la huella del dolor?

En este libro sugiero que una forma de hacerlo es restablecer la sensación de apoyo mediante una toma de conciencia de los desequilibrios gravitatorios existentes en el cuerpo y la liberación de las tensiones que los mantienen. Cuando se liberan las tensiones físicas, se aflojan también los componentes emocionales, abriendo así en el cuerpo un camino por el cual tanto la gravedad como el amor pueden moverse sin impedimentos.

El rolfing* y la Integración corporal por el Rolfing-Movimiento

La doctora Ida P. Rolf fue la primera persona que dio forma a la idea de que la gravedad puede servir de apoyo a las estructuras humanas, y definió su descubrimiento como un «uso más humano de los seres humanos». A partir de los años treinta, la doctora Rolf fue dando forma a una serie de manipulaciones físicas, dividida en diez pasos, a la que llamó Integración Estructural. Trabajó a partir de la premisa de que el cuerpo humano es plástico: si la gravedad podía moldearlo imponiéndole formas desequilibradas, el equilibrio podía serle devuelto mediante el toque humano. En la década de los sesenta, su método había adquirido notoriedad, llegando a ser conocido por su nombre popular de rolfing.[2]

La doctora Rolf se dio cuenta de que si las personas que se habían sometido al rolfing no aprendían a usar de otra manera su cuerpo, con frecuencia volvían a sus desequilibrios anteriores y perdían los

---

* La palabra *Rolfing* es una marca registrada por The ROLF INSTITUTE of Structural Integration.
2. En la Bibliografía se hallarán títulos referentes al rolfing.

beneficios del tratamiento. Durante los años sesenta y setenta, la especialista en rolfing Dorothy Nolte y la bailarina Judith Aston idearon una serie de ejercicios de autoayuda para la transformación estructural, que resultaron eficaces independientemente del programa de rolfing[3] Desde entonces, otros muchos especialistas en rolfing y en el movimiento han contribuido a la evolución de lo que actualmente llamamos Integración corporal por el Rolfing-Movimiento,[4] o dicho en forma condensada, Rolfing-Movimiento (RM).

El Rolfing-Movimiento (RM) combina el contacto físico y la comunicación verbal para que el estudiante sea consciente de las sensaciones internas de tensión. El maestro de RM se vale de las manos y de la palabra para ayudar al estudiante a liberar las tensiones y para guiarlo en el descubrimiento de las sensaciones que produce el hecho de estar y de moverse en armonía con la gravedad. Una vez que el estudiante ha aprendido nuevas pautas en actividades tan básicas como la respiración y los movimientos articulares más simples, puede aplicar los mismos principios a actividades de la vida cotidiana como sentarse y ponerse de pie, caminar y correr, estirarse y empujar, trabajar y divertirse.

El RM va mucho más allá de unas meras lecciones sobre lo que es una buena postura o un movimiento eficaz. Si uno cambia de postura sólo en apariencia, el cambio no se siente como auténtico. Inténtalo ahora, obedeciendo la antigua consigna de mantener los hombros hacia atrás. Lo sientes como un esfuerzo, ¿verdad? Sin duda, tampoco te sientes «realmente tú». Cambiar arbitrariamente una forma corporal o un gesto en la superficie de la piel es como ponerse una prenda de ropa o, empleando la analogía del «templo», es como restaurar el exterior de un edificio sin renovar la estructura, las cañerías y la instalación eléctrica.

El RM nos lleva en un viaje por el plano interior básico de nues-

3.   En el Apéndice se encontrará información referente a los programas «Structural Awareness», de Dorothy Nolte, y «Aston Patterning», de Judith Aston.
4.   Gael Ohlgren, Heather Wing, Vivian Jaye, Jane Harrington y Megan James han hecho importantes contribuciones a la evolución del Rolfing-Movimiento.

tra propia estructura. A menudo, como resultado de la profundidad de la conciencia física que se alcanza, afloran a la superficie recuerdos de accidentes o de tensiones emocionales ya olvidados. Con la soltura y el equilibrio físico llega la sensación de estar centrado, de autenticidad y de libertad de expresión. Cuando la estructura cambia como resultado de estos métodos, se siente el cuerpo como nuevo, con el verdadero yo liberado, por fin, desde dentro hacia fuera.

Para ganar en el Juego de la Gravedad

Este libro es una introducción a los conceptos básicos y a los métodos de enseñanza del RM. Dos de los conceptos básicos que estudiaremos son el de *equilibrio estacionario* y el de *equilibrio en movimiento*. Una parte fundamental de ambos es la sensación de *apoyo gravitatorio*.

Los maestros y practicantes de rolfing cuentan con tres tipos de apoyo. El primero es la *base del apoyo*, constituida por lo que podríamos llamar los cimientos del cuerpo: los pies, los tobillos, las rodillas, las caderas y la pelvis. El segundo tipo de apoyo son las *dimensiones* del cuerpo, es decir, la relación entre la anchura, la profundidad y la longitud que aumenta o disminuye la forma del equilibrio. El apoyo estructural exige que haya un equilibrio dimensional entre la parte frontal y la espalda, los lados derecho e izquierdo, la parte alta y la baja.

El último tipo de apoyo es el llamado *núcleo* (o centro) de la estructura. Anatómicamente, abarca la musculatura más próxima al centro del cuerpo, que es donde al parecer se almacena el recuerdo de las experiencias traumáticas del pasado y donde se produce la tensión defensiva contra el dolor y la angustia.[5] La tensión en el núcleo de la estructura impone estrés a la periferia, con lo cual socava a la vez las dimensiones y los cimientos. Para que el cuerpo se mantenga centrado, es necesario que el núcleo sea flexible y elástico.

5.   Hunt, Valerie V., y cols., *A Study of Structural Integration from Neuromuscular, Energy Field and Emotional Approaches*, informe inédito, p. 6.

Además de un apoyo constante, el equilibrio en el movimiento exige *fluidez* y *congruencia*. La fluidez es el carácter fluido y grácil del movimiento que caracteriza a los atletas y bailarines de primera fila. La flexibilidad forma parte de ella, así como la coordinación. Hay fluidez cuando un movimiento en cualquier parte del cuerpo crea una onda de respuesta integrada que se propaga por la totalidad de éste.

La congruencia (o conveniencia) indica integración del movimiento. El cuerpo entero actúa de forma concertada, sin que ninguna parte suya se retrase ni se mueva inarmónicamente en relación con las demás. En los líderes y los artistas más carismáticos se puede observar esta característica.

Estos conceptos aparecerán a lo largo de todo el libro como temas constantes que se irán estudiando en el contexto de las diversas regiones del cuerpo. Las dimensiones, por ejemplo, serán uno de los temas del capítulo dedicado a la respiración (capítulo 2), y también del dedicado al equilibrio entre los dos lados del cuerpo (capítulo 8).

Es probable que el RM te interese por muy diversas razones. Quizás hayas hecho recientemente algún trabajo con la estructura corporal y andes en busca de maneras de aumentar tu experiencia, o tal vez este libro te haya llamado la atención simplemente para mejorar tu apariencia. En este caso, es probable que obtengas de él más de lo que esperabas. El RM te demostrará que en tu cuerpo albergas a un sanador, un consejero y un amigo. O tal vez hayas andado en busca del complemento físico de un despertar interior: has golpeado la almohada, has vertido lágrimas de dolor y de rabia, hasta que finalmente has logrado resolver una dolorosa experiencia del pasado. Estabas respondiendo a la vida con una madurez nueva, pero, inesperadamente, alguna situación vuelve a provocar en ti la misma reacción que antes. Otra vez sientes que se te mueve el suelo bajo los pies; con desánimo, compruebas que estás volviendo a viejos comportamientos que ya creías superados. Y quizá lo que necesitas no sea una nueva catarsis emocional ni hacer otra vez un análisis mental del problema. Puede ser que la clave para obtener tu transformación esté en tu estructura física.

Sea cual fuere la razón que tienes para interesarte por tu cuerpo, te hará bien tomar conciencia de la influencia que tiene sobre él la gravedad. No importa si nos damos cuenta o no: todos participamos en este juego, y la gravedad siempre gana. Pero también nosotros podemos ganar si aprendemos las reglas del juego.

Cómo utilizar este libro

Este libro está organizado en forma de tres exposiciones paralelas. La primera parte de cada capítulo presenta los conceptos y principios implícitos en la relación de tu cuerpo con la gravedad, y describe además «exploraciones» que te ayudarán a experimentar por tu cuenta esos principios mediante pautas de movimiento simples, que van estableciendo en el cuerpo sendas neuromusculares por donde la gravedad puede transitar más libremente.

La segunda parte de cada capítulo cuenta la historia de cuatro personas que precisamente están leyendo un libro sobre cómo influye la gravedad en el cuerpo, y tú podrás seguir a Bill, Margie, Pauline y Fred a medida que vayan probando los ejercicios del libro, y compartir las dudas que se les plantean, sus experiencias y todo lo que van comprendiendo. Aunque los personajes son ficticios, sus experiencias están basadas en los problemas estructurales de verdaderos estudiantes de RM y en las soluciones que fueron encontrando.

Finalmente, dentro de cada capítulo hay una serie de guiones de exploración física que van apareciendo entremezclados en el texto. Como la mayor parte de este trabajo se ha de hacer tendido en el suelo, te resultará más fácil seguir los guiones si tienes a alguien que te lea las instrucciones o si te grabas una cinta. Una cinta con tu propia voz grabada como guía puede ser un poderoso instrumento de transformación. La eficacia de las exploraciones depende de que te encuentres en un estado de relajación profunda; de ahí que muchos de los guiones procuren ajustarse a un ritmo hipnótico. Los guiones incluyen puntos suspensivos entre las frases clave, para indicar una pausa en la lectura. Graba o lee las instrucciones lentamente, con calma, dejando bastante tiempo entre una oración y otra para poder sentir o hacer lo que te indica el guión.

Aun siendo simples, las exploraciones propuestas son poderosas, y pueden provocar reacciones emocionales inesperadas. En el capítulo 9 encontrarás pautas para una autoayuda emocional, y en el Apéndice hay una lista de recursos para una asistencia más profesional.

Piensa en este libro como si fuera tu maestro en RM. Tal vez quieras empezar por leértelo de cabo a rabo, saltándote los guiones; esto te dará una visión a vuelo de pájaro de la dirección en que irás moviéndote. Incluso si te lo lees rápidamente para tener una idea general, cuando la parte narrativa te indique que te sientes de cierta manera o que te pasees por la habitación, es importante que en ese mismo momento lo hagas. El tratamiento subsiguiente del tema da por supuesto que has tenido las vivencias sensoriales y cinéticas que el guión te sugiere. Si te limitas a leerlo sin hacer ninguno de los movimientos, el libro no tendrá tanto sentido para ti.

Y prométete que volverás atrás para hacer las exploraciones. Para que los conceptos afecten a tu cuerpo y a tu vida, tienes que concederte algunas experiencias nuevas en el nivel fisiológico. Planea dedicar varios días a las exploraciones que propone cada capítulo. Cambiar los hábitos físicos lleva su tiempo.

Como las experiencias se van acumulando, te sugiero que hagas las exploraciones en el mismo orden en que aparecen. La profundidad con que experimentes el guión 13 depende de lo completa que haya sido tu experiencia del guión 3.

Las exploraciones son precisamente eso, «exploraciones». No son ejercicios de los que puedas beneficiarte haciéndolos de forma rutinaria, sino que te exigen una atención y una conciencia plenas. Su objetivo es descubrir sensaciones internas nuevas que puedas usar para volver a diseñar tu forma de moverte por la vida. En la mayoría de los casos no necesitarás practicar más de una o dos veces cada exploración, lo suficiente para llegar a una vivencia sensorial del concepto que estás explorando. El objetivo no es que sigas practicando los ejercicios, sino que incorpores a tu vida cotidiana los conceptos de apoyo, fluidez y congruencia. Los guiones 5, 20-22 y 31 están pensados para proporcionarte experiencias de integración, y los puedes emplear en cualquier momento a modo de repaso.

1

El plano básico de la estructura

He aquí un sencillo experimento que te recordará cómo funciona la gravedad. Coge un lápiz u otro objeto pequeño que tengas a mano y déjalo caer. Hazlo varias veces para observar la fuerza de la gravedad en acción. Siente lo que le sucede al lápiz como si estuvieras en su lugar. Por más tonto que parezca, al hacerlo sentirás más respeto por el equilibrio con que nos responde el cuerpo cada vez que damos un paso. Por supuesto, nosotros tenemos más alternativas que un lápiz en lo que respecta a la fuerza de la gravedad, pero la hazaña que significa andar en posición vertical sobre un par de zancos articulados es algo en lo cual no solemos pensar.

El modelo más simple del equilibrio estacionario en el cuerpo es el formado por una pila de bloques como esos con que juegan los niños. Supongamos que quisieras construir con ellos una figura humana. Escogerías bloques para los pies, las piernas, los muslos, la pelvis, la cintura, el tórax, el cuello y la cabeza, y empezarías a apilarlos. Elegirías bloques de igual longitud para los segmentos de las piernas, porque así la pelvis estaría nivelada, y dispondrías cuidadosamente los segmentos del torso para asegurarte de que la cabeza está firmemente apoyada sobre ellos. Cualquier bloque que estuviera deformado, torcido o desequilibrado haría que la gravedad volviera a reducir toda tu construcción a las partes con que la empezaste. Afortunadamente para nosotros, los «bloques» que constituyen nuestro cuerpo están bien asegurados por capas de piel y músculo, porque, de lo contrario, terminaríamos convertidos en un montón informe.

Figura 3:
Es probable que, como resultado del hábito de cargar el peso sobre la pierna y la cadera derechas, este adolescente sufra dolores en la parte inferior de la espalda cuando sea mayor.

Nuestro cuerpo es una estructura asombrosamente maleable, capaz de acomodarse a toda clase de deformaciones y seguir funcionando. Cuando la gravedad tira hacia abajo de nuestros mal alineados bloques, los músculos que hay entre ellos se contraen para mantenerlos en su lugar. Un cuerpo desequilibrado, no importa de qué manera esté encorvado, retorcido y comprimido, se tensa, se pone rígido, para mantenerse erguido ante el estrés. El resultado es un cuerpo más tenso de lo necesario, y que funciona como si fuera más bajo y más grueso de lo que realmente es. La definición mecánica de la palabra «estrés» implica la resistencia del tejido elástico a las fuerzas externas. Eso es lo que hacemos: resistir, compactándonos, a la fuerza de la gravedad, y así reducimos nuestra capacidad para reaccionar ante el estrés con elasticidad y movilidad.

¿Te suena todo esto como un sermón para que nos pongamos derechos? Pues en realidad no lo es. Nuestro objetivo son cuerpos equilibrados en acción; pero, por el momento, sólo estamos mirando de qué manera afecta al movimiento el plano básico de la estructura estática.

En el nivel más simple, nuestro cuerpo es como una pila de bloques: cuando los bloques están adecuadamente alineados, el cuerpo es estable y amplio, y los tejidos son elásticos y están relajados. Cuando los bloques están torcidos, el «factor plástico» que hay en el cuerpo los pega como si fuera un cemento, deformando la estructura corporal y restringiendo su capacidad de movimiento. Veamos ahora cómo funciona la misteriosa maleabilidad del cuerpo humano.

El factor plástico

Todas las partes del cuerpo (huesos, músculos, órganos, vasos sanguíneos y nervios) están rodeadas por (y en parte mezcladas con) un material fibroso semielástico al que llamamos tejido conjuntivo o conectivo, o utilizando su nombre más técnico, fascia. Para ayudarte a visualizar las fascias, imagínate una naranja. La naranja está rodeada por una gruesa piel externa que la recubre, y tiene además una membrana que rodea sus segmentos individuales (gajos) y una delgada película que separa las diminutas partículas que hay dentro de cada uno de ellos.

Imagínate que todas esas capas se comunican entre sí y se afectan unas a otras. Así es como la fascia está entretejida dentro del cuerpo: la fascia superficial es una vaina que recubre todo lo que hay debajo de la piel y que está directamente conectada con las vainas fasciales que envuelven cada uno de los músculos y órganos internos, e incluso con las membranas celulares. Las fascias se estiran como un género de punto: si te enganchas el jersey en un clavo, el tirón lo deforma por entero.[6]

Combinemos ahora este concepto de un tejido plástico interconectado con la imagen del cuerpo visto como una pila de bloques: si

---

6. Las analogías de la naranja y el jersey son de la doctora Rolf. En su libro *Rolfing: La integración de las estructuras del cuerpo humano* [Urano, Barcelona, 1994] hay un inimitable estudio de la fascia (cap. 3).

uno de ellos se desplaza o se tuerce, la membrana que los envuelve tironea también de los otros bloques. Todas las partes de nuestro cuerpo se intercomunican mediante las fascias; a esto se debe que de cualquier incidente de tensión resulten pautas de compensación muy complejas.

El principal componente del tejido conectivo es la proteína conocida como «colágeno», que tiene la fascinante cualidad de poder cambiar de textura: según la forma en que se lo use, puede pasar de la condición de una especie de gelatina a ser algo más semejante a un pegamento, e incluso parecerse al cuero.

Cuando un bloque corporal se tuerce o se ladea, los músculos del área adyacente se contraen para mantener en su lugar la parte desalineada. Con el fin de sentir cómo se produce esto, levanta el hombro derecho hasta la oreja derecha y mantén la posición mientras terminas de leer este párrafo. Para hacerlo es necesario gastar energía, y seguir contrayendo indefinidamente los músculos del hombro sería un gran desperdicio energético, de modo que ahí es donde acude la fascia al rescate. Cuando una parte del cuerpo, como puede ser el hombro, sufre una falta de alineamiento crónica, el tejido normalmente elástico que rodea y separa los músculos afectados (es decir, la fascia) va tomando una consistencia coriácea. Al volverse rígido y perder elasticidad, de hecho termina por inmovilizar el hombro. Los músculos se acortan, se tensan y pierden la capacidad de responder plenamente al deseo de relajarlos. A la larga, las vainas que separan entre sí los músculos se van soldando y así se restringe la amplitud de movimiento de la articulación.

El tejido cicatricial es un ejemplo del tipo de tejido conectivo rígido y falto de elasticidad que el cuerpo fabrica alrededor de una herida cuando necesita repararse y protegerse. Es un tejido cuya función consiste en restringir el movimiento en el lugar de la herida. El desequilibrio estructural es como una acumulación de heridas leves ante las cuales el cuerpo ha reaccionado volviéndose, en general, más rígido y menos móvil.

*   *   *

El patrón fascial determina
la forma en que te sientas

Inmovilízate. No muevas un músculo. Lo más probable es que te hayas sentado en la posición más habitual para ti. Dediquemos un momento a considerar el diseño estructural de tu forma de sentarte.

Empieza por fijarte en la orientación de la pelvis. ¿Te apoyas más en una nalga que en la otra? ¿Una de las caderas está más comprimida por el peso del torso? ¿Te sientas hacia delante, sobre los muslos, o hacia atrás, sobre el cóccix? ¿Tienes una pierna cruzada sobre la otra? ¿De qué manera?

Fíjate ahora en la orientación de la caja torácica en relación con la pelvis. El tórax, ¿está más cerca de la pelvis por delante o por detrás? ¿Del lado derecho o del izquierdo? ¿Dónde están los extremos de los hombros en relación con el pecho? ¿Uno de los hombros está más alto que el otro, o más hacia delante que el otro? Y fíjate en la cabeza: ¿Sientes que una oreja está más hacia delante que la otra, o más alta?

Ahora, invierte tu modo de sentarte: cruza las piernas en el otro sentido, cambia el peso sobre la otra nalga, curva la columna en la dirección opuesta, levanta el otro hombro y modifica la inclinación de la cabeza. Ponte en una postura tan inversa de la otra como te sea posible. ¿Cómo te sientes? Si tienes una sensación más o menos intermedia entre algo espantoso y algo rarísimo, te pasa lo mismo que a la mayoría de la gente.

La posición en que te has sentado al principio, la que te resulta cómoda, expresa el patrón fascial, la forma de orientarse que prefiere tu cuerpo. Tus fascias se han acomodado al patrón de compresión y rotación de tu cuerpo, de modo que esa posición ligeramente descentrada hace que te sientas firme y estable. Como veremos más adelante, de la pauta fascial depende la actitud que habitualmente adoptas cuando estás de pie y tu forma de usar el cuerpo en cualquier movimiento que hagas.

* * *

¿Y qué hay del ejercicio?

–Bueno, ¿y qué pasa con eso? –preguntas–. Sin duda, mi mala postura se debe simplemente a que no hago bastante ejercicio. Lo único que necesito es encontrar tiempo para ir al gimnasio...

Uno de los beneficios de la gimnasia es que la contracción y relajación rítmica de los músculos actúa como una bomba que ayuda al corazón en su trabajo de hacer circular la sangre por el cuerpo. Sin embargo, cuando el movimiento en una parte del cuerpo se ve limitado por un engrosamiento del tejido conectivo, la acción de bombeo de los músculos de esa zona queda inhibida, lo cual restringe la circulación de los fluidos y nutrientes por el torrente sanguíneo. La mala alineación hace que esa zona se vuelva doblemente vulnerable: a las lesiones, debido a la reducción de su flexibilidad, y a la enfermedad, a causa de la congestión y la acumulación de toxinas. Así, en el proceso de envejecimiento, una mala alineación corporal y la inmovilidad por ella provocada pueden ser causa de artritis o de otras incapacidades.

La investigación actual indica que el ejercicio puede aliviar, e incluso invertir, algunas de las enfermedades características del envejecimiento. Como es tanta la gente que en las últimas décadas ha practicado seriamente ejercicios físicos, es probable que las personas mayores de mañana sean un grupo más saludable que los ancianos de hoy, pero el ejercicio por sí solo no invertirá los efectos del Juego de la Gravedad. Es más, sin una alineación adecuada es posible que el ejercicio más bien refuerce los hábitos de desequilibrio.

Si uno ya tiene los bloques corporales mal alineados, tenderá a trabajar su cuerpo siguiendo las pautas de estrés ya incorporadas a las fascias. Digamos que te resulta más fácil inclinar el torso hacia la izquierda que hacia la derecha. Si no conoces bien tu patrón estructural, es probable que lo agraves, estirando en exceso el lado que se mueve con más facilidad, con lo cual fomentarás tu restricción. Para hacer fuerza, tenderás a forzar hasta el límite el lado que ya es más fuerte. Este tipo de uso desequilibrado del cuerpo termina por causar lesiones.

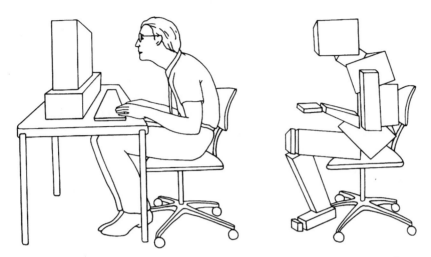

Figura 4: *Un largo día en un lugar de trabajo mal adaptado impide que este hombre respire bien y hace que vuelva a casa con tensión en el cuello y los hombros.*

Cómo cambiar tus hábitos de movimiento

De hecho, el uso repetitivo de tu estructura va moldeando tu forma. Es fácil reconocer el engrosamiento de cuello y hombros en un jugador de rugby, los muslos prominentes de una bailarina, las piernas arqueadas de un cowboy o los hombros encorvados y la cabeza alargada hacia adelante de un programador informático. El sistema nervioso dice a los músculos lo que han de hacer, y el tejido conectivo se adapta. El sistema neuromuscular entra en un surco, como la aguja del tocadiscos, reconoce una orden y la ejecuta una y otra vez de la misma manera. Con el tiempo, el acortamiento de las fascias impone una vía de menor resistencia que rige el movimiento. Es lo que se llama un hábito. Los hábitos nos parecen eficientes porque son familiares. La premisa de la Integración corporal por el Rolfing-Movimiento (RM) es que podemos restablecer el equilibrio en nuestra estructura si cambiamos los hábitos de movimiento que perpetúan el desequilibrio.

No todos los hábitos de movimiento son tan fáciles de identificar como los que he mencionado. Digamos que hace diez años tuviste una caída en una pista de esquí y que después cojeaste durante unos seis meses. Aunque hayas olvidado aquellos meses de incomodidad, tu fascia todavía sigue cargando con una débil huella de aquella cojera, lo suficiente como para que al andar te apoyes con apenas un poco más de fuerza en la pierna que no estuvo lesionada. Hay muchas otras razones por las cuales podrías preferir cargar más peso sobre la pierna izquierda; tal vez tu padre tendía a apoyarse más en la derecha, y para compenetrarte con él, inconscientemente te hayas convertido en un reflejo de su manera de andar.

La fascia se adapta siempre a la forma en que se la usa: va engrosándose y endureciéndose según cuáles sean las líneas de tensión que le impone tal o cual forma de estrés. La orientación de las fibras del tejido conectivo refuerza el cuerpo de tal modo que éste pueda responder, en el futuro, a presiones similares. Cuando el estrés que la causó desaparece, ese patrón fascial cae en desuso, porque se convierte en un factor de limitación. En ocasiones, la gente se identifica con sus patrones fasciales hasta el punto de que, inconscientemente, se pone en situaciones que simulan la presión que las originó. Por ejemplo, una persona a quien en su niñez intimidaron con amenazas adopta una postura defensiva en su relación con el mundo. Incluso cuando ya es una persona madura, su actitud corporal carga con el lastre de la postura que antes adoptaba para expresar sumisión o desafío. Con el tiempo, esa actitud se «congela» en un patrón fascial que es una manera de que esa persona sepa quién es. Las fascias se convierten así en una prisión física que provoca ciclos de comportamientos disfuncionales.

Si se permite que la espiral de desequilibrio y estrés siga perpetuándose, la gravedad gana la partida. Este resultado se puede invertir si se toma conciencia del problema y se inicia el proceso de liberarse de él y de establecer hábitos nuevos. Lo primero es la toma de conciencia, porque no podemos liberarnos de un desequilibrio mientras no sepamos que existe.

A veces, el proceso de liberar estas tensiones evoca el recuerdo del estrés que las originó. Sin embargo, no siempre es importante determinar la fuente de un hábito. Lo importante es la creación de opciones neuromusculares nuevas para que los viejos hábitos puedan dejar de limitarnos. Una vez que se libera la tensión, el cuerpo tiene que encontrar una orientación diferente para que la trama o envolturas constituidas por las fascias puedan readaptarse. Esto se consigue mediante una práctica consciente de nuevas pautas de movimiento. La reeducación motriz revisa nuestra sensación interna de equilibrio y comodidad. Con el tiempo, el nuevo equilibrio se vuelve familiar y llegamos a sentir que la nueva forma de moverse es mejor que la antigua. Entonces, los nuevos hábitos nos proporcionan una base física para ir mejorando tanto la imagen que tenemos de nosotros mismos como nuestro comportamiento.

Cómo familiarizarte con tu propia estructura

El guión 1 te ayudará a dar el primer paso para tomar conciencia de tus patrones estructurales. Con el fin de evaluar tu forma de andar, elige una habitación o un pasillo donde puedas dar unos veinte pasos en línea recta. Camina resueltamente, como si estuvieras atravesando la habitación para abrir una ventana. Ve y vuelve una y otra vez hasta que sientas que la longitud y el ritmo de tus pasos son los habituales. Sigue caminando mientras alguien te lee el guión, o bien mientras escuchas la cinta grabada por ti. No todas las preguntas serán aplicables a todos los lectores, de modo que presta atención a las que te parezcan pertinentes en tu caso.

◆

GUIÓN 1

Cómo evaluar tu modo de estar de pie y de andar

Comienza por ponerte en una posición cómoda, de pie, sólo con calcetines. Ve moviendo el cuerpo hasta que sientas que estás en una postura familiar, tal como te pondrías si estuvieras, por ejemplo, en una cola para entrar al teatro. ¿Te resulta cómoda esta posición, con el peso del cuerpo más apoyado en una pierna que en la otra? ... ¿Tienes los pies vueltos hacia fuera o hacia dentro? ... Las rodillas, ¿están trabadas? ... ¿Estás cargando la mayor parte del peso en una cadera? ... Procura apoyarlo en la otra y observa si esta posición te resulta igualmente cómoda. Ahora, vuelve a tomar la postura más familiar.

Fíjate en lo que haces con los brazos. ¿Los tienes cruzados o bien en jarras, con las manos sobre las caderas? ... La posición de los brazos, ¿es una manera de sentir más estable el torso? ... ¿Qué alineación hay entre la caja torácica y la pelvis? ... ¿Tienes las caderas hacia delante y el pecho hundido ... o las nalgas echadas hacia atrás y el pecho hacia delante?

Ahora fíjate en la cabeza. ... ¿Está cómodamente equilibrada sobre la columna ... o tienes que tensar el cuello para mantenerla en su lugar? ... En cuanto a la mandíbula, ... ¿estás proyectando el mentón hacia delante o recogiéndolo hacia la garganta?

Ahora empieza a caminar y tómate un minuto para adoptar un ritmo familiar. Presta atención al ruido de los pies sobre el suelo. Sigue caminando hasta que puedas reconocer el sonido como si estuviera graba-do en una cinta. ¿Con qué levedad o con qué firmeza golpeas el suelo con los talones? ... ¿Te parece que un pie golpea con más énfasis que el otro? ... ¿Das el paso más largo con una pierna que con la otra?

Observa a qué distancia del suelo está tu caja torácica mientras andas. Es una distancia que has de percibir cinéticamente, no algo que necesites medir con una vara ni mirar en un espejo. Procura percibirla bien. ¿Sientes que el pecho está lejos o cerca del suelo?

Considera que tu cuerpo tiene una mitad superior y una inferior. ¿Dónde sientes que está la línea de demarcación? ... ¿En las caderas, en el diafragma, en la parte superior del pecho? No todos la sentimos en el mismo lugar.

Durante un momento, deja de caminar y relájate. Si tu andar estu-viera controlado por un motor colocado dentro de tu cuerpo, ¿dónde esta-ría? ... Cuándo das un paso, ¿dónde se genera el impulso del movimien-to? ... ¿En la parte superior de tu cuerpo o en la inferior?

Encuentra el centro de tu pecho, la región del corazón. ¿Dónde tienes el corazón en relación con las rodillas y con los pies? ... ¿Delante o detrás de ellos? ... ¿Sientes como si el corazón te hiciera avanzar ... o son las caderas las que avanzan mientras el tronco se va quedando atrás? ... ¿Y la cabeza? ¿La sientes sostenida por el corazón o te sobresale por delante del pecho?

Sólo para divertirte, exagera las características que acabas de observar en tu postura. Lo más probable es que la exageración te resulte familiar, algo así como la forma en que te sientes cuando te levantas con el piez izquierdo. No pierdas la esperanza. Recuerda que tienes una estructura plástica y que su plano básico puede cambiar.

◆

Acabas de realizar una exploración preliminar de algunas de las características del plano básico de tu estructura. En los capítulos siguientes tendrás la oportunidad de hacer nuevas evaluaciones y de aprender más sobre tu modo de estar de pie y de andar.

Concédete unos minutos para tomar nota de lo que has aprendido sobre tu cuerpo después de haber escuchado y seguido el guión. Anota tus impresiones para tener un punto de referencia que luego te permita evaluar la forma en que vaya cambiando tu cuerpo.

Observa con objetividad, pero no juzgues; cultiva una actitud amistosa hacia tu estructura tal como es. Nadie responde si se intenta educarlo con métodos intimidatorios, y tu cuerpo menos que nadie. Al fin y al cabo, tus tensiones y desequilibrios son el resultado de los mejores esfuerzos de tu cuerpo por ayudarte a resistir sin desmoronarte al estrés de la vida. Considera respetuosamente esos esfuerzos, aunque estés intentando ofrecer a tu cuerpo otras maneras de ser alternativas.

En el capítulo 2 vamos a descubrir cómo reacciona tu estructura ante el movimiento más básico de la vida: la respiración. Tomar conciencia de cómo respiras te ayudará a tener una vivencia de primera mano de la capacidad de respuesta que tiene realmente tu cuerpo. Pero primero vamos a encontrarnos con Bill, un miembro de nuestro imaginario Grupo de la Gravedad. Bill es un hombre común y corriente, de treinta y tantos años, que durante su crisis de mitad de la vida de repente empezó a preocuparse por su estructura.

* * *

El Grupo de la Gravedad

—Oye, Larguirucho —se burla Mike—, ¿por qué la próxima vez no aterrizas sobre los sesos?

Billy, víctima a los diez años de un enorme «estirón», se frota la rabadilla magullada, recoge el condenado patín que lo arroja al suelo en cada curva y se refugia en un mundo imaginario de videojuegos donde se puede jugar sin que a uno le duela nada. A fuerza de aterrizar tantas veces en la acera no sólo ha llegado a creer que no tiene la menor coordinación, sino que se ha acostumbrado a contraer ligeramente los doloridos músculos del trasero, y también a recoger y bajar aún más la pelvis en respuesta a las zurras que de vez en cuando le propina su padre.

A medida que Billy va creciendo, su pelvis está en peores condiciones para brindar apoyo a la longitud cada vez mayor de su columna. Para compensar el desequilibrio del torso, va adquiriendo el hábito de dejar caer la cabeza hacia delante, lo cual también le ayuda a ponerse al nivel de los ojos de sus compañeros, que son más bajos. Y este hábito se está haciendo cada vez más pronunciado de tanto mirar videojuegos.

En la escuela secundaria, gracias a su altura, Bill destaca en el baloncesto, y su vida social va mejorando. Es un buen estudiante, de modo que termina por ir a la universidad y más adelante consigue un buen trabajo: las dificultades de su niñez han quedado atrás. Sin embargo, las caderas encogidas y los hombros encorvados siguen reflejando una falta de confianza nada acorde con sus verdaderas capacidades. Es más, siempre parece un poco intimidado, como si alguien acabara de gritarle en tono burlón: «¡Oye, Larguirucho!».

Bill es consciente de que su niñez no fue ninguna maravilla, aunque en realidad ni se le ocurre pensar que le hayan quedado cicatrices emocionales. Pero las tensiones de su cuerpo dicen otra cosa. Se queja de algunas molestias físicas, principalmente de tensión en el cuello y de alguno que otro dolor de cabeza, que alivia con aspirinas. Jamás se le ocurre siquiera que la fuente de su malestar pueda ser la tensión que oculta bajo los fondillos de los pantalones.

No hace mucho tiempo, su mujer lo dejó. Fue en un momento

pésimo, la misma semana que en la empresa le negaron un ascenso y que su equipo de baloncesto preferido perdió el campeonato. Aunque por lo menos ganaron el último partido. Pero ahora Bill necesita algo más que le levante el ánimo, que le ayude a sentirse más fuerte, más poderoso. Quizá si probara a levantar pesas... Pero ya se lo veía venir, con esa columna y esa pelvis: una de las primeras bajas de la sala de entrenamiento. Y en el combate contra la gravedad, un *round* más que ésta le gana.

Bill ha decidido ir entrando gradualmente en su programa de rehabilitación física con una clase de gimnasia aeróbica que no le exija demasiado. La instructora, una guapa mujer con leotardos de color azul brillante, tiene un aspecto estupendo mientras hace la demostración para el grupo. Bill hace todo lo posible por imitar sus movimientos, pero cuando se ve fugazmente en el espejo, no puede menos que reírse... con sus flojos pantalones de gimnasia de color marrón oscuro, las protuberancias de sus rodillas moviéndose rápidamente de arriba abajo, aleteando con los brazos, jadeando como un perro. Si ese es el camino para estar «en forma», a él le faltan kilómetros.

Mientras regresa al vestuario, Bill se fija en su postura en el espejo. No es raro que Kay lo haya abandonado, piensa. ¿Quién podría amar a un tipo con ese aspecto de flan? Obliga a su cuerpo a adoptar lo que recuerda como imagen de una postura bien alineada, algo sobre una línea recta que pasa por la oreja, el hombro, la cadera y la rodilla. Eso... Ahora ya se ve mejor. Pero tan pronto como intenta dar un paso, la perfección se desvanece.

Bill está decidido a hacer algo para mejorar su imagen. Un día, curioseando en una librería, tropieza con un libro que habla del cuerpo como una estructura, como una obra arquitectónica móvil. La idea le interesa. Recuerda sus días en la escuela dominical, donde la señora Edwards les enseñaba que el cuerpo es un templo. Este libro explica que el cuerpo se reconstruye continuamente de acuerdo con un plan interior, y que relajándonos podemos modificar nuestra postura. Eso podría ser un camino.

Como es meticuloso, Bill busca en el diccionario la palabra «postura», que significa «situación o modo en que está puesta una persona o cosa», «posición adoptada por alguien». No es nada raro que le haya dado siempre la sensación de ser algo muy trabajoso.

«Si puedo equilibrar mi estructura cambiando mis antiguos hábitos —reflexiona para sus adentros—, entonces puedo crearme un nuevo yo.» Saca la cartera para pagar el libro, pensando: «Tiene sentido. Si a uno no le gusta el antiguo diseño, debe empezar por cambiar los planos».

Bill no es un hombre que haga las cosas a medias. Ha escogido el tenis como otra forma de ejercicio, y a estas alturas ya ha aprendido un par de cosas sobre su manera de moverse y puede ir modificando su estructura mientras practica el servicio. A veces tiene que detenerse para hacer una inspiración profunda: los viejos hábitos siguen resistiéndose. Pero ahora Bill sabe que en el momento en que empieza a hacer un esfuerzo, está instalando una nueva tensión nada recomendable. Cuando la vieja sensación de torpeza se adueña de él, enfunda la raqueta y da el día por terminado. A veces, el hábito más difícil de perder es el de esforzarse demasiado.

Con el tiempo, la atención que Bill está prestando a su estructura empieza a dar sus frutos. Siente el cuerpo más libre y ligero de como lo ha sentido en muchos años... tal vez como nunca en la vida. Durante breves momentos, una nueva sensación interna se apodera de él: se siente como el hombre que quiere llegar a ser. Y externamente también le está sucediendo algo. Los amigos se dan cuenta de que es más capaz de hacerse valer en el trabajo, y les parece que camina con más energía. Y el jefe empieza a preguntarse si no lo habrá estado subvalorando.

2

Cada vez que tomas aliento

–¿Qué tal va eso? –te pregunta el jefe.

–Ya está –le respondes, mientras sacas de un manotazo las hojas de la impresora para entregárselas. Estás jadeante como si acabaras de escalar una pendiente de quinientos metros. Como tres veces por semana juegas al frontón para mantenerte en buen estado físico, no es ese el problema. Pero el hecho es que has estado concentrándote tanto en tener ese informe listo para mediodía que ni siquiera has podido tomarte un sorbo de café, y no hablemos de respirar profundamente.

¿No es raro que tengamos necesidad de dejar lo que estamos haciendo para respirar? La vida, tal como está diseñada, implica un consumo de oxígeno. Sin respiración no hay vida, y sin embargo mucha gente se pasa una buena parte del día respirando superficialmente... si es que respira. Los fumadores resuelven el problema inhalando el humo del tabaco: fumar les da una excusa para detenerse un momento y no sólo consumir su dosis de nicotina, sino también hacer un par de inspiraciones profundas.

Un levantador de pesas contrae el tronco alrededor del aire que inspira, acorazándose contra los 225 kg de peso que está a punto de levantar con gran esfuerzo, y de manera semejante, somos muchos los que tratamos de estabilizar el cuerpo reteniendo el aliento al echarnos al hombro la carga que nos toca. Y aunque a veces parezca que la carga pese efectivamente 225 kg, contener la respiración no es una manera eficaz de enfrentarnos a ella.

Un uso eficiente y pleno del aparato respiratorio es la primera defensa que tenemos frente a la fuerza de la gravedad, que actúa como una presión hacia abajo. Para entender de qué manera funciona todo esto, empecemos por echar un vistazo al aparato respiratorio, es decir, a los pulmones, la caja torácica y el diafragma.

La anatomía de la respiración

El diafragma es un músculo de forma abovedada, situado transversalmente hacia la mitad del tronco, que separa el tórax del abdomen. Cuando se contrae, se aplana y desciende, y así crea en la caja torácica un vacío para que el aire pueda precipitarse por succión en los pulmones. A medida que el diafragma se contrae, sentimos una ligera expansión en el abdomen.

La caja torácica es algo más que una jaula ósea que rodea y protege los pulmones. Está atravesada por músculos diminutos que se entrecruzan y le permiten funcionar como si fuera un conjunto de persianas venecianas. Con cada movimiento respiratorio, las costillas giran imperceptiblemente al moverse arriba y abajo. Otros músculos expanden la caja torácica hacia delante y hacia atrás y de lado a lado. En condiciones óptimas, todos estos músculos ayudan al diafragma en su función de llevar el aire al interior de los pulmones.

Recuerda que todos los músculos están revestidos de (e interconectados por) la red de fascias que abarca la totalidad del cuerpo. Cuando los músculos que participan en la respiración desempeñan su función de bombeo, toda esa red responde. El cuerpo en su totalidad participa en la respiración, hasta el dedo pequeño del pie. Una vez que seas realmente consciente de tu estructura corporal, llegarás a percibirlo.

El hecho de hacer que la caja torácica participe plenamente en la respiración tiene como consecuencia varios beneficios estructurales. El movimiento de la caja torácica eleva la parte superior del torso, alejándola de la pelvis, con lo que deja más espacio a los órganos internos. Cuando tu postura es desgarbada y retienes el aliento, los órganos internos se encuentran oprimidos entre el diafragma y el suelo pelviano, y esas no son las mejores condiciones para que funcionen de manera óptima.

Otra de las ventajas de la movilidad de las costillas es que favorece la elasticidad de la columna. Los extremos de cada par de costillas se articulan con la vértebra correspondiente, de manera que cuando las costillas se mueven, la columna vertebral se alarga. Este movimiento relaja la tensión en la espalda y restablece la capacidad de la columna para actuar como amortiguador del peso corporal cuando nos movemos.

Un tercer beneficio de respirar con todo el cuerpo es que el aumento de las dimensiones de la parte alta del tórax proporciona al cuello y a la cabeza una base sobre la cual pueden descansar. En una postura desplomada, al estar hundida la caja torácica, la cabeza carece de apoyo y, para mantenerla levantada, el cuello debe hacer un esfuerzo, con lo cual se pone tenso.

Los maestros de canto y los entrenadores deportivos suelen insistir en que la respiración sea más bien abdominal que completa. Las prácticas terapéuticas basadas en las enseñanzas de Wilhelm Reich también abogan por la respiración abdominal, al igual que la mayoría de las escuelas de meditación. Para las actividades que exigen tales técnicas, está bien que se la siga usando; una respiración estructuralmente equilibrada no se considera prioritaria para alcanzar un alto nivel operístico, atlético o espiritual. Sin embargo, una vez que llevamos el aliento al interior del torso y la caja torácica empieza a moverse libremente, podemos evaluar por nosotros mismos si la mejoría estructural es o no beneficiosa para nuestras ocupaciones.

Cómo evaluar tu respiración

Tiéndete sobre una superficie firme y respira de la manera habitual. Si has practicado algún método específico de respiración, como la respiración abdominal profunda, o la has ajustado a algún ritmo numérico, deja de lado esa práctica por el momento. Por más valiosos que sean, estos métodos pueden, en ocasiones, enmascarar tu propio ritmo respiratorio, que es con lo que queremos contactar en este momento. O sea que limítate a respirar como si estuvieras a punto de echarte una siesta.

Observa tu respiración durante los próximos diez ciclos, fijándote en el ritmo de la inhalación y la exhalación. ¿Qué parte te lleva más tiempo? ¿Cuál te resulta más fácil? ¿De cuál disfrutas más? ¿Hay una pausa o vacilación en algún punto de tu ciclo respiratorio? ¿Dónde?

¿Qué partes del cuerpo parecen moverse cuando respiras? ¿El abdomen, la parte inferior del pecho, la parte superior, los hombros? Tal vez te sorprenda sentir lo poco que se te mueve la caja torácica.

Ahora haz una inspiración más plena y profunda. Esta vez notarás más movimiento en la caja torácica; también es probable que notes más esfuerzo. Retén en la memoria la sensación del esfuerzo: en una escala de uno a diez, ¿cuán difícil es en este momento para ti hacer una inspiración completa?

Finalmente, ponte de pie y toma contacto con tu respiración en posición erguida. Fíjate en qué parte del cuerpo sientes movimiento al respirar y evalúa el esfuerzo que necesitas para hacer una inspiración profunda.

En este capítulo vas a practicar dos tipos de respiración. Al primero lo denominaremos «respiración de las fascias». Su objetivo es llamarte la atención sobre el movimiento que se produce en el resto de tu cuerpo cuando respiras. Una vez que hayas tomado conciencia de él, pasaremos a la «respiración estructural», que te ayudará a mejorar el equilibrio estructural de la caja torácica.

Hace siglos que se reconoce el valor de estar atento a la respiración. Tanto el sufismo como el yoga y el taoísmo son disciplinas que trabajan con las diversas formas de influir en la respiración para alterar el contenido de oxígeno de la sangre y llegar a estados modificados de conciencia. También la hipnosis da mucha importancia a la respiración. En los ejercicios siguientes tendrás que prestar atención al modo en que sueles respirar. No trates de respirar más profundamente ni de controlar el ritmo, ni hagas nada que te exija un esfuerzo. Los guiones te ayudarán a tomar más conciencia de tu respiración de la que habitualmente tienes.

Para hacer los ejercicios tendrás que tenderte de espaldas sobre una superficie firme pero cómoda, como puede ser un suelo alfombrado o una colchoneta de gimnasia. Ponte un cojín debajo de las rodillas para reducir la tensión en la parte inferior de la espalda. Si en esa posición sientes que la cabeza se te va hacia atrás, o que se te estrecha la garganta, apoya la cabeza sobre un cojín plano o una toalla doblada.

Tu ciclo respiratorio

El guión 2 te ayudará a concentrate conscientemente en tu ritmo respiratorio. La exigencia de oxígeno del cuerpo es algo que cambia a cada momento. Algunas inspiraciones pueden ser largas y profundas, otras breves y superficiales. Lo importante es que la exhalación sea completa. Mucha gente elude esta parte del ciclo respiratorio o la lleva a cabo de forma muy precipitada. La exhalación está bajo el control de la misma parte del sistema nervioso que se encarga de relajar el tono muscular, lo cual significa que si no exhalas a fondo, estás saboteando la inclinación natural de tu cuerpo a relajarse. La pausa respiratoria es lo que completa la exhalación, haciendo que el nivel de CO_2 de la sangre avise al sistema nervioso de que es hora de volver a inhalar oxígeno. Si se deja que la pausa se complete, la inspiración que la sigue se realizará plenamente y sin esfuerzo, porque lo que la desencadena es una automática demanda fisiológica de más aire.

◆

GUIÓN 2

La exploración de tu ritmo respiratorio

Tiéndete cómodamente en el suelo con las rodillas sobre un cojín y el cuello sostenido por una toalla doblada, de manera que la posición te resulte cómoda. Deja que el cuerpo se acomode como si se hundiera en el suelo. Una vez que te sientas a gusto puedes empezar a tomar conciencia del ritmo de tu respiración. Fíjate en el tiempo que tarda el aire en entrar ... y en lo que tarda en salir. ... ¿Qué es lo que parece más fácil? ... ¿Qué entre ... o que salga? ... Hay un momento, cuando culmina la inspiración ... en que los pulmones hacen saber al cerebro que ya están llenos. Entonces el aliento se libera y el aire sale. Al final de la exhalación hay una pausa ... hasta que el cuerpo decide volver a inspirar. Verás que esa pausa puede durar poco tiempo ... o ser más larga. Cada vez que exhalas, descubres qué duración quiere tener la pausa. Ese momento es el centro de tu respiración, ... un momento de descanso. Durante la pausa te permites sentirte en paz ... durante ese descanso en medio de tu respiración ... un descanso que hace falta en tu vida.

Tómate un momento, antes de volver a la lectura, para apreciar tu respiración. ... Cuando tengas ganas de hacerlo, abre los ojos y pausadamente vuelve a sentarte.

♦

La respiración de las fascias

El guión 3 te pide que tomes conciencia del movimiento de la respiración en diferentes partes del cuerpo. Digamos que estás sintiendo el movimiento de la respiración en el antebrazo. Cuando lo haces, no es en realidad un caudal de aire lo que te causa la sensación en el antebrazo. Lo que sucede es que al concentrar la atención en el brazo mientras respiras, puedes sentir el movimiento de las fascias, que siempre tiene lugar allí, sin que importe que lo percibas o no. Inténtalo ahora. ¿Puedes sentir el movimiento de la respiración en tu antebrazo? Si no es así, intenta imaginarte cómo sería si lo sintieras. Imagínate cómo las fascias de tu antebrazo se estiran suavemente hacia fuera cuando inhalas.

El guión 3 se inicia dirigiendo la conciencia hacia el movimiento de la respiración en todo tu lado izquierdo. Antes de pasar al derecho, te resultará útil hacer una pausa para fijarte en cómo sientes cada pierna. Es probable que notes una diferencia entre ellas, como si la izquierda pesara más, fuera más grande o tuviera más energía o vitalidad. Ahora, repite el guión 3 para el lado derecho.

Una vez que estés respirando con las dos piernas, vuelve a hacer una pausa para observar cómo las sientes. Lo más probable es que te parezcan más iguales, pero también es posible que sigan pareciéndote muy diferentes, como si una de ellas fuera más pesada o estuviera más caliente que la otra. Quizá te parezca que están hechas de dos clases diferentes de arcilla, o incluso que tienen personalidades opuestas. Esta sensación se debe a que ahora tienes una imagen corporal más diferenciada de ambas piernas.

La imagen corporal

La imagen corporal es la sensación neurológica que tienes de ti, es la forma en que el cerebro percibe al cuerpo.[7] Se desarrolla por medio de las experiencias que vas teniendo y del uso que haces de tu cuerpo. Por ejemplo, una persona que haya perdido mucho peso puede seguir teniendo una imagen corporal «gorda». Para cargar con esos treinta y tantos kilogramos de más había adoptado cierta manera de moverse, y aunque el exceso de peso haya desaparecido por completo, sigue moviéndose igual. Por esta razón, a pesar de lo que indiquen la báscula y la talla de su ropa, su forma de moverse dice que todavía sigue sintiéndose obesa.

Bill, nuestro amigo del primer capítulo, cargó con una imagen corporal de adolescente torpe hasta bien entrada su vida adulta. Al haber crecido tan rápidamente (casi treinta centímetros en un año), le costó armonizar su sensación de seguir siendo un niño con la estatura de hombre adulto que tan repentinamente le había caído encima. Sentía como si la parte inferior y la superior de su cuerpo estuvieran desconectadas. Sus piernas le parecían gruesas y como si fueran de goma, pero sentía el pecho y los brazos delgados, y vacía la parte central de su cuerpo. Como un reflejo de su deseo de cambiar su imagen corporal por otra más fuerte, conectada y competente, sintió el impulso de tratar de levantar pesas.

---

7.   Véase Jean Houston, *The Possible Human*, capítulo 1: «Awakening the Body». Se trata de una hermosa exposición del concepto de imagen corporal.

La imagen corporal, que es distinta de la imagen que tenemos de nosotros mismos, suele ser un factor inconsciente que determina nuestras posturas y nuestro modo de movernos. Es posible que alguien viva en su cuerpo como si fuera gordo, o torpe, sin ser consciente de ello. Cuando se toma conciencia de estas imágenes, es posible transformarlas en otras de equilibrio, gracia e integración. Al cambiar tu imagen corporal, estás cambiando el plano básico de tu estructura. Para hacerlo, el primer paso es tomar conciencia y apreciar tu imagen corporal tal como es ahora.

Si después de haber escuchado el guión 3 sientes que hay una diferencia importante en la forma en que notas cada pierna, ello indica un desequilibrio estructural en tu sistema de apoyo. ¿Recuerdas cuál es tu postura habitual de pie? Lo más probable es que apoyes más el peso sobre el lado que ahora te da la sensación de ser más grande o más compacto. En el capítulo 8 aprenderás algunas maneras de nivelar este tipo de desequilibrio, pero por ahora limítate a registrar este aspecto de tu imagen corporal sin preocuparte por él.

El resto del guión 3 extiende al torso, los brazos y la cabeza la sensación de que las fascias respiran. El cuerpo entero respira al unísono. La respiración de las aponeurosis refuerza la sensación de que hay una relación entre una parte del cuerpo y otra, no importa cuál sea. Así pues, podrías sentir cómo la cadera derecha y el hombro izquierdo respiran juntos, o cómo lo hacen los ojos y las plantas de los pies.

El guión de la respiración de las fascias te ayuda a explorar tu imagen corporal. Es como un vuelo de reconocimiento por tu interior. La respiración es el vehículo que te permitirá moverte de un lado a otro, dentro de tu propia piel. En tu paisaje interior, el terreno puede ser muy diverso. Quizás algún lugar dentro de tu cuerpo te parezca denso o duro, difícil de atravesar para el aliento. Otro sitio tal vez te parezca vacío, blando o espinoso. Las imágenes que recibas pueden incluir colores, formas, diversas temperaturas e incluso sonidos.

No te preocupes si no puedes tener todas las sensaciones que sugiere el guión. Tu percepción irá evolucionando y profundizándose a medida que practiques. Limítate a imaginar que las tienes; así podrás proporcionar a tus percepciones un trampolín para dar el salto.

◆

GUIÓN 3

La exploración de la respiración de las fascias

Tiéndete de espaldas con un cojín debajo de las rodillas y una toalla dobla-da debajo de la cabeza si te resulta más cómodo. Empieza a tomar con-ciencia del ritmo de tu respiración. ... Deja que éste ... con su breve pausa ... permanezca en el fondo de tu conciencia, y fíjate ahora en el movimien-to del diafragma ... cada vez que inhalas y que exhalas. ... Tal vez adviertas que este movimiento provoca una ligera presión en la pelvis. Sientes esa presión en la cadera izquierda, cómo aparece ... y desaparece. ... La sientes como si fuera el suave balanceo de una embarcación, anclada en un puerto tranquilo. (*) Y la sensación de balanceo te llena la nalga izquierda. Sigues con esa sensación mientras baja por el muslo izquierdo ... mientras el muslo te late suavemente al ritmo de la respiración. Ahora parece que la rodilla te latiera, como si dentro de ella tuvieras un pequeño pulmón que se fuera llenando cuando inspiras ... y se vaciara cuando espiras. ... Nota cómo la pantorrilla descansa con suavidad en el suelo ... y se relaja ... mientras el movimiento de la respiración ... desciende por toda la pierna ... y entra en el tobillo izquierdo. Tu aliento entra y vuelve a salir suavemente ... por la cadera izquierda ... y la pierna izquierda ... y llega a la planta del pie. Parece como si todo el lado izquierdo del cuerpo fuera alargándose ... cada vez que inhalas ... y hundiéndose cada vez más en el suelo.

Mientras sigues respirando, observas qué sensación tienes en la pier-na izquierda ... y qué sensación tienes en la pierna derecha. Tal vez un lado te parezca muy diferente del otro.

Y al sentir una vez más el movimiento de la respiración en el dia-fragma ... sigue con esa sensación a medida que desciende dentro de la pelvis ... y siente un suave balanceo en la cadera derecha.

Repite las instrucciones desde el asterisco (*) de arriba, cambiando «izquierdo/a» por «derecho/a».

Ahora, con tu aliento moviéndose a través de ambas piernas, puedes empezar a sentir un eco de ese movimiento en los brazos. ... Quizá sien-

tas que la respiración produce una ligera expansión en la articulación del hombro izquierdo. Y el espacio entre el brazo y el hombro puede parecerte como el espacio que queda entre dos botes amarrados uno junto a otro en un puerto. ... Parece como si la suave ondulación de la marea te recorriera el brazo, descendiendo, ... bajando por el codo, ... por el antebrazo ... y por la muñeca. Quizá te parezca que los huesos del brazo están flotando ahí, dentro de la piel.

Y ahora empiezas a generalizar la sensación de la respiración, que se mueve como una marea a través del lado derecho de tu cuerpo. Concédete todo el tiempo que necesites para sentir la suave ondulación de tu aliento en el hombro derecho, ... bajando por el brazo, ... el codo ... y la muñeca.

Te resulta fácil sentir ese movimiento ondulante y placentero por los brazos ... y las piernas ... al mismo tiempo. Y mientras lo sientes, te das cuenta de que la columna participa en él de un modo natural, es decir, que hay un suave movimiento respiratorio que sube y baja por tu columna cuando inhalas ... y exhalas. Parece como si la columna se te hundiera cada vez más profundamente en la alfombra. Y ahora hasta es posible que sientas el suave ir y venir de la respiración dentro de la cabeza... entre los oídos... por detrás de los ojos ... y debajo de la lengua.

Quédate unos minutos más con esta sensación placentera ... imaginándote que cada célula de tu cuerpo respira. ... Todo tu cuerpo se renueva con una energía nueva ... y cuando tengas ganas de seguir leyendo, deja que los ojos se te abran y siéntate.

◆

La respiración estructural

Una vez que la conciencia de tu cuerpo se haya intensificado gracias a la respiración de las fascias, puede ser que empieces a notar que la caja torácica se te mueve con más libertad. El guión 4 te ayudará a liberar todavía el movimiento de la caja torácica.

Si eres como la mayoría de las personas, la imagen corporal que tengas de tu caja torácica sólo abarcará el pecho, es decir, la parte delantera de las costillas. Lo más probable es que nunca hayas pensado que la caja torácica también tiene una parte lateral y otra posterior, correspondiente a la espalda.

El guión 4 te ayudará a ser consciente de nuevas posibilidades de movimiento en el interior de tu caja torácica, y de las relaciones que hay entre las diversas estructuras del torso. Imagínate el torso como un tubo vertical, atravesado por tres importantes divisiones horizontales. La superior es el techo abovedado de la parte alta de la caja torácica, la inferior es el suelo pelviano, y la del medio es el diafragma. Son estructuras parecidas a un tambor, y entre ellas resuena tu respiración.

Es probable que al principio te encuentres inhalando profundamente cuando intentes sentir que las costillas se mueven de un modo desacostumbrado. Asume poco a poco la profundidad habitual de tu respiración y tu ritmo respiratorio normal, y deja que sea el proceso de visualización el que se ocupe de inculcarte la nueva pauta. Cuando se trata de transformar los hábitos del «cuerpo/mente», el efecto de la intención mental es mayor que el del esfuerzo físico.

El desarrollo de un nuevo ritmo respiratorio cambiará la vivencia que tienes de tu cuerpo en su totalidad. Al final del guión se te pedirá que describas con algunas palabras esta experiencia. Es probable que sientas un calor poco habitual en el cuerpo, que te parecerá más transparente, profundo o mayor. Podrías sentirte como si un arco iris girara a través de tu cuerpo, al que tal vez «oigas» canturrear una melodía. Cualquiera que sea tu experiencia, descríbetela específicamente.

A continuación se te pedirá que «deshagas» esa nueva sensación. Este es un paso importante en el aprendizaje. Fíjate en los ajustes que haces para deshacerla. ¿Qué tensiones específicas has reemplazado? Después, el paso siguiente en esta práctica será volver a crear la nueva sensación. Sin repetir otra vez la totalidad del guión, limítate a reemplazar el estado de pesadez o de tensión por el otro, más expansivo, que lograste al seguir las instrucciones. Este proceso de deshacer/rehacer te ayudará a implantar en tu cuerpo la nueva información neuromuscular, como quien siembra semillas en un jardín. A medida que practiques las nuevas pautas, las semillas irán fructificando.

Concentrarse en la respiración es una experiencia muy poderosa. Aunque el objetivo del trabajo exploratorio que estamos haciendo es la percepción consciente de la estructura y no la meditación, la relajación profunda y la concentración modificarán tu estado de conciencia. Por eso, dedica siempre unos minutos a desperezarte y «volver a la realidad» después de practicar los ejercicios que incluye este libro.

◆

GUIÓN 4

Toma de conciencia de la respiración estructural

Tiéndete cómodamente de espaldas, toma conciencia del ritmo de tu respiración. ... Deja que tu ritmo respiratorio y el movimiento de las fascias continúen en el trasfondo de tu conciencia. Con las palmas apoyadas ligeramente sobre el torso, ... desplaza tu atención hacia las tres primeras costillas, las que están debajo de las clavículas. Esas costillas forman círculos concéntricos en la parte alta del pecho. Cuando respiramos, los círculos se expanden uniformemente hacia fuera, en todas direcciones. ... Al expandirse hacia delante, puedes sentir la ligera elevación de las clavículas. ... Cuando lo hacen hacia los lados, puedes sentir que hay más espacio de lado a lado en la parte superior del pecho, debajo de las axilas. ... Y cuando relajas la parte alta de la columna, puedes dejar que los círculos se expandan hacia la espalda, ... invitando al aire a que se adentre en el espacio que queda entre los omóplatos.

Los círculos se expanden en todas direcciones. ... Y cuando exhalas, ... el cuerpo se ablanda ... y sientes dentro de ti una profunda sensación de liberación.

Ahora los omóplatos flotan, transportados por el movimiento de la caja torácica. Incluso es posible que percibas cómo las costillas superiores se deslizan suavemente por la superficie interior de los omóplatos. Tómate todo el tiempo que necesites para dejar que el ritmo de la respiración te afloje la tensión en la zona de los hombros. ...

Y ahora puedes dejar que tu percepción descienda por el interior del pecho, como si pudieras bajar por dentro hasta llegar al corazón. Quéda-

te un rato allí, contemplando desde abajo el techo abovedado que forman por encima de ti las costillas. ... Es como el techo de una catedral o la bóveda de una mezquita. Observa cómo late suavemente la cúpula al compás de tu aliento, que entra y sale. Por encima, siente cómo se te relaja la garganta ... y cómo el cuello y la cabeza se acomodan al ritmo suave de tu respiración.

Si ahora desplazas la atención hacia la cintura, ... puedes sentir el movimiento del diafragma, una expansión suave en lo alto del abdomen. Y fíjate en las costillas de la cintura, en la forma en que se expanden hacia los lados, ... y en cómo la caja torácica se ensancha cuando inhalas. En la espalda puedes sentir las costillas inferiores ... como si flotaran sobre la ola de tu respiración. O tal vez puedas ver cómo se abren y se cierran suavemente ... como una persiana veneciana.

Ahora fíjate en el movimiento conjunto del diafragma y la parte alta de la caja torácica. Cuando el diafragma desciende, las costillas superiores se expanden en todas direcciones, ... como un paraguas que se abre. Y cuando tú exhalas, el paraguas se afloja.

Por debajo de la cintura empiezas a sentir la resonancia de la respiración en el vientre, ... en la parte inferior del abdomen, ... en el suelo pelviano. Puedes sentir cómo la respiración se desplaza por detrás de la pelvis, ... bajando por el sacro hasta llegar al cóccix. Y el suelo pelviano refleja el movimiento del diafragma a medida que tú inspiras y espiras.

Al respirar, notas cómo se mueven a la vez la parte alta del tórax, ... el diafragma ... y el suelo pelviano. ... Todo tu cuerpo se expande y se alarga con cada inspiración ... y se relaja con cada exhalación. Y sientes que te es posible alcanzar una profunda paz.

Ahora, presta atención a la sensación global que te transmite el cuerpo en este momento. ¿Cómo la describirías? Si pudieras verla, ¿a qué se parecería? ... Si pudieras oírla, ¿cómo sonaría? ... Si pudieras tocarla, ¿qué temperatura tendría, qué forma, qué textura?

Ahora que ya sabes que puedes volver a crear esta sensación siempre que lo desees, date cuenta de cómo es dejar de sentirla. Deshazla poco a poco, observando cuidadosamente cómo lo vas consiguiendo. ¿En qué lugares vuelves a tensarte? ¿Dónde vuelves a cerrarte?

Después, recuerda la sensación que tuviste antes y recupérala, ... con su color, su textura, su forma, su sonido, ... con tu aliento que vuelve a *moverse por todo tu cuerpo. Observa cuidadosamente cómo lo haces. Tu imaginería personal es el camino más seguro hacia una respiración más libre.*

Ahora empieza a volver a tu estado de conciencia habitual. Deja que se te abran los ojos. Mira los objetos que hay en la habitación. Fíjate en las formas y en los colores. Siente la textura de la alfombra sobre la que descansa tu cuerpo. Sé consciente de los ruidos y sonidos del mundo exterior. Y encuentra una manera cómoda de ponerte de pie, conservando dentro de ti las nuevas sensaciones.

◆

Las reacciones emocionales

Es probable que mientras practicas este u otros ejercicios del Juego de la Gravedad, sientas inesperadamente oleadas de emoción. Puedes tener momentos de tristeza, encolerizarte y sentir miedo, alivio o gratitud. No es necesario que tengas ninguna de estas emociones para que el trabajo estructural sea eficaz, pero si te sucede, es probable que te preguntes por qué.

Las emociones, al igual que la imagen corporal, afectan al plano básico de tu estructura. Para entender por qué pueden surgir emociones mientras aprendemos a mejorar nuestra forma de respirar, veamos por qué se nos corta la respiración en momentos de estrés.

Casi todos hemos pasado por algún momento en que nos sentimos amenazados y, por una razón u otra, no pudimos responder con la reacción de «ataque o fuga». En lugar de ello, durante esos instantes nos quedamos helados, nos convertimos, metafóricamente, en piedra. La reacción física es similar, con independencia del grado de amenaza real que represente el estímulo: un caudal de hormonas se vuelca en la sangre, el ritmo cardíaco se acelera, se produce una inspiración brusca, hay una contracción muscular súbita. Como un conejo que olfatea a un depredador, el cuerpo se nos paraliza; durante ese momento, incluso la respiración se detiene.

Inmovilizarse hasta el punto de volverse invisible es una reacción de supervivencia tan fuerte como primitiva. Con el tiempo aprendemos que contener el aliento y tensar los músculos es una manera eficaz de sentirse seguro en cualquier circunstancia; es una reacción que constituye un eficaz escudo ante los malos tratos por parte de los adultos, el acoso de los compañeros de escuela, la soledad y el rechazo. El hábito puede llegar a estar tan arraigado que no sólo nos proteja del dolor, sino también del éxito y de la alegría. La tensión ha quedado así incorporada a nuestro plano estructural básico.

La parte del sistema nervioso que se encarga de nuestra supervivencia no deja nunca de ser primitiva, por muy sofisticados que nos vayamos volviendo al madurar. Ya puedes ser vicepresidente de una gran empresa y tener a tu disposición la más moderna tecnología: en un momento de crisis (una fusión de empresas, pongamos por caso) tu mecanismo de defensa más arcaico se preparará para el desastre. Por muy controlado que parezca tu comportamiento, y aunque no pierdas la cabeza en situaciones de estrés, de todas maneras, la procesión va por dentro: una tensa inmovilidad interior y una respiración que se ha vuelto superficial te devuelven al estilo de supervivencia que aprendiste en tu niñez.

Lo que sucede cuando te concentras en la respiración es que empiezas a liberarte del hábito de la inmovilidad. Descubres que tensarte no es más que una de las reacciones posibles ante el estrés. Cuando el movimiento de la respiración hace que el cuerpo vuelva a sentirse más íntegro y flexible, la parte de tu imagen corporal que se relaciona con la respiración empieza a recuperarse de la sensación de supervivencia amenazada que la había invadido para reencontrar su competencia y su capacidad de afrontar la situación. Cuando dejamos de lado ese escudo que es la inmovilidad, podemos ver los sentimientos y las emociones que se ocultaban tras ella, y es probable que aflore a la superficie el recuerdo de otras ocasiones en que necesitamos el mismo escudo.

Algunas personas pueden percibir físicamente esos sentimientos, mientras que otras quizá tengan imágenes visuales, como si estuvieran soñando despiertas. Puede ser que algunas oigan sonidos o voces. Déjate experimentar esos sentimientos o recuerdos; ya sabes que surgen porque tu cuerpo está aflojando las tensiones crónicas que los mantenían ocultos. Hasta puede suceder que los visualices espontáneamente, como si los vieras proyectados ante ti sobre una pantalla imaginaria.

A medida que las emociones se vayan resolviendo, tendrás la sensación corporal de que ha quedado libre un lugar que estaba «atascado» o de que te has quitado un peso de encima. Generalmente, una descarga emocional que se produce mediante una liberación de tensiones físicas es breve y va seguida por una sensación de alivio. Sin embargo, puede ser que desees contar con ayuda profesional en el caso de que afloren emociones que no se dejen resolver fácilmente. En el capítulo 9 encontrarás un resumen de diversos enfoques terapéuticos, y en el apéndice hay una lista de profesionales de diversas tendencias que pueden ayudarte.

Problemas respiratorios especiales

Hay personas, sobre todo las que tienen curvaturas pronunciadas en la zona lumbar, a quienes les resulta difícil sentir el movimiento de las costillas inferiores en la espalda. En ese tipo de curvaturas, la espalda está muy tensa y rígida y la columna forma un surco profundo en la cintura. Si este es tu caso, quizá te sea útil empezar a trabajar con los guiones relativos a la respiración boca abajo. Ponte un cojín bajo el abdomen para que la parte inferior de la espalda tenga mejor apoyo. El capítulo 4 te ayudará a entender la tensión que sientes en la espalda, y la pauta de movimientos de los guiones 12 y 13 (páginas 98 y 101) te ayudará a relajar la parte inferior.

Si tienes antecedentes de asma o de otra enfermedad respiratoria, presta especial atención al movimiento del esternón. La forma de respirar del asmático lleva hacia dentro el extremo inferior del esternón cuando el paciente inhala, y esto puede persistir y seguir deformando la caja torácica mucho después de que el trastorno respiratorio haya desaparecido.

Tiéndete de espaldas y apoya una mano sobre el plexo solar. Relaja los músculos de la parte superior del abdomen y siente cómo se te ablandan bajo la mano. Concentra la atención en el esternón y observa cómo sube y baja con la inhalación y la exhalación. Imagínate que el extremo inferior del esternón se eleva hacia el techo cuando inhalas. No hagas nada por levantarlo; imagínate el movimiento tan vívidamente como puedas y nada más. Cambiar una pauta respiratoria asmática puede requerir su tiempo, pero la posibilidad de liberar el movimiento del pecho se merece tu paciencia.

La conciencia de la respiración cambia tu modo de andar

Antes de que pases al párrafo siguiente, vuelve a leer el guión 1, sobre cómo evaluar tu modo de andar (página 33).

Ahora siéntate en una silla firme cuya altura te permita tener las articulaciones de las caderas un poco por encima de las rodillas. En el capítulo 3 me referiré de nuevo y con más detalle al apoyo necesario para estar sentado, pero por ahora siéntate en el borde del asiento, sin apoyarte contra el respaldo. Endereza la pelvis de modo que puedas sentir los isquiones (los huesos con los que te sientas) debajo del tronco. Distribuye el peso de modo que el tronco esté descansando dentro de la cavidad pelviana y las piernas soportadas por los pies. Con esta amplia base de apoyo, puedes mantener la columna cómoda sin que se incline. Ahora, en esta posición, repasa el guión 4, sobre la respiración estructural (página 50).

Una vez que puedas sentir la dimensión plena de tu respiración en la posición sentada, ponte de pie llevando contigo esa plenitud. Siente tu aliento en la pelvis, en el diafragma y en la caja torácica, por el frente, por los lados y por la espalda. Luego empieza a caminar como lo hiciste en el primer capítulo.

Comparados con aquella vez, ¿cómo te suenan ahora tus pasos? ¿Más fuertes o más débiles? La caja torácica, ¿está a la misma distancia del suelo, o ligeramente más distante?

Si las exploraciones respiratorias han sido eficaces, ahora sentirás que tu andar es más ligero y más fácil. Quizá sientas que hay más conexión entre la mitad inferior y la superior de tu cuerpo, y apoyes más silenciosamente los pies. Hasta puede ser que sientas que tu estatura ha aumentado. Eso se debe a que la liberación de la caja torácica relaja la columna, alargándola y devolviéndole la capacidad de amortiguar tu peso mientras te mueves. A medida que la percepción consciente de tu estructura se desarrolle durante las lecciones siguientes, tu sensación de ligereza y de facilidad irá en aumento. Y cuando te acostumbres a este nuevo equilibrio, empezarás a sentir que ese es tu «verdadero» yo.

Caminar es cuestión de caerse y recobrar el equilibrio. Puedes caminar con gracia y eficacia, o de una manera trabajosa y a la buena de Dios. Es ineficaz que con cada paso que das tengas que levantar o empujar tu peso hacia delante, porque así empleas más energía de la necesaria. Cuando la columna se alarga como resultado de una respiración correcta, tu centro de gravedad está alto, un poco por encima del nivel del ombligo. Como tu cuerpo ya está levantado, no tienes que levantarlo a cada paso que das. Por eso sientes una mayor ligereza al caminar, y tus pasos suenan más ligeros.

La conciencia de la respiración cambia tu apariencia

La vieja recomendación según la cual para cambiar de postura se han de echar hacia atrás los hombros jamás funcionó, porque no hacía nada por cambiar la base sobre la que descansaban los hombros. Cuando la caja torácica puede expandirse en las tres dimensiones, el torso se alarga, los hombros se ensanchan automáticamente y la postura desgarbada desaparece. El hecho de respirar con la caja torácica tiene además un efecto beneficioso en lo que se refiere a la «batalla contra la barriga». Mírate de perfil en un espejo: ¿qué pasa con tu abdomen ahora que respiras de esta manera nueva? Un torso hundido ejerce tanta presión hacia abajo sobre el abdomen que a éste no le queda otro remedio que sobresalir.

No hay forma de disimular la barriga. Con levantar el pecho y mantenerlo firme no se consigue nada. Imponerte a la fuerza una nueva forma de respirar inhibirá tu libertad de movimientos tanto como tu hábito anterior... o más. Pronto te cansarás y te pondrás de mal humor, y volverás a tu modo habitual de respirar. Para cambiar realmente la estructura de tu torso, debes tomarte el tiempo necesario para cambiar tu forma básica interna de respirar.

Repite las exploraciones respiratorias tantas veces como sea necesario para que la nueva forma de respirar te resulte cómoda antes de pasar a los capítulos siguientes. Resérvate tiempo para la práctica respiratoria de la misma manera que te lo reservarías para aprender cualquier habilidad nueva. Recuerda que además de estar abriendo nuevas vías neuromusculares, es probable que también estés revisando un mecanismo de defensa profundamente arraigado. Presta atención a cualquier parte del cuerpo en donde te resulte difícil sentir el movimiento de la respiración. Como esto puede ser un indicio tanto de desequilibrio estructural como de un escudo o protección emocional, pon mucha atención a esa parte. Con sólo cinco minutos de práctica diaria conseguirás mantener vivas en la conciencia tus nuevas sensaciones. El éxito, cuando se trata de cambiar de hábitos, depende inicialmente de la intención consciente. Poco a poco, tu sistema nervioso llegará a preferir el nuevo modo de respirar y te encontrarás con que lo haces automáticamente.

Cómo aplicar la respiración consciente a la vida cotidiana

Para empezar a incorporar a tu rutina cotidiana la respiración corporal plena, intenta lo siguiente: tiéndete cómodamente sobre la estera de ejercicios. Imagínate que te dedicas a alguna tarea simple, como lavar los platos o llenar de gasolina el depósito del coche. Imagínate haciéndolo, como si estuvieras mirando una escena en el teatro o en el cine. Fíjate en la ropa que llevas, presta atención a los movimientos de tu cuerpo, oye el entrechocar de los platos, siente el agua jabonosa en las manos y nota la presión de los pies contra el suelo. Fíjate también en cómo respiras al imaginarte la escena. Toma nota de cualquier sensación de opresión en el pecho o el abdomen, de cualquier tensión en el cuello o en los hombros.

Ahora olvídate de la escena y dedica unos momentos a evocar la sensación que te dio respirar con todo el cuerpo. Siente cómo las costillas se expanden suavemente, percibe la tridimensionalidad del torso, la conexión que hay entre brazos y piernas. Disfruta de la facilidad con que tu cuerpo se entrega a la exhalación. Una vez que todo esto te resulte cómodo, vuelve a evocar la escena: el lavado de los platos o lo que hayas elegido. Esta vez, escinde la atención, divídela de tal modo que puedas continuar respirando plenamente mientras te observas en tu actividad. ¿Sientes algún cambio de energía en la forma en que estás haciendo la tarea?

Aparte del cambio en tu respiración, ¿qué diferencia hay entre las dos maneras de usar tu cuerpo? Busca las palabras que necesites para describirla. Vuelve alternativamente de una forma a la otra hasta que tengas conciencia de las diferencias específicas en la manera que tienes de sentir tu cuerpo. La próxima vez que realmente estés lavando los platos o llenando de gasolina el depósito del coche, haz la tarea de tal manera que incluya tu sensación más plena de la respiración y del carácter diferente del movimiento.

Realiza este mismo proceso con diversas tareas simples y familiares, para tener así varios momentos específicos del día en los que vayas introduciendo pautas nuevas con ayuda de la respiración corporal plena. De esta manera podrás pasártelo bien mientras incorporas a tu vida una nueva forma de percibir tu cuerpo, y además, te sentirás mejor.

El Grupo de la Gravedad

Bill tiene una experiencia interesante con los guiones de percepción consciente de la respiración. La primera vez que lo intenta no consigue sentir gran cosa. Entonces decide que se concentrará en la pausa respiratoria, algo quizá más importante de lo que él se imaginaba. Lo curioso es que de pronto se siente ansioso, y hasta un poco asustado. Es como si prolongar la pausa pudiera hacer que se olvidara de hacer la inspiración siguiente. Es una sensación rara, casi como si se ahogara, aunque no recuerda ninguna ocasión en que haya tenido problemas nadando.

A Bill le parece raro estar cómodamente tendido en la atmósfera acogedora de su hogar y sentir el miedo de no poder respirar. Para su mentalidad lógica, es algo que no tiene ningún sentido. Con curiosidad, se observa mientras experimenta esa extraña sensación, que sin embargo le resulta de alguna manera familiar. Como hace algunos años estuvo haciendo prácticas de meditación, eso le ayuda a distanciarse y diferenciarse de su experiencia.

Ahora, mientras se observa, Bill tiene la vaga impresión de ser de nuevo un niño pequeño que, hace mucho tiempo, se escondía de algo. Se ve a sí mismo estremeciéndose, frunciendo el ceño y finalmente, como si le quitaran algo que le oprimía el pecho, haciendo una inspiración profunda y completa para después exhalar lentamente el aire.

Poco a poco, su ansiedad disminuye y termina por sentirse cada vez más cómodo haciendo pausas cada vez más largas entre los movimientos respiratorios. La pausa empieza a parecerle una especie de descanso en la actividad respiratoria. Cuanto más se permite tomarse ese descanso, tanto más profunda y más fácil le resulta la respiración, y más sosegada la encuentra.

De pronto, Bill siente que sus rodillas están haciendo algo raro. Parece como si se agrandaran y luego se redujeran, como si también estuvieran respirando. Al mirar hacia abajo, no ve que le esté pasando nada raro en las piernas. «Y tú qué sabes –piensa–; ¡será el movimiento de las fascias!

Ese es un momento estupendo para Bill, cuya mujer siempre se está quejando de su falta de sutileza. Mientras continúa explorando su respiración, descubre que la pausa respiratoria es la clave para él. Todos los demás cambios en el movimiento y en la toma de conciencia fluyen con naturalidad de ella. Pero si se olvida de la pausa, todo lo demás lo siente artificial.

Bill está tendido en el suelo, sintiéndose más relajado que nunca desde su luna de miel. Se pregunta qué pensaría Kay, que había desaprobado sus prácticas de meditación, quejándose de que así se distanciaba de ella. Pero le parece que la toma de conciencia del cuerpo sería algo que también podría gustarle... y quizás incluso le aliviara el síndrome premenstrual. Tal vez así pudieran hablar de muchas cosas. «Mejor que vayas paso a paso», le susurra su voz interior. «Primero tienes que aprender tú a afirmarte sobre tus pies.»

Cuando se levanta, siente el cuerpo ligero, y las articulaciones bien lubricadas. Camina por la casa, lava los platos y después se da una ducha, canturreando una melodía, transportado a las alturas por su propia respiración. Al salir de la ducha se detiene ante el espejo. Vaya desilusión: sigue teniendo el mismo aspecto desmadejado. Kay se burlaría de él. Al imaginarse la reacción de su mujer, su pecho se tensa y su respiración se vuelve superficial.

Sus pensamientos cambian. La expansión que hace unos momentos sentía en el pecho era espectacular. «Y ahora, ¿a dónde se ha ido?», se pregunta Bill. El Juego de la Gravedad parece tan lógico; debe de haber algo que se le escapa. Y de pronto, la idea: por supuesto, es la gravedad lo que se le escapa. «Cuando estaba tendido, la gravedad sostenía todo el peso de mi cuerpo», murmura. «Todavía no he aprendido a mantener esa sensación estando de pie.» Se da a sí mismo una enérgica sacudida, hace una profunda inspiración y se mete en la cama. Todo esto tiene su miga.

3

Cómo manejar tu peso

Un apoyo para tus intenciones

«Caminar es cuestión de caerse y recobrar el equilibrio.» Tal vez en el capítulo anterior hayas leído esta frase sin encontrarle demasiado sentido. Bueno, para la mayor parte de las personas efectivamente no lo tiene. La mayoría no se cae hacia delante al caminar, sino que va empujando los pies hacia delante y tirando del cuerpo, que se queda atrás. Pero fíjate en un crío que acaba de aprender a andar y atraviesa, como catapultado, una habitación: el chiquillo quiere ver qué es ese objeto amarillo brillante, se concentra en su objetivo y se arroja hacia él con todo su peso. En un instante, tu porcelana antigua queda hecha añicos. En cambio los adultos, cuando ponen en práctica sus intenciones, lo hacen con delicadeza, y a menudo también con timidez, miedo, una actitud defensiva, vergüenza, falta de sinceridad, sentimiento de culpabilidad y otras emociones que contradicen sus intenciones.

Generalmente, estas «contraintenciones» no son conscientes, y a menudo ni siquiera provienen de nuestra experiencia presente. Nuestro amigo Bill era trabajador, inteligente y capaz, y sin embargo parecía como si una parte suya no quisiera seguir adelante. Había algo en su modo de andar que le decía: «No, Larguirucho, nunca lo conseguirás». Cuando volvió a aprender lo que el niño que da los primeros pasos sabe instintivamente, es decir, a dejar su peso por detrás de sus intenciones, toda su vida mejoró: en la pista de tenis, en la oficina y en su hogar.

A Margie, la directora de personal de la empresa donde trabaja Bill, la han elegido para participar en un proyecto piloto para fomentar el espíritu de equipo. El programa incluye una semana de montañismo bajo la dirección de un guía experto que culmina con la ascensión a una montaña de 4.200 metros. Aunque está en buena forma, ya que practica levantamiento de pesas y corre, Margie tiene terror a las alturas. «Mantén el peso sobre los pies», le recomienda el instructor. A Margie el cuello le desaparece entre los hombros contraídos, tiene el pecho hundido y apenas respira. Mientras tantea ansiosamente con la bota izquierda el siguiente canto rodado, inclina los hombros hacia la derecha. El miedo hace de contrapeso a su intención de llegar a la cumbre.

Cualquier esquiador atestiguará que las piernas se te deslizarán hacia fuera en la pendiente a menos que el peso de tu cuerpo esté centrado. En el preciso instante en que la mitad superior del cuerpo no concuerde con lo que estén haciendo las piernas, se producirá la caída. Y sin embargo, incluso para el más experto de los esquiadores o montañeros, el concepto cinético de «mantener el peso sobre los pies» sigue siendo algo sobre lo cual tiene mucho que aprender. Los seres humanos tenemos una interesante capacidad para alcanzar la maestría en un dominio de gran interés y dificultad, mientras dejamos de lado lo más básico. ¿Has visto alguna vez a una bailarina andando con zapatos de calle? Ese cuello de cisne, ¿no forma una extraña pareja con ese andar de pato? En la mayoría de las personas, la imagen corporal tiene sus incongruencias.

Vamos a estudiar la forma en que tu estructura sostiene tu peso, y hasta qué punto tu modo de andar expresa bien tu intención de ir hacia delante. Empezaremos por examinar tu postura habitual cuando estás de pie.

El equilibrio entre la parte frontal del cuerpo y la espalda

Ponte cómodamente de pie, sin llevar más que calcetines, y fíjate en cómo tu peso cae sobre las plantas de los pies. Lo sentirás como una presión contra la alfombra. Observa si hay más presión sobre los talones o sobre las almohadillas. Para evaluarlo, echa ligeramente el cuerpo hacia atrás hasta que sientas que el peso está de lleno sobre los talones. Nota cómo deben contraerse los músculos de la parte delantera de los tobillos, de los muslos y del abdomen para evitar que te caigas hacia atrás. Ahora inclínate hacia delante, con los tobillos haciendo de bisagra, hasta que sientas el peso sobre las almohadillas de los pies. En esta posición te encontrarás contrayendo los dedos, el arco del pie, las pantorrillas y las nalgas. Oscila muy suavemente hacia delante y hacia atrás, observando de qué manera afecta cada posición a las tensiones en las piernas, el abdomen, la espalda y los hombros.

Imagínate que puedes dividir tu cuerpo en una mitad frontal y una mitad dorsal, como si fueran los dos lados de un bocadillo. Presta atención a tu imagen corporal mientras te sostienes con la mitad frontal del cuerpo, apoyando el peso en las almohadillas de los pies. Después pasa el apoyo a los talones, y percibe qué diferencias hay entre ambas posiciones. Lo más probable será que sientas tu imagen corporal como algo espeso y denso en la mitad en que te apoyas, y borroso o vacío en la mitad pasiva.

Sigue meciéndote hacia atrás y hacia delante, y ve reduciendo gradualmente la oscilación hasta que identifiques una zona central donde te sientas que te sostiene las dos mitades del cuerpo. Cuando estás de pie en esta zona, tienes el peso distribuido de forma uniforme entre los talones y las almohadillas. El peso se apoya en las «palmas de los pies», tal como lo apoyarías en las palmas de las manos si estuvieras haciendo el pino. Más adelante refinaremos esta percepción, pero por ahora visualiza la huella de tus pisadas como marcas iguales sobre un suelo de arena húmeda y compacta. Observa que los músculos de los pies, tobillos y rodillas apenas trabajan. Cuanto más auténtico sea el equilibrio, menos tensión sentirás.

Ahora sacúdete un poco y vuelve a tomar la postura original. Si el peso se te acomoda de un modo natural sobre los talones, la huella de estos últimos sobre la arena húmeda será más profunda. Si llevas el peso hacia delante, la más profunda será la de los dedos.

Si trabajas en pareja, te propongo otra manera de evaluar tu sistema de apoyo. Haz que tu compañero se ponga de pie sobre una silla, detrás de ti, de modo que poniéndote las manos en lo alto de los hombros pueda ejercer suavemente una presión que descienda a lo largo de tu cuerpo hasta llegar al suelo. Dile que lo haga mientras tú te mantienes en tu postura habitual. Fíjate en qué parte del cuerpo sientes la presión adicional, y cuál es su efecto. ¿Se te empieza a doblar la espalda? ¿Sientes tensión en los hombros, o quizás en el cuello?

Ahora, dile que ejerza presión sobre tus hombros hacia abajo mientras tú mantienes el peso distribuido de modo uniforme sobre los pies. Tu compañero debe imaginarse que está haciendo presión directamente hacia abajo a través de la parte del medio de tu cuerpo, entre las mitades anterior y posterior del «bocadillo». Esta vez deberías sentir una presión generalizada que te baja por el torso y las piernas hasta llegar a las plantas de los pies. En este caso, la presión adicional la comparten todas las partes de tu estructura, sin que ninguna de ellas esté sobrecargada.

Empujar y estirarse[8]

Si te fijas en cómo camina la gente, observarás que muchos van empujándose hacia delante con la mitad inferior del cuerpo, y otros se estiran con los brazos y el pecho, mientras las piernas se esfuerzan por seguirlos. En ambos casos, la mitad superior del cuerpo y la inferior reflejan diferentes intenciones, y el movimiento del cuerpo no es congruente. La mayoría de las personas, en un sentido muy literal, no lo tienen «todo junto». ¿De qué manera expresas, con tu modo de moverte, tu intención de ir hacia donde vas?

En pocos minutos evaluaremos tu forma habitual de andar, pero hagamos primero un muestreo de algunas de las maneras de caminar

8.   Estoy muy agradecida al experto en rolfing Hubert Godard, quien en la Conferencia Internacional de 1990 del Rolf Institute me señaló la diferencia entre «empujar» y «estirarse». Con sus observaciones se podría, fácilmente, llenar otro libro.

que tiene la gente. Lo haremos de forma teatral, improvisando algunas maneras de andar exageradas y desequilibradas. Al desequilibrarse a propósito, se cultiva la necesidad de equilibrio y se descubre cuál es la sensación que se tiene realmente al estar en equilibrio. Espero que te diviertas con estas exploraciones, pero recuerda que el desequilibrio provoca tensión, de modo que no lo hagas de un modo tan creativo que te hagas daño.

Empieza por caminar pateando con los pies hacia delante, a partir de las rodillas. Deja que a cada paso los talones hagan un poco de presión hacia abajo. Y exagera el movimiento: deja que el pecho entre y haz fuerza con los pies como para hundirlos en el suelo. Siente la energía en la parte inferior del cuerpo: en la pelvis, los muslos y los pies. Salvo la cabeza, que empuja hacia delante, la parte superior del cuerpo va quedándose detrás de las piernas. Procura intuir los sentimientos o las actitudes de alguien que camina de esta manera. ¿Cómo es esta persona?

Toma otra postura. En esta ocasión, en vez de empujar con las piernas y la pelvis, avanza con los hombros y el pecho. Ahora, tu vitalidad está situada en la parte superior del cuerpo, y las piernas son como primas lejanas a quienes apenas conoces. Mientras el pecho avanza con empuje, la pelvis se queda atrás y las caderas giran un poco. Acabas de crear un balanceo hacia atrás. ¿Qué pasa con la cabeza y los hombros? O bien sientes tensión entre los omóplatos a fuerza de echar hacia atrás los hombros, o llevas el cuello tenso por la retracción del mentón. Cada vez que una parte del cuerpo está desequilibrada, otra parte también lo estará, ya que la tensión mantiene juntas las piezas. ¿Qué tipo de persona camina así?

Una postura más: esconde el sacro debajo de la columna y dirige tu andar con el hueso púbico. Esto garantiza que caminarás arrastrando los pies y te moverás como un pato. Deja que los talones se arrastren por el suelo como si anduvieras con las pantuflas de tu abuelo, y fíjate en lo rígida y tiesa que se te pone la columna, y en lo que te cuesta respirar. ¿Dónde sientes ahora la energía? ¿En la parte superior del cuerpo o en la inferior? Sigue un minuto más así y sentirás que vas entrando en la vejez.

Ahora camina como sueles hacerlo. ¡Uf! Qué alivio. Compara tu modo habitual de andar con los movimientos exagerados que acabas de hacer. ¿Sientes más vitalidad en la parte superior del cuerpo o en la inferior? Al caminar, ¿te empujas con las piernas y la pelvis o avanzas con los brazos y el pecho? ¿Dedicas más tiempo a la pierna que da el paso para avanzar o a la que empuja desde atrás? ¿Dónde está el centro del pecho, la zona del corazón, en relación con las piernas? ¿Vas por delante o por detrás de ti? ¿Tienes más conciencia del abdomen y el pecho, o de la espalda? Date cuenta de la medida en que se ha enriquecido tu percepción de ti mismo/a desde la primera evaluación de tu modo de andar, en el capítulo 1.

Ahora, atraviesa la habitación con toda la atención puesta en la mitad delantera del cuerpo. Después sigue andando, pero con la atención puesta en la parte posterior de la cabeza y el dorso de la columna y de las piernas. Observa cómo al desplazar la atención va cambiando el carácter del movimiento. ¿De qué manera te parece más familiar?

Exagera tu estilo habitual de andar. ¿Quién es esta persona? ¿Qué estado de ánimo expresa esta caracterización?

Los guiones de este capítulo desarrollan la capacidad de percibir el apoyo físico de nuestras intenciones, de sentir la congruencia entre el cuerpo y su acción. Todo se mueve al unísono, la parte frontal del cuerpo, y la espalda, la de arriba y la de abajo, combinando las energías de estirarse y empujar.

El dorso de tu imagen corporal

Somos muchos los que cargamos el peso sobre los talones, apoyándonos con un exceso de tensión en la mitad dorsal del cuerpo. Esta es una de las razones de que nos resulte más difícil sentir el movimiento de la respiración en la mitad de atrás del cuerpo, ya que la tensión excesiva oculta la sensación. Otra razón es que tendemos a presentarnos frontalmente ante la vida; la espalda no nos parece demasiado importante, de modo que nos resulta difícil sentirla, a no ser que nos duela.

El guión 5 es una exploración de la mitad posterior de la imagen corporal. En esta experiencia, empezarás por centrar la atención en el movimiento de la respiración en la mitad anterior del cuerpo; generalmente, la sensación del movimiento del tejido conjuntivo es más accesible en la zona frontal. Después irás desplazando gradualmente la sensación hacia la parte dorsal, liberando la tensión que allí encuentres. Procura no forzar el aliento en la espalda, ya que el esfuerzo irá en desmedro de la relajación que esperas alcanzar. Imagínate, en cambio, que la espalda ya se ha vuelto más dócil y te responde mejor, y que lo único que tienes que hacer es sentirla.

◆

GUIÓN 5

La exploración de tu mitad posterior

Tiéndete en el suelo o en tu estera de ejercicios con un cojín debajo de las rodillas y una almohada pequeña bajo el cuello si lo encuentras cómodo. Deja que las palmas de tus manos descansen sobre el diafragma.

Ve respirando de la manera habitual, dejando que el aire vaya y venga sin esfuerzo según lo necesite tu cuerpo, ... dando margen a una ligera pausa al final de cada exhalación. La mitad superior del torso se eleva hacia el cielo raso cada vez que inhalas, ... el abdomen se expande suavemente, ... el pecho y las clavículas flotan sobre la marea de tu respiración. La garganta se afloja, ... la mandíbula se afloja, ... y los músculos que hay dentro de la boca, ... debajo de la lengua ... y detrás de los ojos ... se aflojan.

A medida que tu aliento fluye sin dificultad hacia abajo desde la cabeza, ... por el interior del tronco, ... a través de las piernas, ... hacia los pies, ... tu respiración retoza por toda la mitad frontal de tu cuerpo como una ondulación suave en un estanque tranquilo. ... Y tú encuentras tus propias palabras para describir la sensación. Quizá la parte delantera del cuerpo se te llene de luz o de color. Tal vez se te ablande ... o se te endurezca, ... se te entibie ... o se te refresque. Tal vez la sientas latir, ... ondear, ... susurrar.

Ahora desplaza tu atención hacia la mitad posterior de tu cuerpo, ... fijándote en las diferentes sensaciones que percibas. Aprecia la textura de la espalda: su color, ... su temperatura ... y su densidad. Aprecia el duro trabajo que hace la espalda sirviéndote de sostén,... y apoyo, ... y deja que sienta cómo es eso de no tener que esforzarse tanto. ...

Ahora empieza a unir las sensaciones de la parte frontal del cuerpo y la espalda, dejando que se mezclen colores y texturas: dejando que lo duro se ablande, ... que lo que es débil tome prestada la firmeza del otro lado, ... tomándote todo el tiempo que necesites.

Con las palmas de las manos apoyadas sobre el plexo solar, desplaza la atención hacia las costillas en la espalda, justo por encima de la cintura, ... y respira suavemente, sintiendo cómo esas costillas empiezan a expandirse un poco. Y observa cómo el aliento se mueve fácilmente y entra en la mitad posterior de la caja torácica, ... llevando consigo una sensación de relajación.

Ahora, al mover las palmas de las manos hasta que descansen sobre la parte inferior del abdomen, desplaza la atención hacia la pelvis, ... y deja que se aflojen los músculos de las nalgas, ... imagina cómo se ablanda el denso muro dorsal de la pelvis, ... respondiendo al movimiento de la respiración. ... A medida que la pelvis se instala más cómodamente sobre la estera, puedes seguir el movimiento de la respiración a lo largo de la superficie interior del sacro. ... Y sientes el abdomen blando, ... a medida que se va relajando plenamente al hundirse en la cavidad pelviana.

Ahora dirige tu atención hacia arriba, por la mitad posterior del torso hasta la parte alta de la columna. Al apoyar suavemente las palmas de las manos sobre la parte alta del pecho, sientes subir y bajar el movimiento de la respiración, ... y cuando aflojas el espacio que hay entre los omóplatos, ... todo tu cuerpo puede entregarse a la gravedad.

Tu respiración recorre la curva en forma de cuenco de la parte posterior de la cabeza. ... El cráneo te parece blando ahora, ... al ensancharse y ahondarse con el ritmo de la respiración.

Sigue saboreando las pausas de tu respiración, ... concentra la atención en la mitad posterior de tu cuerpo, ... que parece hundirse cada vez más en el suelo. Y la sensación de peso y de relajación en la mitad posterior de tu cuerpo baja como una corriente por la parte de atrás de los muslos, ... las rodillas, ... las pantorrillas, ... los tobillos. Ahora, la mitad posterior de tu cuerpo descansa sin resistencia alguna sobre la estera, ... y la mitad anterior se te hunde dentro de la espalda, ... y la gravedad te apoya.

Ve deshaciendo poco a poco la sensación de apoyo, observando cuidadosamente los lugares específicos en donde el cuerpo se vuelve otra vez más compacto, más cerrado, más tenso. Y después, recordando tu respiración, vuelve a crear la sensación de apoyo.

Cuando sientas que puedes retomar tu estado de conciencia habitual, deja que se te abran los ojos. Presta atención a lo que te rodea. Puedes mantener la sensación de apoyo si ruedas suavemente hacia un lado y te empujas contra el suelo para sentarte.

◆

Tu núcleo o centro de apoyo

¿Recuerdas cuando tu compañero ejerció presión, desde arriba, a través de la parte central de tu cuerpo? Ese es el núcleo o centro de apoyo de tu estructura, el sitio donde el peso está equilibrado sobre las plantas de los pies. Cuando está libre de tensión, ese centro es fluido, elástico, y responde a la demanda de equilibrio, siempre cambiante, que le llega del cuerpo. Es probable, sin embargo, que tu centro no esté libre, sino más bien acorazado contra experiencias dolorosas, pasadas o futuras. Esta zona de tu cuerpo, profunda y vulnerable, puede ir asociada con sentimientos de los que todavía no tienes conciencia.

El guión 6 evoca las sensaciones e imágenes de tu centro de apoyo. Esta parte del medio de tu cuerpo puede ser muy delgada, como una masa de hojaldre; quizá parezca una especie de tubo o una cinta de brillantes colores. Su textura puede variar desde acuosa hasta acerada. Tómate todo el tiempo que necesites para evocar las imágenes que te sugiera tu centro de apoyo. Tómatelo también para explorar tus asociaciones emocionales. Si necesitas ayuda, consulta el capítulo 9, donde encontrarás maneras de enfocar la elaboración emocional. Cuando las emociones se resuelvan, sentirás incrementada la sensación de fluidez en tu centro de apoyo.

◆

GUIÓN 6

La exploración de tu centro de apoyo

Vas a encender una luz en el centro de apoyo de tu cuerpo, partiendo de la región del plexo solar. Tiéndete en el suelo o en tu estera de ejercicios, con la atención puesta en el área del diafragma, y explora la zona intermedia entre las dos mitades de tu cuerpo, la parte frontal y la espalda, ... observando cómo se mueve entre ellas el aliento. Esta zona intermedia puede ser muy delgada, como un hilo, ... o puede ser un área muy amplia y abierta. Eso sólo depende de ti.

Ahora recorre el espacio interior, lentamente y con sensibilidad, descendiendo por el abdomen, ... entrando en la pelvis, ... y tómate el tiempo necesario para respirar y explorar el centro de la pelvis, ... el espacio que hay entre la parte frontal de tu cuerpo y la espalda. Permítete apreciar las valiosas sensaciones internas que allí tienen lugar.

Y ahora encuentra un pasillo que desciende a lo largo del muslo derecho, ... de la rodilla, ... de la pantorrilla ... y del tobillo, ... hasta la planta del pie,... y a lo largo del muslo izquierdo, ... la rodilla, ... la pantorrilla, ... el tobillo ... y el pie. A medida que respiras a través de tu centro de apoyo, puedes sentir una respuesta en las plantas de los pies, ... y te parece que las piernas se te alargan un poco cada vez que inhalas, ... y cuando exhalas, una sensación muy suave te inunda todo el cuerpo.

Ahora viajas de vuelta por los pasillos de las piernas hasta la pelvis, ... el abdomen, ... el pecho, ... la garganta ... y la cabeza. Y encuentras tus propias palabras para describir tus imágenes y sensaciones de la zona intermedia de tu cuerpo.

Después deshaz esa sensación, borrando la percepción consciente de tu centro de apoyo, ... observando la diferencia en lo que sientes. Y luego, valiéndote de la respiración, restablece la conciencia de tu centro de apoyo.

Ahora imagínate que la superficie donde te has tendido puede ponerse en posición vertical, y que mágicamente te encuentras de pie. Deja que tu peso lo sostenga el centro de apoyo de tu cuerpo, ... descansando en las «palmas de los pies». Imagina la ligera presión de la respiración a través de las plantas de los pies, como si tu aliento te conectara con la Tierra.

Ahora empieza a regresar a tu estado de conciencia habitual. Suavemente, deja que se te abran los ojos. Mira a tu alrededor, mira los objetos que hay en la habitación, y siente la textura de la superficie sobre la cual descansa tu cuerpo. Escucha los ruidos y sonidos familiares.

◆

Cómo ponerte de pie con la ayuda de tu centro de apoyo

El guión 7 te ayudará a mantener la sensación de apoyo mientras te levantas del suelo. Irás desenrollando el cuerpo hacia arriba, desde la posición arrodillada hasta estar de pie, moviéndote muy lentamente. Imagínate que estás experimentando tu evolución desde la condición de cuadrúpedo hasta la postura humana erguida. Un secreto importante para que tu centro de apoyo te ayude consiste en tener tu base en las plantas de los pies.

Ahora mismo, como experimento, tiéndete y después vuelve a levantarte del suelo como lo haces normalmente, fijándote en cómo son tus movimientos. Por contraste, la exploración que sigue te mostrará que tu cuerpo se siente más armónico, ligero y firme cuando es tu centro de apoyo el que lo sostiene.

La gente que tiende a iniciar el movimiento empujando hacia delante con la parte inferior del cuerpo se sentirá más alta cuando descubra su centro de apoyo. Los que inician el movimiento avanzando con la parte superior del cuerpo tienden a sentirse más bajos o más compactos, porque encuentran que su centro de apoyo les ayuda a asentarse más profundamente en la Tierra. El centro de apoyo nos ayuda a integrar la parte frontal de nuestro cuerpo y la espalda, la parte superior y la inferior, la acción de estirarse y la de empujar.

*   *   *

◆

GUIÓN 7

Para ponerte de pie, desenróllate

Tiéndete en el suelo o en tu estera de ejercicios, recuerda la sensación de que tu centro de apoyo te sostiene y, perezosamente, haz rodar tu cuerpo sobre uno de los lados, dejando que las rodillas se doblen y las piernas se recojan, aproximándose al cuerpo. Deja que éste se afloje, hundiéndose en el suelo mientras te detienes un momento, así, de lado. ... Ahora, usa los brazos para impulsarte y sentarte. Siente cómo te mueves a través de tu centro mientras te vas levantando hasta sentarte. ... Repite varias veces este movimiento, dejando que el sistema nervioso incorpore la sensación de moverte contando con un firme apoyo. Fíjate en cómo colaboran en este movimiento la parte frontal de tu cuerpo y la espalda. Ahora, vuelve a tenderte, y levántate como sueles hacerlo, observando la diferencia.

Pasa una vez más de la posición tendida a la posición sentada contando con tu centro de apoyo, y entonces gira hasta ponerte a gatas, sobre las manos y las rodillas. Esconde los dedos de los pies y desplaza el peso corporal sobre los pies, dejando que la parte superior del cuerpo cuelgue relajadamente hacia delante, con la cabeza meciéndose. Haz una pausa para recordarte que tienes que respirar. Despacio, ve enderezando las rodillas, equilibrando el peso sobre las plantas de los pies, entre la almohadilla y el talón. ... Deja que las rodillas permanezcan relajadas, ligeramente flexionadas, mientras sigues enderezándote. ... Con lentitud ve bajando el sacro hasta nivelar la pelvis, sin dejar de apoyar el peso sobre las plantas de los pies. ... Ahora, mientras los brazos, la cabeza y los hombros siguen colgando hacia delante, endereza el abdomen y la cintura, imaginándote que respiras por el centro de tu cuerpo. ... Y a medida que la parte central de la región pectoral vuelve poco a poco a alinearse con los empeines, ... automáticamente, los omóplatos se deslizan hacia la espalda. ... Y cuando el cuello se despliega, ... la cabeza vuelve a equilibrarse en lo alto del cuerpo.

Ahora, haz un recorrido por tu cuerpo. ¿Lo sientes más alto, ... más entero, ... más móvil, ... más relajado? Esta manera de estar de pie, ¿afecta a tu respiración?

Para percibir el contraste, estírate y muévete durante un momento con el fin de desprenderte de todas las percepciones que acabas de tener. Piensa en una situación específica en el curso del día, en la que estés de pie y esperando algo. Adopta tu postura habitual, que probablemente será un poco diferente de la nueva manera de estar de pie.

Ahora, lentamente, introduce la sensación de contar con tu centro de apoyo en esa situación específica, sólo lo suficiente para que te sientas a gusto. En ese momento y ese lugar precisos, puedes llegar a sentir un poco más de apoyo a través de las plantas de los pies. ... Puedes llegar a sentir las dimensiones de tu cuerpo, ... y el movimiento de la respiración a través de tu centro de apoyo.

Cómo caminar contando con tu centro de apoyo

El guión 8 te ayudará a andar contando con tu centro de apoyo. Aunque la sensación de descansar en tu centro todavía puede parecerte nueva o algo incierta, es probable que empiece a resultarte más fácil encontrarla. El centro es móvil; fluye y late con la vida. Nuestro cuerpo no es jamás estático, por más ceremoniosos o disciplinados que nos volvamos o por más inmóviles que estemos.

Una vez que hayas terminado el guión 8, ya podrás entender la afirmación de que caminar es cuestión de caerse y mantenerse. El ímpetu para avanzar proviene de un cambio concertado de peso en el tronco, es decir, en la cabeza, el pecho y la pelvis. Lo que se siente en la mente, el corazón y las vísceras se une en la intención, que a su vez se apoya en los pies y las piernas.

Esto fue algo que Margie aprendió, por la fuerza, en la cima de una montaña. «Ponte las manos en los bolsillos y confía en los pies, Margie», le dijo Pete, su instructor. Mientras ella avanzaba poco a poco sobre los cantos rodados, los brazos le aleteaban a ambos lados como si buscaran un pasamanos. Después se metió decididamente las manos en los bolsillos, y al hacerlo rompió la pauta de «contraintención» de la parte superior de su cuerpo. Al momento, tuvo la sensación de que bajo sus pies el granito era más firme.

Paso a paso, Margie siguió a Pete, imitando la forma en que sus pies establecían contacto con la roca. Intentó apoyar el pie exactamente en el mismo lugar, con la misma confianza. Cuando se acordaba de respirar, casi hasta podía disfrutar del ascenso. De pronto, el grupo se detuvo en la cumbre de la montaña y ella salió de su trance. Con las manos en las caderas, sin que le temblaran ahora las rodillas, Margie miraba hacia el horizonte para admirar la majestuosidad de las Sierras. La forma dispersa en que llevaba el peso estuvo a punto de sabotear su intención de llegar a la cumbre. Lo que vas a aprender en la siguiente exploración es más sutil y más preciso que meterte simplemente las manos en los bolsillos, pero el principio es el mismo: dejar que tus piernas refuercen tu intención.

◆

GUIÓN 8

Estar de pie y andar

Recuerda las palabras con que describiste la sensación de contar con el apoyo del centro de tu cuerpo, y deja que te guíen mientras caminas por la habitación de una manera suelta y cómoda. Deja que los pies se relajen, de modo que llegues a sentirlos blandos y flexibles. El talón es lo primero que se apoya en el suelo al dar cada paso, pero en vez de instalarse en él, el peso del cuerpo se desplaza hacia delante a través del empeine, hasta apoyarse en la almohadilla del pie. Cada vez que apoyas el pie, tu peso cae, pasando por el centro, sobre las plantas de los pies.

Observa que todo el torso puede moverse hacia delante al mismo tiempo, tanto la mitad anterior como la posterior, guiadas por el centro de tu cuerpo. Las piernas, en vez de conducirte, se limitan a acompañarte. Fíjate en la suavidad con que se articulan las almohadillas de los pies y los tobillos. Siente cómo están conectadas las partes inferior y superior de tu cuerpo, de manera que avanzar es algo que sucede sin ningún obstáculo.

¿Cómo sientes esta manera de caminar? Todavía rara y poco familiar quizá; pero, ¿qué más? ¿Suave, más conectada, más segura?

Detente un momento para sacudir todo el cuerpo, y después vuelve a caminar como sueles hacerlo. Poco a poco, ve incorporando algunas de las nuevas sensaciones, manteniendo los elementos que necesites de tu manera de caminar habitual, y añadiendo los nuevos que te resulten más cómodos.

◆

Pregúntate en qué difiere tu manera de andar como resultado de haber leído los guiones 5, 6, 7 y 8. ¿Qué diferencia notas en el carácter global de tu movimiento, en la forma en que usas la energía, en tu estado anímico? Alterna ambos modos de andar, el habitual y el nuevo. Conserva lo que te guste del estilo antiguo y ve incorporándole algunas de las características nuevas, hasta encontrar la combinación adecuada para ti.

Un par de veces cada día, resérvate cinco minutos para practicar la nueva forma de andar. Haz que se conviertan en un rato de concentración y contemplación, diferente del resto de tu rutina diaria. Observa cualquier lugar donde tu cuerpo te dé la sensación de estar resistiéndose a la nueva manera de apoyo, ya que eso indicaría una zona a cuya relajación podrías dedicar más tiempo, aflojando las tensiones con ayuda de la respiración.

Mantén una actitud respetuosa hacia cualquier tensión que se resista a tu nueva manera de andar. Los viejos hábitos te han sostenido y apoyado desde hace muchos años. Tal vez el cuerpo necesite algún tiempo para entender que las nuevas formas de apoyo serán tan fiables como las anteriores.

Un apoyo en forma de trípode para sentarte

La última exploración que haremos en este capítulo se referirá a la forma en que nos apoyamos cuando estamos sentados. Necesitarás un banco o una silla con un asiento firme, de la altura necesaria para que las articulaciones de las caderas estén a un nivel ligeramente superior al de las rodillas. Y además, lo bastante bajo como para que puedas tener los pies firmemente apoyados en el suelo. Si la altura de tu asiento no es ajustable, recurre a las guías telefónicas: para ponértelas debajo de los pies si te falta altura, o sentarte sobre ellas si eres alto y no consigues la inclinación adecuada.

Siéntate de manera que puedas sentir debajo de ti ambos isquiones (los huesos sobre los que te sientas). Después localiza el hueso púbico, el punto medio en la parte delantera de la pelvis. Si pudieras mirar a través de tu cuerpo desde arriba, verías que estos tres puntos forman un triángulo. Este triángulo perfila el suelo pelviano. Los lados y el dorso curvos del cuenco pelviano se elevan desde ese espacio triangular.

Si te sientas con la pelvis centrada en ese triángulo, la cavidad pelviana estará nivelada. Deja que tu peso se asiente, a través de tu centro, en el interior de la pelvis. Tienes las rodillas hacia adelante y los talones directamente debajo de las rodillas. Siente cómo la silla sostiene el peso de tu cuerpo a través de la cavidad pelviana, y cómo la Tierra te sostiene las piernas a través de los pies. Este trípode creado por ambos pies y la pelvis constituye una base muy estable para sentarse, ya que proporciona tres puntos de apoyo. Como la base de la columna, es decir, el sacro, queda en libertad de adaptarse a los cambios de peso cuando te mueves en tu asiento, eso también proporciona movilidad al resto de la columna.

Para apreciar el contraste, siéntate de la forma en que lo haces habitualmente. Si eres como la mayoría de las personas, llevas la pelvis hacia atrás, de modo que el peso se apoye en el cóccix y el abdomen se te vaya hacia dentro. Así tienes poca o ninguna sensación de apoyo en los pies. Comparado con el apoyo del trípode, el que tienes ahora no da la sensación de ser muy firme ni equilibrado, ni siquiera demasiado cómodo. Imagínate lo apretados que deben de estar los órganos internos. ¿Cómo pueden digerir adecuadamente el almuerzo estando tan comprimidos? Y con el sacro tan inmovilizado, la sensibilidad y la capacidad de reaccionar disminuyen en todo el trayecto hasta la cabeza.

Un error común cuando se intenta corregir una posición sentada desgarbada es irse demasiado para el lado opuesto, sentándose hacia delante, sobre los muslos, lo cual provoca una hiperextensión de la parte inferior de la columna. Y lo raro es que, aunque en esta postura el cuerpo está inclinado hacia delante, uno todavía sigue sintiendo que tiene poco apoyo en las piernas y los pies. Esto se debe a que hemos acortado los músculos de las ingles, retrayendo las piernas hacia dentro de la pelvis. La energía está concentrada en la parte superior del cuerpo, y las piernas se sienten «desconectadas».

Siéntate en tu posición habitual y haz que tu compañero ejerza presión sobre tus hombros desde arriba hacia abajo. Observa cualquier esfuerzo que ello te provoque en la zona lumbar. Después, siéntate de un modo equilibrado con el apoyo del trípode y haz que repita la presión. Sentirás esa presión en las nalgas, pero ningún esfuerzo ni tensión en punto alguno de la espalda.

Prueba ambas posiciones, fijándote en la facilidad y plenitud de la respiración. ¿Cuál de las dos favorece la movilidad de la caja torácica en todas direcciones?

El guión 9 te ayudará a ir encontrando una manera cómoda de sentarte moviéndote hacia delante y hacia atrás entre dos extremos. Al ir alternando entre una postura desgarbada y una rígidamente erguida, encontrarás un punto intermedio de equilibrio y apoyo. El ritmo extremadamente lento de la exploración te permitirá distinguir sutiles variaciones en tu sensación interior de apoyo.

A medida que experimentes con la forma de sentarte «en trípode», reconocerás que el apoyo es más bien una «zona» que un solo punto. Aquello de «sentarse quieto» es un concepto erróneo del pasado. Estar sentado es una actividad, no es estar inmóvil.

◆

GUIÓN 9

La exploración de la zona de asiento

Siéntate en tu silla con la pelvis centrada en el espacio triangular que queda entre el hueso púbico y los isquiones. Deja que tu peso descanse sobre el suelo pelviano. Con las rodillas frente a ti, pon los talones justo debajo de ellas. Percibe el movimiento de la respiración a través de las piernas; ... al inhalar, puedes sentir una mínima presión en las plantas de los pies. Observa los movimientos de la respiración en la pelvis, ... en la parte frontal de tu cuerpo ... y en la espalda. ... Sigue la respiración fijándote en cómo sube hasta tu centro, desde el suelo pelviano, ... elevándose por el vientre, ... por la zona del diafragma ... y por la caja torácica; ... sigue el fluir de la respiración que se expande y libera todo el cuerpo. ... Si relajas la garganta ... y la mandíbula, ... incluso puedes sentir el movimiento de la respiración en la cabeza.

Ahora, gradualmente, deja que la pelvis se mueva hacia atrás y que el tronco se hunda en una postura desgarbada. Observa que las piernas ya no te ayudan a sostenerte, que te has sentado detrás del triángulo del suelo pelviano, y que la respiración ya no puede moverse con libertad por todo tu cuerpo.

Continúa respirando cómodamente, ... y con el ritmo con que crece una planta, empieza a mover las caderas hacia delante a través del triángulo de la base de la pelvis. A cada instante de este largo camino, observa los cambios que se producen en todo el cuerpo, ... la forma en que el peso fluye como un líquido espeso, ... descendiendo muy lentamente por los muslos, ... y penetrando en los pies. Sin dejar de respirar cómodamente, ... el pecho se te levanta, ... recuperando su plenitud, ... el diafragma se despliega con suavidad, ... y a medida que recuperas tu centro de apoyo, el cuello y la cabeza encuentran el equilibrio en lo alto del torso.

Ahora continúa moviendo la pelvis hacia delante, todavía más en la dirección del vértice del triángulo. Advierte que las piernas han perdido esa sensación de comodidad, ... y que sientes la columna como si fuera una barra de acero ... que ya no responde al movimiento de la respiración.

Sin dejar de respirar, ... y con mucha lentitud, deja ahora que la pelvis vuelva a moverse hacia el centro del suelo pelviano, ... y que el tronco se asiente en el espacioso cuenco de la pelvis. Las piernas sirven una vez más de apoyo, ... y los pies recuerdan su contacto con la Tierra. A medida que la mitad posterior de tu cuerpo se relaja, ... siente cómo la respiración circula libremente a través de todas las partes de tu cuerpo. Y el fuerte trípode de la base, formado por la pelvis y los pies, ... vuelve a sentirse cómodo.

Ahora, dejando que el cuerpo se mueva muy ligeramente hacia delante, ... hacia atrás ... y hacia cada lado, ... percibe el perímetro de tu zona de asiento, ... y aprecia con qué generosidad te sostienen la pelvis y las piernas.

Cómo usar el apoyo del trípode para sentarte en tu vida cotidiana

Con la conciencia que ahora tienes de lo que es el apoyo ideal para sentarse, es probable que las sillas en que normalmente te sientas ya no te parezcan adecuadas. Las que tienen un hueco o depresión, o que son demasiado blandas, prácticamente te obligan a adoptar una postura desgarbada. Recurre a un almohadón para llenar el hueco o procúrate una silla más firme.

Puede que necesites hacer ajustes en tu lugar de trabajo. Si encuentras necesario elevar tu asiento, quizá te haga falta hacer lo mismo con la mesa. Si trabajas con un ordenador, adapta el nivel del teclado de manera que los brazos cuelguen hacia abajo en línea con el torso, con los codos a noventa grados y las muñecas horizontales. La parte alta de la pantalla debe estar a la altura de tus ojos.

Si los pies te quedan colgando y no tienes manera de bajar la silla, encuentra el modo de elevar el suelo; un taburete o una pila de libros pueden salvarte. Aunque tus compañeros de trabajo se burlen de tu ergonomía improvisada, el último en reírse serás tú, cuando el dolor de espalda te desaparezca, mientras el de ellos empeora.

Dedica unos minutos a explorar algunos de los movimientos básicos del trabajo ante una mesa o un escritorio. Empieza explorando tu antigua postura sentada. Extiende el brazo por encima del escritorio para alcanzar algo que esté del lado opuesto. Fíjate en cómo estás usando el cuerpo. Si lo haces como la mayoría de las personas, la pelvis se te quedará atrás en la silla, mientras tú te estiras hacia delante desde la cintura. Así tendrás poco o ningún apoyo en los pies y las piernas para tu acción de estiramiento. Como tu cuerpo está yendo en dos direcciones opuestas (hacia atrás en la pelvis y hacia delante en los brazos), tu movimiento y tu intención no concuerdan. Una vez que hayas cogido el objeto, la parte inferior de tu cuerpo tendrá que hacer un esfuerzo para volver a la posición original.

Ahora siéntate de la nueva manera, sobre tu trípode. Recuerda que tienes que respirar. Para llevar el brazo hacia delante, empieza por inclinar el tronco desde los isquiones. Al inclinarte hacia delante, hacia el vértice del triángulo formado por el suelo pelviano, parte de tu peso descenderá por las piernas hasta los pies. La cintura, el pecho y los brazos caerán hacia delante con naturalidad y sin esfuerzo. Al usar el impulso de todo el tronco para iniciar la acción de alcanzar algo con el brazo, realizar el gesto te resultará fácil y cómodo.

Para volver a sentarte con el cuerpo erguido, empuja tu peso desde los pies para que vuelva al interior del triángulo pelviano. La parte superior de tu cuerpo, motivada desde abajo, retomará sin esfuerzo la posición erguida.

Improvisa con esta manera congruente de utilizar el cuerpo estando sentado. Si te estiras para alcanzar algo que se halla a tu derecha, cambia un poco la posición del pie hacia ese lado y apoya más peso en el pie derecho. Tras haber finalizado la acción de estirarte, empújate hacia atrás con el pie derecho para volver a centrarte.

Si tienes un trabajo sedentario, te resultará beneficioso imaginarte y rediseñar varias tareas específicas que realices diariamente en posición sentada ante tu lugar de trabajo. Inténtalo ahora con una de ellas, con algo simple, como abrir la correspondencia. Siéntate de la manera habitual e imagínate desempeñando esa actividad. Imagina cada detalle: la sensación de tu ropa en contacto con la piel, el peso de los objetos que vas manejando, los sonidos y ruidos que oyes, las formas y colores de las cosas que te rodean.

Obsérvate haciendo la tarea como si estuvieras viendo un vídeo. Fíjate en la forma en que está apoyado tu cuerpo, observa cómo respiras y cómo son tus movimientos.

Ahora desconecta el vídeo y muévete en tu asiento hasta que percibas el apoyo del trípode. Desde esta base, mira un segundo vídeo de la actividad. Descríbete las diferencias entre las dos versiones. Vuelve a ver ambos vídeos dos o tres veces, de modo que cuando hagas de nuevo en tu trabajo la tarea en cuestión, descubras que la estás realizando con mejor apoyo.

En situaciones de estrés, volvemos casi siempre a las pautas familiares, a las viejas tensiones establecidas que nos han visto pasar por más de un apuro. Ahora, dedica algún tiempo a reprogramar, en tu imaginación, una tarea que represente para ti un apuro.

Gradualmente, tu cuerpo empezará a preferir la comodidad de contar con un apoyo, y te encontrarás con que al terminar el día está menos fatigado. Lo fundamental es que tu silla y tu escritorio estén a la altura adecuada para tu cuerpo. Haz todo lo que sea necesario para conseguir que tu entorno se adapte a tu cuerpo. Hacer que tu cuerpo se adapte al entorno es un insulto, no sólo para tu condición humana, sino también para tu estructura.

Tus dimensiones

A lo largo de este capítulo hemos hablado de la forma en que tu cuerpo puede estar sostenido desde abajo, es decir, por los pies estando de pie y caminando, y por la pelvis en la posición sentada. Pero durante todo este tiempo hemos trabajado también con el tercer aspecto del apoyo, es decir, tus dimensiones, la plenitud de tu imagen corporal.

Imagínate una pelota de baloncesto, que sólo cuenta durante un breve instante con el apoyo del punto de su superficie que golpea contra la pista. Lo que impide que se deshinche entre un rebote y otro es su presión interna. En este caso, la presión será constante mientras la pelota no sufra un pinchazo. La presión interna del cuerpo es algo mucho más complejo y fluctuante que la de una pelota de baloncesto. Metafóricamente hablando, la pelota, si tuviera conciencia, se conocería por todos lados. Así es como se las arregla para girar en torno de su centro y caer sobre cualquier parte de su superficie. El hecho de ir equilibrando tu percepción consciente de tu parte frontal, tus costados y tu espalda te reforzará la sensación de la tridimensionalidad de tu cuerpo y te ayudará a sentir mejor tu centro. Y tener conciencia no sólo de tu parte frontal, sino también de tu espalda y de tus costados, hará que te sientas más grande, sustancial y estable, más «totalmente ahí».

Toma conciencia de las dimensiones de tu cuerpo al volver a diseñar una actividad ya familiar. Observa aquellos lugares de tu estructura en donde tiendes a limitar tu espacio respiratorio endureciendo el cuerpo mientras realizas la tarea. Divide tu atención entre la acción y tu espacio interno. Al respirar en el interior de esa área restringida, suavizando y relajando cualquier lugar que esté rígido, incrementarás el apoyo de tus dimensiones para la acción.

Curiosea un poco

Una manera de refinar la percepción consciente de tu estructura es observar cómo se mueven otras personas. Instálate en alguna calle o plaza muy concurrida o en un paseo marítimo, en donde puedas observar a la gente sin parecer impertinente. Procura intuir la tensión implícita en las estructuras desequilibradas que veas. Observa a esas personas que avanzan con sus piernas pateando delante de ellas y los tacones clavándose ruidosamente, echando hacia atrás la parte superior del cuerpo. Otros se inclinan hacia delante como si tuvieran entre los omóplatos una mano fantasma que los empujara desde atrás. Y los hay que van rebotando desde los dedos de los pies, como si los llevaran de las narices. Sus intenciones, ¿cuentan con el apoyo de sus respectivas estructuras? Empezarás a ver hasta qué punto la mayoría de las personas son incapaces de luchar con la gravedad, y te compadecerás de sus improvisados intentos de jugar al Juego de la Gravedad.

El Grupo de la Gravedad

Cuando Margie desciende de la montaña, decide introducir algunos cambios en su vida. Como es una persona capaz y segura de sí misma, descubrir que tiene miedo a las alturas la ha dejado sorprendida. El hecho de afrontar este miedo le ayuda a darse cuenta de que también allá, en casa, al nivel del mar, hay tensiones a las que no sabe cómo hacer frente. Pero ahora que ha trepado a la cumbre de la montaña, sabe que también puede escalar su montaña interna si se compromete de corazón a hacerlo.

Esto es lo que piensa un día, cuando Bill empieza a jactarse de su manera de jugar al tenis (parece que ha estado leyendo un libro sobre la «toma de conciencia de la gravedad», y que eso está mejorando su manera de jugar y su vida). Ella puede hacer lo mismo que ha hecho Bill, piensa Margie. Desde que Kay lo abandonó, él ha sido un caso típico de crisis de mitad de la vida. Todas las semanas tiene las últimas noticias del movimiento del «potencial humano». Pero Margie empieza a darse cuenta de que últimamente hay algo diferente en Bill. Está más abierto, más seguro de sí mismo. Hasta su voz suena diferente, más... ¿más qué? Habla en un tono de voz más resonante, eso es.

—¿Puedes prestarme ese libro? —le pregunta Margie.

A medida que va tomando más conciencia de su imagen corporal, Margie descubre algo interesante relacionado con su postura. De jovencita, los pechos se le habían desarrollado antes que a sus compañeras, y se había visto sometida a las burlas despiadadas de los chicos del barrio. Y aunque ahora no es especialmente pechugona, descubre que tiene cierta tensión en el pecho, una sensación como de andar contrayéndose, algo así como un escudo. Por pura curiosidad, lo exagera.

Mientras se pasea de un lado a otro de la sala de estar, observando cómo las piernas quieren avanzar y el pecho se le va quedando atrás, Margie empieza a pensar en la calle donde vivía cuando era niña. Vuelve de la escuela caminando, oyendo aquellas burlas. Se detiene, estremeciéndose como si quisiera sacudirse de encima ese desagradable recuerdo. Después se mira furtivamente en el espejo del vestíbulo. Hay cierta redondez en los hombros y una apariencia acortada, incluso regordeta. Está empezando a parecerse a su madre. Se echa sobre una alfombra, cerca de la chimenea.

Mientras observa las sensaciones que le produce la respiración en diferentes zonas de su cuerpo, Margie se encuentra con que su parte frontal tiene una textura como de gomaespuma, esponjosa y quebradi za a la vez, mientras que su espalda parece dura y robusta, como si fuese de madera, salvo esos refuerzos de acero que siente en la zona de la cintura y el sacro y en lo alto de los hombros. Margie es fuerte, como tenía que serlo. Su niñez fue siempre un reto, un desafío. Sus padres estaban continuamente peleándose, y ella actuaba de pacificadora.

Margie había convertido su instinto de supervivencia en un impulso para llegar a la cima en su profesión. Su esfuerzo laboral era productivo, midiéndolo en éxito material, pero últimamente había estado buscando algo más, algo que ella misma no puede llegar a definir del todo.

Al principio, le cuesta imaginar que la respiración pueda provocar un movimiento en la mitad posterior de su cuerpo. Después se imagina que el aire pasa entre las células de la madera. Sin saber cómo, la madera se convierte en un árbol, en algo vivo, y después el crecimiento del árbol se invierte, retrocediendo en el tiempo hasta transformarse en un arbolillo, verde y tierno. Es un día de primavera, tibio, de hace mucho tiempo. Margie va caminando por un bosque con una niña que también es ella. Va llevándose a sí misma de la mano y explicándole algo a ese otro yo más joven. Las palabras y las risas mezquinas de los chicos se pierden en la distancia, detrás de ellas.

—Debo de haberme quedado dormida —musita.

Ahora le parece como si el interior de su cuerpo estuviera hundido en un tibio baño de burbujas. El acero, la madera y la gomaespuma se han fundido en una sola cosa, convirtiéndose en... Margie se retuerce, riéndose por lo bajo... una masa informe. «Vaya viaje», murmura.

—¿Qué cuernos estás haciendo? —pregunta Pauline, a quien no se le ha escapado que durante la última semana su compañera de piso se ha pasado todas las tardes tendida en el suelo. Ya es hora de que le explique algo.

Pauline la escucha con interés mientras Margie hace todo lo posible por explicarle qué son la «imagen corporal», el «centro de apoyo» y la «intención».

—En realidad, yo misma todavía no lo entiendo —admite—, pero tendrías que ver a Bill. Ha levantado su escritorio sobre ladrillos y se ha conseguido una silla realmente alta, y está sentado allí arriba como un rey, diciendo a todo el mundo que está apoyando a su estructura. Parece rarísimo, pero la verdad es que... bueno, está –Margie busca la palabra adecuada–, vamos, que está floreciendo.

–¿Que Bill está floreciendo? –repite Pauline, incrédula–. Pero, ¿cómo, exactamente?

–Para empezar, cuenta chistes. Tiene sentido del humor. Kay solía decirme que era divertido, pero a mí nunca me lo pareció. Sólo hablaba de ordenadores.

–Sí, recuerdo que lo conocí en tu fiesta de Navidad y me pareció muy aburrido. Oye, estoy pensando si el libro ese podría ayudarme con el canto. Tú dijiste que servía para mejorar la respiración, ¿no?

–Ajá. Tal vez pueda influir en la emisión de la voz. ¿Por qué no haces la prueba? –pregunta Margie–. Entonces podríamos trabajar juntas. Sería divertido.

Pauline se adhiere sin vacilar al Juego de la Gravedad, y pronto ella y Margie se dedican casi todas las noches a hablar sobre el enriquecimiento de la percepción que ambas experimentan. A Pauline le impresiona particularmente el concepto de las dimensiones del cuerpo. Años de entrenamiento vocal le han enseñado una forma muy frontal de presentarse.

–Me siento como un decorado cinematográfico –admite un día–, lleno de color y luces en la parte de delante, pero sin nada más que andamios rígidos por detrás.

Pero cuando procura llenar las dimensiones de su imagen corporal y permitirse sentir menos rígida la espalda, choca con alguna resistencia interior: su concepto de lo que es «estar delgada».

–¿Cómo puede ser que te quejes de sentirte más relajada? –le pregunta Margie, con asombro.

–Me gusta sentirme relajada –dice Pauline–, y desde luego me alivia esa tensión constante que tengo en la espalda, pero...

–¿Pero qué?

–Me hace sentir gorda.

–Mira, vamos a hacer un experimento –le sugiere Margie–. Haz cualquier cosa que necesites para sentir tu cuerpo tan delgado como te gustaría que fuese.

–De acuerdo.

–Y ahora, ¿cómo lo sientes?

–Lo siento delgado... –responde su amiga–, pero también comprimido, y tenso... apenas puedo respirar.

–Muy bien. Ahora, déjate expandir por dentro. Por el momento, ocupa la totalidad de tu espacio interno. Inspira hasta llenar toda la profundidad de tu cuerpo.

–Así es mucho más cómodo... y lo siento mucho más grande.

–De acuerdo, Paulie, sé sincera contigo misma. ¿Hasta qué punto son diferentes tus contornos externos ahora, si los comparas con los de antes, cuando te forzaste a sentirte delgada?

Pauline permanece quieta, comparando las dos posibilidades. Después de un rato, se le ilumina la cara al comprenderlo, y responde encogiéndose de hombros:

–No mucho.

Pauline es amiga de la hermana menor de Margie. Acaba de obtener un título universitario en música, y todavía no ha encontrado su lugar en la ciudad. Pero hay algo que sí sabe: odia ser camarera. Una tarde regresa a casa con algunos puntos de vista nuevos con respecto a su situación:

–He estado pensando en la «intención» –le cuenta a Margie, mientras las dos se sientan a la mesa–. Mi verdadera intención es ser cantante, y no camarera.

–Yo pensaba que habías aceptado ese trabajo en el café porque el horario te dejaba tiempo para tus lecciones y para practicar –comenta Margie.

–Exacto –Pauline toma una cuchara y subraya sus palabras con golpecitos sobre la mesa–. Por eso hoy me he dado un sermón a mí misma. He decidido que también podía prestar atención a la forma en que uso mi cuerpo mientras atiendo a los clientes. ¿Qué diferencia hay entre estar en un escenario o en el café? ¿Acaso no estoy en el mismo cuerpo?

–Así que, mientras servías las mesas, has pensado que también podrías proporcionarte un buen apoyo a ti misma.

–Exacto. El centro de los pies, la respiración, la espalda... todas las piezas. Y me han sucedido tres cosas. Una es que esta noche estoy mucho menos cansada de lo habitual.

—¿Y las otras?

—Bueno, eso de sentirse tridimensional fuera de casa, en el mundo, te da la sensación de... no sé cómo explicártelo. Te sientes vulnerable, como si fuera más fácil ser plana, ser sólo una fachada.

—¿Como si no fuera seguro ser tan accesible?

—Sí.

—Eso yo también lo he notado —asiente Margie—. Al principio sólo podía permitirme sentir esa plenitud cuando estaba sola. Me parecía como si fuera una dimensión de mí misma que no hubiera percibido durante mucho tiempo... tal vez desde que era muy pequeña. Sin embargo, ahora ya me estoy acostumbrando más a ella. ¿Qué otra experiencia has tenido?

—Algo que me ha sucedido durante mis prácticas de canto. Hoy estaba experimentando con las dimensiones de mi cuerpo, sintiendo su profundidad. Ya sabes, más bien apreciando la plenitud que empeñándome en sentirme delgada. Entonces he empezado a pensar en mi base de sustentación y en mis pies. —Pauline se levanta para hacer la demostración—. Fíjate, se supone que nos mantenemos en pie con los dos pies juntos, así... Pero si apoyo un pie sólo un poco delante del otro, apenas dos centímetros, me siento más estable. Parece como si diera más profundidad a mi base de sustentación, y entonces tengo mejor apoyo para mi voz.

Pauline se encamina hacia la puerta.

—¿Es que no me lo vas a demostrar cantando?

Aunque se ha decidido a preguntárselo, Margie sabe que su amiga es tímida para actuar e ignora cuál será su respuesta.

—Quizá más tarde —responde Pauline—. Ahora sólo te diré una cosa más, porque tengo que marcharme a toda prisa —anuncia, ya en mitad del pasillo.

—¿Qué?

—Creo que sé por qué los cantantes están tan gordos —responde desde su dormitorio—. Aumentan de peso para compensar la falta de un apoyo adecuado. Es una manera de sentirse bien plantados.

Margie la sigue por el pasillo.

—¿Adónde vas ahora? —pregunta.

—He quedado con Fred.

–Ese chico tan simpático del coche deportivo... No está mal. ¿A qué se dedica?

–Al parecer, hace un poco de todo: trabaja en el ejército, pero también dirige un centro de gimnasia, y es representante de ventas de una empresa de ropa deportiva. Antes de eso... bueno, será mejor que no te lo diga –Pauline se ruboriza.

–¿Qué?

–Prométeme que no se lo dirás a nadie.

–Prometido. Vamos, déjame boquiabierta.

–Bueno, trabajaba en una discoteca... como chico go-gó.

–¡Lo dirás en broma!

–No te dejes engañar porque lleve gafas. Tiene un cuerpazo, y de verdad que sabe moverse. Y recuerda lo que me has prometido.

–Bueno, por lo menos podré mirarlo, ¿o no?

–De acuerdo –se ríe Pauline–. ¡Pero recuerda que yo fui la primera en verlo!

4

La conexión pelviana

Una estación repetidora para el movimiento congruente

Los practicantes de artes marciales consideran que la fuente de su poder es un punto al que llaman *hara,* situado en el abdomen, aproximadamente a dos centímetros y medio por debajo del ombligo, y que constituye el centro de gravedad del luchador. Con las rodillas flexionadas y las piernas separadas, los músculos de los muslos, las nalgas y el tronco se tensan alrededor del hara, la fuente de toda energía potencial. Las patadas y los puñetazos estallan a partir de un núcleo duro como la piedra, pero el centro mismo se mantiene inmóvil. Esta clase de cuerpos son máquinas de luchar, tan eficientes como bellas.

Ganar en el Juego de la Gravedad exige que se tenga en la pelvis un tipo de fuerza diferente del que busca el practicante de artes marciales. El centro endurecido del luchador sirve de apoyo para movimientos súbitos y enérgicos; nuestras actividades diarias, por otra parte, no suelen exigir tanta fuerza ni tanta velocidad. Para moverse cómodamente en la vida cotidiana, es necesario que el núcleo de la pelvis se mantenga fluido y flexible; se ha de sentir abierto, de modo que la respiración se mueva libremente a través de él. Entonces el centro de gravedad puede desplazarse a mayor o menor altura en respuesta a situaciones cambiantes.

Fred es un hombre que siempre está en movimiento. Cinturón negro de Tae Kwon-Do, también destaca en submarinismo, esquí y baloncesto. De gran éxito en su trabajo como representante de ventas de una empresa de prendas deportivas, el año pasado ganó un coche nuevo por ser el primer vendedor de su empresa en el ámbito nacional. Pero últimamente ha sentido unos dolores en la espalda, que le aparecieron tras más de treinta kilómetros de marcha forzada en un campamento de reservistas del Ejército. Es cierto que iban muy cargados de equipo, pero hasta entonces el programa de mantenimiento corporal de Fred le había proporcionado una buena preparación para ese tipo de rigores. Ahora se encuentra con que por un día de coche, visitando a sus clientes, tiene que pagar un precio: dolor de cintura y de espalda. Después, en el gimnasio, se le pasa con estiramientos, pero es un fastidio tener la sensación de que necesita cuidarse.

Recorrer penosamente 32 kilómetros a pie, cargado con una pesada mochila, somete al cuerpo a una clase de estrés diferente del que resulta de las dos horas de entrenamiento en un *dojo* impecablemente limpio. Y cuatro horas sentado al volante también son una prueba totalmente distinta. Y la misma tensión pelviana que le permite esos saltos espectaculares en los que gira en el aire para asestar una patada impresionante a su contrincante se vuelve contra él en la vida cotidiana. Fred necesita aprender a liberar la tensión en la pelvis cuando no está practicando kárate, de modo que puedan transmitirse libremente otros impulsos más sutiles entre las piernas, la pelvis y la columna. El atletismo, que le ha proporcionado un espléndido tono muscular, también lo ha llevado a tensarse demasiado en su centro. Fred está empezando a sentirse limitado por su propia fuerza.

Pauline ha empezado a relajar la tensión pelviana desde que dejó de creer que tensar el abdomen la hace parecer más delgada. La tensión abdominal es un hábito común entre las mujeres que creen estar demasiado gordas. Al contraer todo el contorno de la cintura, obligan al contenido abdominal a descender, formando un bulto pequeño y duro. Esta acción se combina generalmente con el intento de esconder los isquiones para reducir al mínimo el contorno de las nalgas. Una tensión como ésta, que toma la forma de un cinturón, reduce la libertad de movimiento de las caderas. Esa restricción de la movilidad obstruye el metabolismo y puede incluso producir un exceso de tejido precisamente donde no se lo quiere.

La pelvis es una estación repetidora donde el impulso de estirarse con la parte superior del cuerpo y el de empujar con las piernas pueden integrarse en un movimiento congruente de avance de la totalidad del cuerpo. En la mayoría de las personas, la pelvis carece de la movilidad esencial necesaria para que esta integración se produzca.

El diseño de la pelvis es similar al armazón que utiliza un escalador para sentarse o al columpio de un niño pequeño. La banda trasera de la pelvis está formada por una recia estructura ósea, mientras que la parte frontal sólo está cerrada por músculos, que permiten la libertad de moverse hacia delante. La articulación de la cadera corresponde a las aberturas para las piernas que tiene el asiento de un bebé. También puedes visualizar la pelvis como una silla de montar interna. Siéntate utilizando el apoyo del trípode, e imagínate que tu peso se asienta en una de esas sillas de montar antiguas, de respaldo alto. El hueso del pubis es el pomo. Puedes seguir sintiendo el apoyo de esta silla aun cuando estés de pie y andando. Siempre y cuando una tensión muscular inadecuada no se lo impida, la pelvis actuará como una combinación de columpio y silla de montar, que responde tanto a los movimientos de la columna como a los de las piernas.

Las exploraciones de este capítulo favorecen el desarrollo de una percepción adecuada de lo que es el movimiento apropiado en las articulaciones de la cadera y en la parte inferior de la columna, con lo que se incrementa la capacidad de reacción de la pelvis y se da mayor congruencia al movimiento del cuerpo en su totalidad.

Cómo puedes evaluar el movimiento de tus caderas

Atraviesa andando la habitación, como lo has hecho ya otras veces, pero ahora presta atención a la pelvis. ¿La sientes relacionada con las piernas o más bien conectada con la parte superior del cuerpo? ¿Dónde tienes la sensación del balanceo de las piernas? ¿En los muslos, en las articulaciones de la cadera, o más arriba, en el interior del tronco?

Toma conciencia del centro de tu pelvis, de la zona que hay por detrás y por debajo del ombligo. ¿Puedes sentir cómo el movimiento reverbera en toda esa zona cuando caminas? ¿O tu sensación es más bien la de tener un ladrillo en la barriga, un lugar inmóvil alrededor del cual tienes que mover las piernas?

Nota lo que están haciendo tus caderas. Algunas personas sienten un desplazamiento lateral (de lado a lado) de las caderas con cada paso que dan, a medida que el peso de su cuerpo se desplaza de una de las articulaciones de la cadera a la otra. Esta clase de movimiento es común en las mujeres.

Los hombres tienden más a desplazar lateralmente su peso moviendo de lado a lado la parte superior del cuerpo. En vez de moverse desde la cintura para abajo, lo hacen desde los hombros para abajo. Una tercera forma común de caminar es la oscilación de la pelvis alrededor de la parte baja de la columna, un estilo que Marilyn Monroe hizo famoso.

Estas tres formas de moverse llevan a un uso muy limitado de la capacidad de rotación de las articulaciones de la cadera, cuya estructura (recuerda que la cabeza del fémur se aloja en el acetábulo del hueso pelviano) permite una gran libertad de movimiento a las piernas; no obstante, la acción más eficiente en lo que respecta a la locomoción para realizar el avance es el movimiento pendular de oscilación del muslo hacia abajo y hacia delante. Cuando esta oscilación está inhibida, se produce en alguna otra parte del cuerpo un movimiento compensatorio. Esto provoca, a través de toda la estructura, una reacción en cadena de tensiones innecesarias tendentes a apoyar el movimiento inadecuado. En vez de caminar sin dificultad, el peso del cuerpo provoca un desvío lateral a cada paso.

Las exploraciones de este capítulo te ayudarán a restablecer los movimientos independientes de la pelvis y el fémur (el hueso del muslo), de modo que estas dos partes de la articulación de la cadera puedan recordar qué han de hacer para funcionar cada una en relación con la otra, y no como una unidad estructural. En los guiones encontrarás las directivas para que puedas hacer algunos movimientos muy pequeños con un ritmo muy lento. Esos movimientos minúsculos son como secretos que le murmurases a tu sistema nervioso, secretos que tienen que ver con maneras nuevas de sentir y de hacer las cosas. El sistema nervioso está dispuesto a aceptar nuevas posibilidades cuando se lo sugieres en voz baja, pero reacciona empecinándose si le gritas.

El procedimiento de moverse lentamente induce la relajación de las capas superficiales de la musculatura, y te enseña a iniciar el movimiento desde tu centro. Cuanta menos actividad haya en los niveles superficiales, mejor podrás sentir lo que está sucediendo en el centro de tu cuerpo. Una vez que te parezca fácil en tu centro, podrás moverte al ritmo que quieras.

Mientras practiques estas pautas es posible que notes pequeñas vacilaciones en el movimiento. Ello es el resultado de las reacciones neuromusculares que se dan a lo largo de esa vía del movimiento que ha quedado restringida por tu tensión habitual. Las fibras musculares y las neuronas asociadas con ellas están amazacotadas por el tejido conjuntivo, lo cual produce un movimiento espasmódico como el del segundero de un reloj que funciona con pilas. Al moverte muy lentamente das tiempo al sistema para que se reorganice. A medida que la operatividad se extiende a más fibras y neuronas, tu movimiento se suaviza hasta parecerse al del segundero de un reloj de cuerda.

Cómo aflojar la parte interior del muslo

En el guión 10 se explora la interacción de la tensión entre los músculos rotadores profundos de las nalgas y los músculos y tendones de la parte interior del muslo y de la ingle. La tensión en estos músculos hace que pies y piernas giren hacia fuera, y restringe la libre oscilación hacia delante de los muslos.

Tiéndete en el suelo, con los pies desnudos, las rodillas flexionadas y los talones cerca de las nalgas. Ponte junto a una de las caderas un cojín firme y grueso, y mantén una separación de unos ocho centímetros entre los pies y las rodillas. Relaja los músculos de las piernas y deja que la gravedad te sostenga los huesos. Si cuando empieces la exploración los pies tendieran a deslizarse, alejándose del cuerpo, puedes trabajar con los dedos apoyados contra una pared.

El primer movimiento de este guión consiste en bajar lentamente el muslo sobre el cojín que tienes a tu lado. Como dispondrás de por lo menos ocho ciclos de respiración para completar el proceso del descenso, tendrás tiempo de sobra para ir haciendo que desaparezca cualquier aumento de tensión que puedas notar en los músculos de la parte interna del muslo.

Si liberar esta tensión te hace sentir demasiado vulnerable o te angustia, sigue respirando mientras tratas de observar esos sentimientos como si estuvieras a cierta distancia de ellos. Quizás en el pasado, la tensión en piernas y caderas haya sido una manera de protegerte de sentimientos indeseados. Al ritmo del tranquilo fluir de tu respiración, convéncete de que estás a salvo, en este momento y en este lugar, al dejar que esos músculos se relajen.

La segunda parte del guión 10 te ayudará a reconocer la diferencia que hay entre levantar el muslo con los glúteos (los músculos de las nalgas) tensos y la articulación de la cadera comprimida, y hacerlo con esa articulación moviéndose libremente. Aunque la primera forma pueda parecerte más familiar y fácil, la verdad es que te exige más esfuerzo. Si relajas los glúteos, la gravedad hace de contrapeso para las rodillas y ayuda a que los músculos de la parte interior del muslo te levanten la pierna.

La gravedad es una gran compañera, y puedes darte cuenta de que es ella quien sostiene tu estructura cuando para mover el cuerpo no necesitas más que un mínimo esfuerzo muscular.

◆

GUIÓN 10

Relajación y elevación de los muslos

Tiéndete con las rodillas flexionadas mirando al cielo raso, con los pies ligeramente separados y cerca de las nalgas. Debes sentir que los pies te sostienen las rodillas sin dejar que se ladeen la una hacia la otra. Ponte un cojín grueso junto al muslo derecho.

Armonízate con el movimiento interior de tu respiración, ... con la forma en que parece que el aliento fluyera a través de tu cuerpo, ... como un arroyo de montaña atraviesa cañones y gargantas. Toma conciencia del lugar donde la parte inferior de la columna se une con la pelvis. Siente en ese sitio el movimiento de tu respiración. ... Es como un lugar donde el lecho del río se ensancha.

Rodea con las palmas de las manos las curvas de las nalgas. Imagínate las articulaciones esféricas que hay en su interior, ... y siente cómo responden al movimiento de tu respiración.

Dentro de un momento empezarás a dejar que el muslo derecho se vaya yendo hacia fuera, hacia la derecha, y que descienda lentamente hasta apoyarse en el cojín que tienes al lado. Cuando lo hagas, notarás que el peso de la parte inferior de la pierna se desplaza hacia el borde externo del pie.

Empieza ahora, sabiendo que para llegar a tu destino tienes por lo menos ocho ciclos de respiración completa. Siente cómo el glúteo se te afloja en la mano a medida que el peso del muslo va pasando por la articulación de la cadera. El cuello, la mandíbula y el pecho también se relajan mientras concentras tu atención en la relajación lenta, muy lenta, de la parte interior del muslo.

Deja bien pasivos los músculos de la parte interior del muslo, ... déjalos que descansen contra el largo hueso del muslo. En este momento, tu pierna tiene que descansar. ... Por fin, estás confiando el peso de la pierna al cojín y a la gravedad.

Antes de emprender el largo viaje de regreso a la posición de partida, vas a explorar una manera laboriosa y tensa de levantar el muslo desde el cojín. Empieza por contraer los músculos de la nalga derecha. Si te la rodeas con la palma de la mano encorvada, podrás sentirlos con toda claridad. A medida que los glúteos se contraen, lo hacen también los músculos de la parte interior del muslo, y notas que el muslo empieza a levantarse del cojín. No te detengas, y levanta la rodilla hasta enderezarla, usando estos dos grupos de músculos.

Y después, relajando el muslo, vuelve a bajar lentamente la pierna sobre el cojín. Tómate todo el tiempo que necesites, ... suavizando las pequeñas sacudidas que se produzcan en el movimiento a medida que vas aflojando la parte interior del muslo.

Ahora levanta lentamente la rodilla sin tensar los glúteos. A medida que la pierna se levanta del cojín, su peso se va yendo hacia atrás, entrando en el acetábulo del hueso pelviano y cargándose sobre el borde lateral del pie. El movimiento es suave y se hace sin esfuerzo; ... la rodilla va volviendo lentamente a la posición inicial, con el peso apoyado una vez más en el centro del pie.

Repite esta misma exploración con el muslo izquierdo.

◆

Cómo diferenciar el muslo y la pelvis

El guión 11 refina tu percepción de la relación entre el muslo y la pelvis. Trabajarás con las rodillas flexionadas, como antes. Levanta una rodilla para dibujar circulitos en el aire con un rotulador imaginario que tienes en la rótula. Este movimiento afina tu sistema neurológico para percibir los sutiles desplazamientos del peso y los cambios de dirección en la articulación de la cadera. Son círculos muy pequeños, de un diámetro de tres centímetros como máximo, y el movimiento es tan lento que un observador podría suponer que la rodilla permanece quieta.

El movimiento de la rodilla se produce debido a mínimos cambios de dirección en la articulación de la cadera, de manera que concentra la atención ahí. Imagínate que tus ojos y oídos –todos tus sentidos– estuvieran situados en el interior de esa articulación. Esta percepción en profundidad te ayudará a liberar el movimiento de la articulación. Cuanto más puedas aflojar del todo cualquier contracción muscular innecesaria alrededor de la articulación, más suaves serán tus movimientos. Si sientes incomodidad en el pliegue inguinal (lo cual es un indicio de que estás forzando los músculos del muslo), prueba a apoyar ligeramente una mano sobre la parte exterior del muslo para sostener la rodilla. Después, relaja los músculos de la ingle y deja que el muslo flote en la articulación esférica de la cadera. Al sensibilizarte para todas las sutilezas que es posible percibir en las articulaciones de la cadera, aumentarás tu capacidad para encontrar un apoyo sensible en la pelvis.

GUIÓN 11

Los círculos con la rodilla

Tiéndete con las rodillas flexionadas y los talones cerca de las nalgas. Mientras el pie derecho se levanta de la estera, eleva la pierna flexionada hacia el cielo raso hasta que la sientas cómodamente equilibrada sobre el hueso de la cadera. Sostén la parte inferior de la espalda dejando que el pie izquierdo se hunda en el suelo. Deja flotar la rodilla derecha por encima de la pelvis como si fuera la aguja de una brújula que busca el norte. Afloja los músculos de la parte interior del muslo y de las nalgas, ... y los tendones que atraviesan la ingle, ... y relaja la pantorrilla y el pie.

Dentro de un momento, con la rodilla, vas a trazar lentamente un diminuto círculo en el aire, como si tuvieras un rotulador mágico en la rótula. Controlarás este movimiento desde el interior de la articulación de la cadera, girando la cabeza esférica que hay en lo alto del fémur para así mover la rodilla. Haz que el círculo mida unos tres centímetros de diámetro, y tómate más o menos seis ciclos respiratorios para completarlo.

Ahora, respirando con facilidad, empieza a trazar el primer círculo. Cuanto más profundamente relajes las ingles y los glúteos, más suave se volverá el movimiento. Puedes ir aflojando todas las tensiones que tengas en los hombros, las mandíbulas y la frente. ... Haz otras seis inspiraciones para hacer girar la rodilla en la dirección opuesta. ... Nota que en lo alto del círculo el peso de la pierna puede apoyarse en la cavidad pelviana, y deja que la parte inferior de la espalda se adapte a este cambio de peso.

Cuando hayas completado el movimiento, relaja los tendones de la ingle y deja que el pie vuelva a su posición de partida.

Repite esta misma exploración con la cadera izquierda.

Para aflojar la articulación de la cadera

El guión 12 te pide que te concentres en la sensación que se tiene al dejar que la gravedad dirija la acción de la cadera y del muslo. Primero has de elevar la rodilla hasta un lugar donde ésta quede en equilibrio en línea con la ingle. Si lo haces de manera relajada, sentirás como si el muslo se te estuviera hundiendo hacia el interior de la pelvis. El lugar del equilibrio es más bien una zona que un único punto estático. En esta posición, sentirás la rodilla como si estuviera suspendida por encima de la cadera.

La segunda parte del ejercicio consiste en aflojar la tensión mínima que aún quede en la cadera y dejar que la pierna vuelva al lugar de donde partió. Durante el fugaz momento en que el muslo está cayendo, la articulación de la cadera funciona sin esfuerzo. Es una sensación maravillosa. Plántala como si fuera una semilla en tu jardín neuromuscular. Pronto habrás de cultivarla en tu modo de andar como un movimiento de oscilación del muslo a través de la articulación de la cadera.

◆

GUIÓN 12

Las caídas del muslo hacia delante

Tiéndete con las rodillas flexionadas, y levanta del suelo el talón derecho. La rodilla empieza a moverse hacia el cielo raso. Al dejar que los dedos del pie se separen del suelo, la rodilla sigue subiendo, llegando gradualmente a situarse por encima de la cadera derecha. Mientras lo haces, deja que el pie izquierdo se hunda suavemente en el suelo para sostener la parte inferior de la espalda.

A medida que la rodilla derecha se aproxima a la vertical, puedes sentir que la cabeza del fémur penetra profundamente en el acetábulo. Busca ahora un lugar de equilibrio para el muslo, ... donde el mínimo esfuerzo te deje la rodilla equilibrada en el aire. Si aflojaras por un instante ese mínimo esfuerzo, el pie volvería a caer sobre la estera.

Imagínate que en la planta del pie tienes un imán que lo atrae hacia el suelo. Si aflojas los tendones de la ingle, la pierna vuelve a la posición de partida. Prueba varias veces esta acción de levantar la rodilla hasta la zona de equilibrio por encima de la cadera, ... usando como apoyo la otra pierna, ... y después relaja los músculos que atraviesan la ingle, ... y deja que el pie vuelva a caer al suelo. Concentra la atención en el momento en que el muslo está «en el aire». Recuerda cuál es la sensación que te produce en la cadera ese momento de libertad. Esta es la sensación que has de volver a encontrar al caminar.

Repite esta exploración con la pierna izquierda.

◆

La movilización de la pelvis

Hasta ahora te has concentrado en el movimiento del muslo en relación con la articulación de la cadera, la cual también permite que la pelvis se mueva sobre el muslo si la parte inferior de la columna no está trabada. Ambas acciones son necesarias para el equilibrio dinámico de la pelvis al caminar. El guión 13 te ayudará a descubrir el movimiento de la parte inferior de la columna.

Para esta exploración deberás tenderte en el suelo con las rodillas flexionadas y los pies cerca de las nalgas. La primera acción consiste en presionar las plantas de los pies contra el suelo, mientras exhalas. La presión es demasiado ligera para merecer este nombre, ya que en realidad las piernas han de darte más bien la sensación de que se están hundiendo en el suelo que la de estar sometidas a una presión lograda mediante un esfuerzo muscular.

A medida que los pies se hunden, advertirás que se produce un ajuste en la pelvis, cuyo peso empieza a desplazarse, rotando hacia arriba a través del sacro, hacia la parte inferior de la espalda. ¿Te has fijado alguna vez en esos hoyuelos que se forman a ambos lados del sacro? Pues sentirás que tu peso se desplaza hacia arriba y dentro de esos hoyuelos. Si dejas que los pies se hundan un poco más, la pelvis podrá elevarse ligeramente, hasta despegarse del suelo. Con esto se forma en la parte inferior de la espalda una curva semejante a la de una hamaca. Y el abdomen se relaja y se acomoda en el interior de dicha hamaca.

La segunda parte del movimiento consiste en ir bajando poco a poco el sacro hasta la posición de partida. Puede ser que al principio sientas que el sacro sólo puede hacerlo de golpe, pero si realizas el movimiento muy lentamente, centrando toda la atención en el sacro, no tardarás en tener pequeñas sensaciones indicadoras de que el sistema nervioso empieza a redescubrir el maravilloso movimiento interior de la pelvis.

El movimiento de rotación pelviana introduce la experiencia de la sutileza en los músculos profundos de la pelvis, que generalmente se dedican a reforzar la rigidez de la parte inferior de la espalda, haciendo que la descarga de todas las fibras musculares se produzca al mismo tiempo, continuamente. El movimiento de rotación de la pelvis interrumpe esta pauta de «todo o nada» en la tensión muscular, y recuerda a los músculos lo que son la «sutileza» y la «diferenciación». Cuando estos músculos profundos recuperan la capacidad de moverse, la tensión en la parte inferior de la columna se relaja.

Un ejercicio llamado «inclinación pelviana», que es un movimiento similar a la rotación de la pelvis, se enseña con frecuencia en las clases de rehabilitación de la espalda. Consiste en presionar la parte inferior de la espalda contra el suelo, contrayendo el abdomen, y después se levanta la pelvis tensando las nalgas y los muslos. Su objetivo es fortalecer una posición estructural que es la que se considera correcta. El enfoque de la Integración corporal por el Rolfing-Movimiento (RM) es muy diferente. Más bien que empeñarnos en lograr una determinada posición para la pelvis, desarrollamos un nuevo movimiento en su interior. La extensión del movimiento, es decir, hasta qué altura consigues levantar las caderas, no tiene importancia. Se está más atento a la rotación que a la elevación, como si los fluidos corporales se fueran vertiendo lentamente hacia arriba a través del tronco. De este modo, la pelvis se elevará sin ningún esfuerzo excesivo de las nalgas, los muslos o el vientre. Esto asegura la movilidad en la parte frontal del sacro, un área de la columna que generalmente se mantiene inmóvil. Por supuesto, en realidad el sacro no puede girar, ya que es una fuerte placa de vértebras fusionadas. Pero al trabajar con él como si fuera flexible, se puede obtener la respuesta de algunas fibras musculares que en circunstancias ordinarias no participan en el movimiento.

El guión para la rotación pelviana te enseña a sentir cómo tu peso se desplaza a través de una pelvis abierta con una columna flexible. Después vendrán las instrucciones para realizar «mal» el mismo movimiento, es decir, con tensión en nalgas y muslos. Eso te demostrará que la tensión en las caderas reduce la movilidad de la parte inferior de la columna. Aunque para un observador externo la acción podría parecer idéntica, tu cuerpo tendrá dos sensaciones completamente diferentes.

Al terminar el guión 13, te invitamos a explorar caminando. Notarás una movilidad diferente en las articulaciones de la cadera: las sentirás más suaves, como si te las hubieran lubricado. La parte inferior de la espalda y el sacro responderán mejor no sólo al movimiento de las piernas, sino también a los impulsos de la parte superior del cuerpo. Te sentirás como si cabalgaras sobre una silla de montar interna, con el apoyo de la pelvis cuando estés entre un paso y el siguiente. Las ligeras fluctuaciones de la pelvis te proporcionarán a cada instante una nueva relación con la gravedad, dando mayor fluidez a todos los movimientos de tu cuerpo.

◆

GUIÓN 13

Los movimientos de rotación de la pelvis

Tiéndete en el suelo con las piernas flexionadas y los pies ligeramente separados, de manera que las rodillas estén sostenidas por los pies, ... y concéntrate en el movimiento de la respiración a través de la parte central de tu cuerpo.

La próxima vez que exhales, haz una ligera presión con las plantas de los pies contra el suelo, notando cómo la pelvis se mueve hacia atrás al adaptarse al desplazamiento del peso. Mientras dejas que los pies se hundan en el suelo, siente cómo el peso se desplaza hacia arriba, ... al interior de los hoyuelos que se forman a ambos lados del sacro. Es un movimiento muy pequeño, sólo lo suficiente para que sientas que hay una conexión entre los pies y el sacro.

Al volver a exhalar, empieza a invertir el movimiento, haciéndolo muy lentamente, ... notando el más mínimo incremento posible del movimiento, ... mientras el sacro vuelve a moverse hacia abajo para descansar.

Ahora coloca las palmas de las manos alrededor de la curva de las nalgas para que los músculos (los glúteos) no se tensen cuando repitas el movimiento hacia arriba. ... El abdomen también se relaja, ... y tú encuentras un camino para el movimiento detrás del vientre. Esta vez deja que los pies se hundan un poquito más, de modo que la pelvis apenas se levante del suelo. La parte inferior de la espalda se alarga, ... y el abdomen se siente como si estuviera acomodándose en una hamaca.

Y ahora, sin dejar de respirar en el interior de la pelvis, ... ve desenrollando la columna, ... descendiendo hasta los hoyuelos, ... desplegando lentamente el sacro, ... como si extendieras los eslabones de una hermosa cadena, ... un pequeño eslabón tras otro.

Para percibir el contraste, repite por tercera vez el movimiento, dejando que la parte interior de los muslos y las nalgas se contraiga a medida que vas moviendo otra vez el sacro hacia abajo. Nota cómo la tensión adicional reduce la sensación de flexibilidad en la parte inferior de la espalda.

Afloja el exceso de tensión y repite por última vez el ejercicio, con la atención puesta en el movimiento de las articulaciones esféricas de las caderas. Puedes sentir cómo se produce esto en la profundidad de las nalgas cuando les permites que se relajen. Y a medida que, lentamente, mueves el sacro hacia abajo, puedes apreciar las sensaciones de movimiento, cada vez más sutiles, dentro de la pelvis.

Si te parece cómodo, deja ahora que las piernas se deslicen hacia abajo hasta que tu cuerpo esté completamente extendido. Ponte un cojín debajo de las rodillas.

Fíjate en la sensación que tienes ahora en la pelvis y las piernas. Procura describirla con tus propias palabras. Si esa sensación estuviera en la palma de tu mano, ¿qué aspecto tendría? Si pudiera emitir un sonido, ¿cómo sonaría?

Imagínate cómo sería caminar con la sensación que ahora mismo tienes en el cuerpo. Visualízate caminando de esa manera. ¿Qué diferencia notas con respecto a tu forma habitual de caminar?

Ahora, empieza a volver a un estado de conciencia ordinario, trayendo contigo las nuevas sensaciones. Deja que se te abran los ojos, ... y observa las formas y los colores de todo lo que te rodea. Siente la textura del suelo contra la piel. Oye los ruidos y sonidos del exterior de la habitación.

Y, respirando sin prisa, ... deja que la pelvis siga sintiéndose relajada y espaciosa, ... mientras te vuelves sobre el costado, ... y gradualmente te vas impulsando para sentarte. Ponte a gatas, ... y luego en cuclillas, ... y empieza a enderezar las rodillas. Acuérdate de respirar con tu centro, ... centrando la pelvis sobre las plantas de los pies, ... y lentamente despliega la columna hasta que tu cuerpo esté erguido.

Deja que el peso del torso se instale sobre la pelvis y que a través de los pies se hunda en la Tierra. Deja que la pelvis se sienta abierta y espaciosa cuando empieces a andar, ... y que los muslos oscilen cómodamente. ... A medida que el peso se transfiere con suavidad de un pie al otro, sientes que el movimiento de las articulaciones de las caderas es fluido y lubricado.

Nota cualquier sensación en las rodillas o en los tobillos que resulte de la mejor movilidad de las caderas.

◆

Ahora ya tienes cierta experiencia de la pelvis como estación repetidora y lugar donde el peso de la parte superior del cuerpo se desplaza suavemente de una pierna a la otra cuando caminas, bailas, trabajas o te diviertes. La pelvis está atravesada por tantas sendas neuromusculares como soluciones humanas existen para la tarea de caminar. Con el incremento de tu percepción consciente del movimiento, serás capaz de notar esta diversidad de soluciones cuando observes la manera de caminar de otras personas. La senda neuromuscular más equilibrada pasa por el centro, y su resultado es un movimiento de avance simple y fluido, sin sacudidas, giros ni oscilaciones. La pelvis debería flotar entre la columna y las piernas, para poder responder libremente a las exigencias, variables a cada momento, del apoyo, el equilibrio y la expresividad.

En pequeñas dosis, a lo largo del día, ve haciendo que tu sistema nervioso se familiarice con tu nueva forma de moverte. Quizás haya un pasillo o una acera que tengas que recorrer varias veces en el curso de tu rutina diaria. Haz que tu presencia en ese lugar específico sea un recordatorio de la nueva apertura y el apoyo que estás descubriendo en la pelvis. Haz una inspiración y, a lo largo de ese recorrido, disfruta de la comodidad de tu nueva manera de andar.

Dedica varias sesiones de práctica a sentirte a gusto con las sensaciones y los movimientos que has practicado en los últimos cuatro guiones (10, 11, 12 y 13) antes de seguir con este capítulo, cuyos tres últimos guiones te llevarán a un nivel más profundo en tu percepción consciente de la pelvis.

El suelo de la pelvis

El guión 14 incorpora la toma de conciencia del suelo de la pelvis al movimiento de esta estructura. El suelo pelviano es el área triangular definida por los isquiones y el hueso púbico. Hablamos de él en el capítulo 3 como base de apoyo para la pelvis en una postura sentada equilibrada.

Los músculos del suelo pelviano forman una división o diafragma que sostiene y controla tanto la actividad sexual como la eliminación de los desechos. Es innecesario decir que se trata de una de las zonas más sensibles del cuerpo humano, neurológicamente compleja, y que está íntimamente asociada con experiencias que tienen que ver con las relaciones humanas. Ya sea debido a un manejo torpe al cambiar los pañales a un bebé, a la confusión de sentimientos típica de la adolescencia o a la atrocidad de una agresión sexual, en el suelo pelviano se localiza una tensión protectora que puede alterar el equilibrio estructural de todo el cuerpo. Además, todos estamos condicionados por el hecho de que nuestra cultura judeocristiana niega o degrada las funciones básicas del cuerpo. Todos somos víctimas del maltrato cultural del cuerpo.

Sé paciente contigo al trabajar con tu imagen corporal en todo lo relacionado con la pelvis. Quizá te sientas vulnerable, e incluso te resistas a las sensaciones que se despierten en esta zona de tu cuerpo. Recuerda que tu resistencia está ahí para protegerte. A medida que vayas encontrando y desarrollando otras maneras de protegerte, ya no necesitarás recurrir a las tensiones físicas.

El guión 14 te ayudará a desarrollar un suelo pelviano espacioso, que sea una amplia base de apoyo para tu pelvis, y también a regular el ángulo o inclinación de esta estructura.

Además, te introducirá directamente en el guión 15, que es una revisión del movimiento de la pelvis en posición sentada. En ese guión se te llama la atención sobre la sensación del movimiento en las articulaciones de las caderas, y se aumenta y enriquece tu percepción consciente de tu «silla de montar interna». Para este trabajo necesitarás una silla de asiento firme, cuya altura has de adaptar de modo que las articulaciones de las caderas estén ligeramente más elevadas que las rodillas.

◆

GUIÓN 14

La exploración del suelo pelviano

Tiéndete en el suelo con las piernas dobladas de manera que las rodillas estén sostenidas por los pies, y percibe el movimiento de la respiración a través de todo el cuerpo. Siente el pulso de la respiración en el suelo pelviano. A medida que aflojes los músculos alrededor de los isquiones, ... y que relajes la zona genital, ... podrás sentir cómo se expande el suelo de la pelvis.

Y ahora, cuando exhales, ... imagínate que los isquiones se aproximan a los talones de un modo suave, ... y presiona ligeramente las plantas de los pies hundiéndolas en el suelo, ... mientras el suelo pelviano empieza a volverse hacia el cielo raso. ... sin dejar de estar blando y espacioso al ir moviéndose hacia arriba, ... al tiempo que tu peso se desplaza hacia atrás, siguiendo al vientre relajado hasta más allá de los hoyuelos del sacro. Los músculos de la pantorrilla y del muslo están relajados, y los pies se te hunden en el suelo.

Ahora, respirando con comodidad, ... invierte el movimiento de rotación de la pelvis, mientras observas interiormente el movimiento del suelo pelviano a medida que regresas a la posición de partida.

Para comparar, repite el movimiento de rotación de la pelvis, ... pero esta vez contrae ligeramente los músculos del suelo pelviano. Nota cómo esto hace que la parte interna de los muslos y las nalgas también se contraigan. Esta tensión adicional reduce la movilidad de la parte inferior de la columna, comprime las articulaciones de las caderas y disminuye la sensación de apoyo proveniente de los pies.

Repite el movimiento sin la tensión adicional, respirando cómodamente y tomándote todo el tiempo que necesites.

A medida que sientas disminuir las tensiones en la pelvis, agradéceles la protección que te han proporcionado hasta ahora. Al dejar que desaparezca el escudo que representaban esas tensiones, has de saber que si alguna otra vez llegas a necesitar de sus servicios, las tendrás de nuevo a tu disposición. Poder elegir es algo maravilloso. Reconoce y agradece la libertad que te proporciona el hecho de desprenderte de esas tensiones.

Lentamente, gira hasta apoyarte en las manos y las rodillas. ... Lleva hacia atrás los pies y, apoyándote en ellos, despliégate hasta volver a encontrarte de pie, dejando que el suelo pelviano siga manteniéndose espacioso. Deja que tu cuerpo se acomode en su zona central, con el peso centrado en las plantas de los pies. Toma conciencia de cómo tu peso atraviesa tu suelo pelviano a medida que te entregas al apoyo de la Tierra.

◆

GUIÓN 15

La exploración de la pelvis en posición sentada

Siéntate en una silla firme, a la altura ideal para tu cuerpo, con las rodillas frente a ti y los talones directamente debajo de las rodillas. Toma conciencia de cómo los pies y la pelvis forman un trípode que te sostiene el cuerpo. Relaja el suelo pelviano, dejando que el hueso púbico se hunda y que el peso se instale en la silla de montar interna de la pelvis. Nota que la base de la columna queda en libertad de moverse.

Lentamente, haz oscilar el tronco hacia delante, más allá de los isquiones. Inclínate hasta un ángulo aproximado de sesenta grados, dejando que la cabeza y el torso sigan el movimiento de la pelvis. Relaja el músculo en el pliegue inguinal, ... percibe cómo tu peso desciende a través de la parte central de los muslos hasta llegar al interior de los pies. Ahora, apóyate en ellos para volver suavemente tu peso a la silla, ... manteniendo relajados el pliegue inguinal y el suelo pelviano, ... y deja que el torso se despliegue hasta volver a sentarte en posición erguida.

Repite el movimiento, balanceándote suavemente hacia delante a partir del suelo pelviano, y dejando que las caderas se te ensanchen a medida que el peso desciende al interior de los pies. ... Y vuelve, apoyándote en las plantas de los pies y moviéndote hacia el interior de la silla pelviana. Respirando cómodamente, ... sigue oscilando hacia delante, ... y hacia atrás, ... repitiendo varias veces más el mismo movimiento, tomando conciencia de la facilidad de rotación en las articulaciones de las caderas, ... a medida que la cavidad pelviana se inclina hacia adelante, ... y hacia atrás. Memoriza la sensación que tienes en las articulaciones de la cadera, para que puedas reconocerla cuando estés caminando.

◆

Un recordatorio del Juego de la Gravedad

El guión 16 es una pauta de movimiento integradora que ayuda al sistema nervioso a organizar la información nueva sobre la pelvis como combinación de columpio y silla de montar, sobre la forma en que tu centro está sostenido por el centro de los pies, y sobre el equilibrio entre los impulsos de empujar y estirarse. Es una simple flexión de rodillas, realizada con muchísima lentitud para dar tiempo a que el sistema neuromuscular coordine toda la información nueva que va recibiendo.

Flexiona ahora mismo las rodillas para evaluar cómo sueles hacerlo. Ponte cómodamente de pie, con los pies un poco separados, más o menos en línea con los pezones. Los isquiones estarán en línea con los talones. Con un movimiento lento, flexiona las rodillas, dejando que el suelo pelviano descienda unos cinco centímetros. Después, lentamente, endereza las rodillas y vuelve a la postura inicial. Observa dónde apoyas el peso al levantarte. ¿Son los talones los que lo soportan? ¿Tienes más tensión en la mitad posterior del cuerpo? ¿Sientes el impulso a levantarte como un estiramiento hacia arriba con el pecho o como un empujar hacia arriba desde las piernas? ¿De qué manera participan en este movimiento la pelvis y las caderas? ¿Qué sucede con las dimensiones del suelo pelviano?

Cuando realices el movimiento correctamente, sentirás la apertura y el apoyo de la pelvis, el centro de tu cuerpo estará centrado sobre los arcos de los pies y, al elevarse saliendo de la posición con las rodillas flexionadas, el tronco se levantará empujado por las piernas.

Si al evaluar tu modo de andar en el capítulo 3, observaste que al caminar uno se adelanta con los brazos y el pecho, es probable que tengas dificultad para percibir el movimiento de elevación de las rodillas flexionadas como empujar hundiéndote en el suelo. Una manera de encontrar ese empuje es revisar la forma en que piensas en él. Piensa en tu relación con la gravedad como un intento de llegar hasta el centro de la Tierra, de modo que cuando doblas las rodillas, estás tratando de bajar a través de los centros de tus pies. Sigue intentando bajar mientras enderezas las rodillas y te levantas. Aquellas personas que tienden a dirigir el movimiento desde la parte inferior del cuerpo demuestran ya que tienen una orientación hacia abajo. A estas personas debería resultarles familiar la sensación de que las piernas empujan hacia el interior de la Tierra.

El movimiento de flexionar las rodillas estando de pie se puede usar durante todo el día como un recordatorio del Juego de la Gravedad. El movimiento en posición sentada se ha de practicar más bien como una meditación sobre el movimiento que como un ejercicio. Practícalo en tandas lentas de tres: tres veces seguidas es una buena dosificación para el sistema nervioso en cualquier momento.

Al mismo tiempo que refina la coordinación y el equilibrio, el movimiento de flexionar las rodillas pone a prueba la fuerza de los músculos de la parte central del cuerpo. Lo típico es sentir una reacción de temblor característica cuando empiezas a explorar ese movimiento. Esto indica que se están activando las fibras musculares a lo largo de una senda nueva. El temblor es como el de un cervatillo recién nacido que intenta encontrarse las patas.

Tras flexionar tres veces las rodillas, se te invita a caminar, a observar cómo la apertura, ahora mayor, del suelo pelviano apoya tus movimientos. Así como encontraste tres puntos de apoyo para sentarte —los dos pies y la cavidad pelviana—, ahora tienes los mismos tres puntos de apoyo para estar de pie y caminar. Y de este modo «cabalgarás» más cómodamente en tu «silla de montar».

Es muy probable que encuentres que la incorporación del suelo pelviano a tu imagen corporal causa cambios en partes distantes del cuerpo. ¿Cómo sientes el cuello ahora que la pelvis está más abierta? ¿Y la garganta... la mandíbula... el plexo solar?

La recuperación del apoyo, el equilibrio y la capacidad de reacción del cuerpo depende de que tengas opción en lo que respecta a tus tensiones. Generalmente nuestras tensiones son reacciones ante un estímulo actual que el sistema nervioso confunde con un trauma del pasado. Las tensiones son como escudos que antes nos proporcionaron una protección beneficiosa y necesaria, pero que hoy pueden haberse vuelto obsoletos. Para reemplazarlas con el equilibrio y la sensibilidad adecuados quizá necesitemos un poco de paciencia y de valor.

Las tensiones secundarias que encuentres pueden representar una preocupación inconsciente por tu seguridad en la medida en que te vas liberando de una pauta de protección ya antigua. Has de valorar esa respuesta por lo que tiene de buena intención, pero también tomar conciencia de lo que es tu seguridad en el momento actual. Déjate guiar por el sentimiento de seguridad que te advierta cuánta tensión has de dejar marchar en un momento determinado.

En el caso de que experimentes ansiedad al tratar de relajar tu suelo pelviano, o al realizar cualquiera de las exploraciones de este libro, consulta el capítulo 9 sobre los diferentes tipos de tratamiento personal. Y si siguieras sintiendo ansiedad, consulta a un profesional de las terapias cuerpo/mente para que te ayude a elaborar las emociones que puedan surgir. En el Apéndice encontrarás algunas referencias.

◆

GUIÓN 16

Las flexiones integradoras de las rodillas

En posición erguida, con los pies cómodamente separados, los dedos medios de cada pie en línea con los pezones, y los talones en línea con los isquiones, deja que tu peso se apoye en las plantas de los pies, justo delante de los talones. Invita a la respiración para que llegue a todas las dimensiones de tu cuerpo: ... la parte frontal, ... los lados ... y la espalda, ... y déjala fluir a través de tu centro, ... del suelo pelviano ... y de las piernas. Nota cómo la respiración presiona suavemente las plantas de los pies cada vez que inhalas. Y los pies se ablandan, ... y se ensanchan, ... y se alargan. Deja que los brazos se relajen, ... y que los ojos miren pasivamente hacia delante, ... mientras sientes la cabeza sostenida por el pecho. La próxima vez que exhales, deja que las rodillas se aflojen como si estuvieras empezando a ponerte en cuclillas. Moviéndote en cámara lenta, deja que las rodillas se doblen, bajando unos cinco centímetros la pelvis. Cuando te sientas en tu silla de montar interna, ... el suelo de la pelvis es espacioso, el hueso púbico desciende de forma relajada y tienes la sensación de que los isquiones pesaran y se apartaran mucho. ... Tu peso desciende hasta establecerse en las plantas de los pies. Puedes sentir cómo la zona del corazón se apoya en la pelvis, ... y la pelvis se apoya en los pies.

Sin dejar de respirar, levántate empujando hacia abajo, hacia la Tierra, ... enderezando las rodillas muy lentamente, ... dejando que la parte superior del cuerpo vuelva a subir con el apoyo de la pelvis. Y si notaras que oscilas hacia atrás, sobre los talones, contarréstalo volviendo a desplazar suavemente el peso hacia delante, sobre las plantas de los pies.

Repite dos veces más este movimiento, coordinándolo con el ciclo respiratorio: una exhalación y una inhalación para bajar, y lo mismo para subir. Flexionando ligeramente las rodillas, empieza a ponerte en cuclillas, aflojando el hueso púbico a medida que los isquiones se ensanchan. ... Y con la conciencia puesta en las plantas de los pies, ... endereza las rodillas, levántándote a través de la zona central de tu cuerpo.

Ahora ya puedes llevar incorporada esta nueva percepción consciente de tu cuerpo cada vez que camines. Sigue dejando que el suelo pelviano sea espacioso, ... siente la amplitud de tus caderas, ... y camina como si te hundieras en los pies, relajados y abiertos. ... Siente la suavidad de las articulaciones de la cadera, ... mientras sigues cabalgando en tu silla de montar interna. La parte superior de tu cuerpo ... y la inferior avanzan juntas, armoniosamente. Y tú adviertes la comodidad con que tu cuerpo apoya tu intención de avanzar.

Encuentra tus propias palabras para describir la sensación que tienes en este momento al andar. ¿Qué sientes en la pelvis y en las caderas? ¿Hasta qué punto sería cómoda esa sensación para que te acompañaras en tu vida cotidiana?

Ahora deja de caminar e imagínate que tienes dentro un interruptor de los que pueden regular la intensidad de la luz y que te permite graduar lo que sientes por dentro para percibir cuál es la cantidad adecuada de esa sensación nueva en la pelvis. Tú puedes ajustarlo para que esté más o menos abierto, según dónde y con quién estés.

◆

El Grupo de la Gravedad

La pelvis, como seguramente sabes, puede tener diversos tamaños, formas y orientaciones espaciales. Es importante que tengas conciencia de la orientación espacial de tu pelvis cuando trabajes con los ejercicios de este capítulo. Si tiendes a echarte hacia atrás, es decir, a llevar la pelvis apuntando hacia delante, tendrás un conjunto de tensiones pelvianas diferentes de las que tiene alguien que anda escondiendo la pelvis. Al trabajar con los guiones centrados en la pelvis, Pauline y Bill van tomando conciencia de algunas cosas que te ayudarán en tus propias exploraciones.

Pauline, nuestra amiga cantante, pertenece a la categoría de las personas que se echan hacia atrás. La columna se le arquea hacia delante en la parte baja de la espalda, y cuando camina gira las caderas alrededor de ese lugar arqueado. Al principio, Pauline se resiste a los ejercicios para relajar las caderas, quejándose de que eso hace que las sienta más anchas. Durante años ha luchado contra su tendencia a engordar en los muslos y las nalgas, sin que haya encontrado ningún ejercicio que la ayudara a reducirlos.

Pauline persiste en trabajar con las caderas porque su nueva percepción del apoyo y de las dimensiones ya ha significado una diferencia importante para su actividad como cantante. Quizá su toma de conciencia de la pelvis le proporcione otra sorpresa. Pero se siente aún más frustrada cuando intenta las rotaciones de la pelvis.

–¡No hay manera! Siento la parte inferior de la espalda como si fuera una pared de ladrillos –exclama mientras intenta hacer rotar lentamente la pelvis hacia abajo, desde los hoyuelos hasta el cóccix–. El sacro es un hueso, ¿no es así? ¡No puede desplegarse como los eslabones de una cadena!

Margie le recuerda que ha de dejar que el movimiento de la respiración fluya a través de su cuerpo. Mientras Pauline se calma, Margie pone un poco de música suave.

–Imagínate que eres una sirena –le dice, apelando a la naturaleza teatral de Pauline–, y que la parte inferior de tu columna es la cola, sensual, reluciente y plateada.

Pauline sonríe y empieza a relajarse. Se da cuenta de que inconscientemente ha estado tensando el vientre y, con un suspiro, lo relaja. Aquel viejo hábito de tratar de sentirse delgada se resiste a desaparecer. Ahora puede notar la respiración de las fascias en el sacro. Al imaginarse el movimiento de su «cola» plateada, poco a poco puede llegar a mover la totalidad del sacro, lenta y suavemente. Las primeras veces siente un agradable hormigueo en la columna, pero luego la acomete una breve oleada de ansiedad.

–¿Qué te pasa? –pregunta Margie, al advertir la expresión de inquietud en el rostro de su amiga.

–Algo rarísimo –responde Pauline, abriendo los ojos y enderezándose–. Algo que había olvidado por completo. Cuando yo era pequeña, debía de tener unos dos años, íbamos a visitar a mis abuelos todos los fines de semana. Era un largo viaje en coche, y mi madre solía elogiarme por llegar a casa del abuelo con el pañal limpio. Es algo que acabo de recordar ahora... como si hubiera oído a mi madre diciéndolo.

—Es como si eso tuviera algo que ver con tu tensión en la pelvis.

—Me imagino que sí. La «necesidad de complacer a mamá» ahí sepultada bajo la de «parecer delgada». Margie, ¡este trabajo es asombroso!

—Es como ir pelando una cebolla —asiente Margie.

Lentamente, Pauline sigue moviendo el sacro, experimentando con la sensación de liberación, mientras en su interior mantiene una charla con su madre y con la niña que tanto se empeñaba en ser buena.

—Ya no tengo que seguir haciendo eso —murmura.

Margie advierte que un débil rubor sube a las mejillas de Pauline cuando parpadea y abre los ojos. Pauline le sonríe, enjugándose una lágrima.

—Estoy bien —dice, respondiendo a la mirada interrogante de su amiga.

Cuando Pauline se pone de pie para practicar el ejercicio de flexionar las rodillas, tiene que concentrarse mucho para mantener el abdomen y las nalgas relajados. Hace mucho tiempo, en una clase de ballet, le habían enseñado a mantener bajo el trasero, contrayendo los glúteos. Ahora se vale de la imagen de la sirena para ayudar a que la parte inferior de su columna se alargue mientras flexiona las rodillas. Cuanto más relaja los glúteos, más suave se vuelve el movimiento.

Para Pauline, su recién hallada movilidad en la pelvis y en las caderas es una gran revelación. Caminar es una flamante experiencia que consiste en balancear los muslos desde la articulación de la cadera, en vez de girar las caderas alrededor de la parte inferior de la columna.

—Es un poco raro tener las piernas tan separadas —comenta con Margie—. Casi parece impropio de una dama.

—Pero sientes la pelvis más libre, ¿no es así? —pregunta su amiga.

—Claro que sí. Antes andaba como caminando por una cuerda tensa, pero ahora me siento tan fluida —le responde Pauline, fascinada.

Y como no es una persona que haga las cosas a medias, practica su nueva manera de andar hasta que le duelen las caderas. «Debo de estar usando un grupo de músculos completamente diferente», piensa. Y en la cabeza se le enciende una luz al darse cuenta de que tal vez siempre tuvo las caderas demasiado anchas porque en realidad no estaba usándolas. Y ahora que las usa, quizá consiga reducirlas después de todo.

–«Oh, que esa carne demasiado sólida se fundiera» –gime Bill, mirándose en el espejo.

Nadie lo podría acusar de falta de sinceridad: ha estado respirando fielmente todas las noches, mientras visualiza un núcleo de luz dorada, y se ha vuelto el blanco de muchas bromas por haber transformado su lugar de trabajo para adaptarlo mejor a su estructura. Y realmente se siente mejor sentado a su escritorio, pero desde el espejo sigue mirándolo alguien tan escuálido y desgarbado como siempre.

–De acuerdo, gravedad, vieja amiga –dice, amenazando al espejo con el puño–. Tal vez la pelvis sea ese eslabón perdido.

Bill lleva la pelvis escondida hacia abajo, mueve las piernas hacia fuera y tiene tendencia a ir pateando con los talones hacia delante cuando camina. La parte inferior de su espalda, que debería tener una ligera curva hacia delante, es prácticamente plana. Para Bill, la parte más importante de los ejercicios de movilidad de la pelvis es aprender a relajar la musculatura profunda del suelo pelviano. Al explorar la rotación de la pelvis, su primera reacción instintiva lo lleva a contraer esos músculos. «Pero ya tengo el trasero demasiado metido hacia abajo –se dice–, de manera que esto no puede estar bien.» Recuerda que un equilibrio flexible exige un mínimo esfuerzo muscular y se dice: «Muy bien, entonces haré como si lo único que se moviera fuesen los huesos, pero ningún músculo».

Se imagina que su pelvis flota en el agua como el casco de un barco, y eso le hace sentir el movimiento de una forma completamente diferente. Ya no le parece como si tuviera los isquiones comprimidos. El suelo pelviano es espacioso. Se da cuenta de que hay un resto de tensión alrededor de la punta del cóccix, y al aflojarla, siente la pelvis mucho más libre.

El reto siguiente con que se enfrenta es continuar con esa sensación de libertad mientras está de pie y cuando camina. Está tan acostumbrado a sostenerse con la tensión en las nalgas que al relajarlas siente como si se fuera hacia atrás. Se mira de perfil en el espejo.

Ahora puede observar una ligera curva en la columna, sin que se haya producido una desviación. Vuelve a mirar, y su pecho le parece más ancho. Lo mejor de todo es que ahora tiene unas nalgas más firmes. Siempre le había intrigado cómo se las arreglaban otros tipos para llenar los tejanos. Arquea un poco más la espalda. ¡Ay! Esto es demasiado. Se dice que es mejor realizar los cambios gradualmente y buscar un término medio que le resulte cómodo.

Mientras se mira en el espejo, Bill hace aparecer y desaparecer alternativamente su nueva imagen. Sólo con volver a apretar los isquiones, puede hacer que reaparezca el perfil desgarbado y metido hacia abajo. Cuando los afloja, no solamente se le eleva el pecho, sino que el peso de su cuerpo se desplaza de inmediato hacia delante y hacia el centro de los pies. Aunque le resulta extraña, esa nueva orientación es más estable, y le da un aspecto como si hubiera estado entrenándose en el gimnasio.

Cuando Bill prueba a hacer el ejercicio de flexión de rodillas, siente inmediatamente que se le contrae el suelo pelviano. Necesita varios intentos para poder flexionar las rodillas sin aguantarse las nalgas con las manos. Es más fácil si deja que el hueso del pubis descienda cuando los isquiones se abren. Una vez que ha encontrado la sensación de ponerse en cuclillas de ese modo, rápidamente adquiere una nueva manera de andar. La nueva orientación de su pelvis hace que sus rodillas oscilen directamente hacia delante, y no hacia los lados como sucedía antes.

Retrospectivamente, le parece que antes caminaba como un pato. Le gustan la franqueza y la confianza que transmite su nueva manera de andar. Además, también en los pies tiene sensaciones sorprendentes. Es como si ahora rodara sobre ellos, de modo que siente que también las plantas están activas. Ahora tiene pies de verdad, en vez de patas de pato. Su nueva manera de andar hace que Bill se sienta... busca la descripción adecuada. Poderoso. ¡Qué te parece!

No pasa mucho tiempo hasta que Pauline empieza a hablar a Fred del Juego de la Gravedad. Y lo hace con tanto entusiasmo que él le pide que le muestre el libro que está leyendo. Está decidido a probar cualquier cosa que pueda liberarlo de su persistente dolor de espalda.

Fred tiene menos éxito que el resto de nuestros amigos con los ejercicios de relajación de la pelvis. No es que no pueda sentir la movilidad en las articulaciones de la cadera y en la parte inferior de la espalda. Puede, y le parece grandioso... siempre y cuando esté acostado. Incluso puede percibir cómo el pecho responde al movimiento de rotación de la pelvis, como una ola que ondulara hacia arriba, pasando por el centro del torso. Pero tan pronto como se pone de pie, la espalda se le tensa de nuevo. Camina como lo ha hecho siempre, con el peso en los talones, el pecho alto, haciendo oscilar los brazos. Le gusta su manera de andar, desenvuelta y enérgica, la adecuada para un hombre joven y emprendedor.

Sólo por divertirse, Fred exagera su modo de andar, arqueando la espalda, balanceando los hombros y rebotando de los talones a los dedos de los pies. Al echar un vistazo a su reflejo en el cristal de la ventana, piensa que Hitler lo habría aprobado.

–Me imagino que podría tener más de una manera de caminar –murmura–. Al fin y al cabo, tengo más de un estado de ánimo.

Se detiene para estirarse, aflojando la rigidez de la columna, mientras reflexiona sobre sus diversos estados de ánimo. Está el de «vendedor tenaz y desafiante», y el karateca, dos ritmos que siente en su cuerpo y que no son tan diferentes. También está el de seductor. Con una mueca burlona, recuerda lo tímido que solía ser con las mujeres, pero ya no. Un compañero de kárate lo había animado a entrar en el «mercado»... Empieza a hacer un giro ondulante, para después deslizarse de un lado a otro de la habitación al ritmo de alguna música interior. Este había sido un buen año.

Ahora, Fred vuelve a su manera normal de caminar, intentando dejar que en ella se expresen las diferentes partes de sí mismo. Acorta el paso y lo hace más lento, dejando que las caderas se le abran un poco. Esto es importante. Siente cómo su peso se asienta en su centro.

–Ya lo pesqué –mascula para sus adentros–. Así es más fácil y... –frunce el ceño, buscando la palabra adecuada– y está más integrado. Y me siento... ¿cómo? ¿Más tranquilo?

Fred no está seguro de que le guste esa nueva sensación. Siente el cuerpo más relajado, especialmente en las caderas, pero le parece como si estuviera blando, y eso no concuerda con la imagen que él tiene de cómo ha de caminar un hombre. Se va a la cocina para beber algo y marca el número de Pauline. Sólo porque a ella le entusiasme tanto eso de la gravedad no significa que estos ejercicios sean para él. Escucha sonar el teléfono.

Pero está esa sensación rara en la parte baja de la espalda, que siempre empeora después de estar mucho tiempo al volante. Ha hecho ajustar el asiento del coche para poder estar más erguido, y se ha puesto detrás un cojín para tener más apoyo. Le parece que esos cambios son sensatos, pero no le resuelven el problema. Bueno, seguirá practicando la rotación de la pelvis... eso hace que sienta mejor la espalda. Y quién sabe, tal vez a medida que siga leyendo descubra algo más referente a su cuerpo.

—¿Pauline? Oye, soy Fred. Escucha, tengo algo que ofrecerte a lo que no te podrás negar: observar la gravedad. Tengo entradas para el partido de los Lakers. ¿Estás libre esta noche? Perfecto. Pasaré a buscarte a las siete.

5

Ir con la corriente

¿Has observado alguna vez la gracia de los animales en libertad? Quizás hayas visto galopar a un caballo salvaje por una de las mesetas desérticas de Nuevo México, o tal vez recuerdes un documental sobre África donde se veía un montón de antílopes que atravesaban como un río la sabana, mientras las jirafas pastaban entre los arbustos. Visualiza el movimiento: suave, fluido, directo, sin ninguna actividad superflua. ¿Puedes imaginarte a seres humanos que acudan a sus ocupaciones desplazándose con tanta armonía, gracia y eficiencia?

Los cimientos que te permiten mover con fluidez el cuerpo son el equilibrio y el apoyo estructurales. Ya has empezado a movilizarlos en ti mismo al explorar el material de los primeros capítulos: el equilibrio entre las dimensiones frontal, lateral y dorsal: la sensación de estar sostenido desde abajo por los pies y la pelvis, y desde dentro por un núcleo interior; la forma en que te responde el aliento que circula por tu cuerpo, y la congruencia entre intención y acción. Estas percepciones dan a tu cuerpo una ligereza que ya estás empezando a reconocer y, eso esperamos, a desear. El presente capítulo elabora estos conceptos y te ayudará a desarrollar la coordinación necesaria para que esa fluidez sea posible.

La coordinación que buscamos es diferente de la que aprenden los bailarines y los atletas, cuya gracia suele ser específica de su arte. Aunque se muevan con elegancia en el escenario o en el campo de deportes, sus movimientos en la vida cotidiana pueden ser tan desgarbados como los de cualquier otra persona. La coordinación que nosotros buscamos pone la gracia al alcance de cualquiera y durante todo el tiempo.

Imagínate que vas cabalgando un purasangre. Siente qué ligero, suave y coordinado es el movimiento. Ahora, imagínate montando un caballo viejo y cansado: el paseo se vuelve pesado y agotador, ¿verdad? No parece que la columna de ese pobre caballo tenga nada que ver con las articulaciones de sus patas, ni con las traseras ni con las delanteras. Mientras se sacude el peso de una pata a la otra, tú haces lo mismo. El purasangre, al contrario, tiene una capacidad de absorber las sacudidas que te apoya en todo momento.

Tómate un tiempo para observar a un animal. Si no tienes caballos cerca, el gato del vecino te servirá igual. Observa que la más mínima inclinación del cuello o el más leve movimiento de la pata desencadena toda una reverberación de movimientos que se extiende al cuerpo entero. Un ligero desplazamiento del peso provoca ondulaciones hacia fuera, como cuando arrojas una piedra a un estanque. Tal vez hayas percibido una insinuación de esa capacidad de respuesta en tu propio cuerpo, mientras trabajabas con alguna de las exploraciones anteriores. Lo que ves cuando observas los movimientos de un animal sano, o lo que sientes cuando montas un purasangre, es un movimiento armonioso de las articulaciones. Percibes cómo todas ellas se mueven de forma concertada: nada se oculta, ni tampoco se añade nada ajeno.

Las bisagras

Para empezar a evocar las características de una relación articular armoniosa en tu cuerpo, imagínate que tus articulaciones son bisagras. En la posición en que estás ahora, explora las articulaciones de pies y piernas teniendo presente esta idea. Observa cómo puedes mover los dedos de los pies hacia arriba y hacia abajo. Cuando los cinco dedos se flexionan juntos, sus articulaciones forman una bisagra horizontal que abarca toda la anchura del pie.

Mueve el pie hacia arriba y hacia abajo con la bisagra que tienes en el tobillo. El tobillo no sólo puede rotar e inclinarse, sino también flexionarse horizontalmente, pero el movimiento de bisagra es básico para caminar.

De pie sobre una sola pierna, balancea la que tienes levantada desde la bisagra de la rodilla, y el muslo desde la bisagra de la cadera. Después camina y siente el funcionamiento de los cuatro pares de bisagras. Observa si alguna de ellas parece más activa que las otras. Si caminas partiendo de la pelvis e inclinas el torso hacia atrás, sentirás el movimiento en las rodillas, pero tendrás poca sensación de la acción de bisagra en los tobillos y los dedos de los pies. Si andas impulsándote con la parte superior del cuerpo, puede que seas consciente de un fuerte empuje proveniente de los dedos de los pies, pero que tengas poca conciencia del movimiento en las articulaciones de la cadera.

La iniciación del movimiento a partir del núcleo central

Tenemos la musculatura dispuesta en capas alrededor del esqueleto, y los músculos más próximos a los huesos son responsables de nuestra relación más íntima con la gravedad; allí es donde nuestro equilibrio está armonizado. En la mayoría de las personas, los músculos del núcleo central están tensos, como si el equilibrio fuera una condición estática y no un proceso continuo de tensar y aflojar.

Cuando el núcleo central está inmóvil, el movimiento se inicia en las capas exteriores del cuerpo. Entonces, los músculos largos se usan para realizar pequeñas tareas. La mayoría nos esforzamos demasiado en actividades tan simples como andar, sentarse, inclinarse y levantarse. Empleamos casi tanto esfuerzo para abrir un interruptor como para levantar un coche con el gato. Si contraemos los muslos para mover los dedos de los pies, y tensamos los glúteos para mover las rodillas, no es raro que la vida nos parezca tan estresante.

Este capítulo te guiará en el aprendizaje de cómo iniciar el movimiento desde el núcleo central de las articulaciones, relajando los músculos del exterior, que suelen trabajar demasiado. Es posible mover las articulaciones con un mínimo de esfuerzo. Descubrirás una

122 TÉCNICAS DE ROLFING-MOVIMIENTO

forma de moverte que ahorra energía, y aprenderás a recurrir al auxilio de los músculos largos solamente cuando sean necesarios. La interacción entre un centro elástico y unas capas exteriores capaces de responder es lo que hace posible la fluidez.

Es probable que al principio tus movimientos parezcan espasmódicos. Muévete al ritmo con que crece una planta. Estás liberando el movimiento potencial en el centro de tu cuerpo y has de dar al sistema todo el tiempo que necesite para integrar las nuevas pautas en tus circuitos neuromusculares. Gradualmente, tus movimientos irán haciéndose más armónicos.

Cómo despertar los dedos de los pies

El guión 17 estudia la bisagra que hay en la planta del pie. Siéntate erguido/a en el suelo, con la espalda apoyada contra la pared o contra un mueble. Mantén las rodillas flexionadas y los pies bien apoyados, en el suelo. Mantén el cuerpo erguido sobre el suelo pelviano. Si en esta posición la pelvis se te va hacia atrás, levántala sentándote sobre una toalla doblada o una guía telefónica no muy gruesa. Una elevación de entre dos y tres centímetros te situará la pelvis en un ángulo más adecuado para sostener el peso de la parte superior de tu cuerpo.

Se trata simplemente de mover los dedos de los pies, los cinco juntos, con lentitud, hacia arriba y hacia abajo. Al principio, a los músculos de la pierna les costará levantar los dedos. A medida que aprendas a relajar los músculos exteriores y a dejar que la gravedad te sostenga la pierna, el esfuerzo irá disminuyendo hasta llegar a un mínimo y podrás mover los dedos fácilmente a partir del centro.

Tal vez te encuentres con que los dedos más pequeños se quedan detrás de los otros. Al activarlos, fortalecerás el borde lateral del pie y ensancharás tu base de sustentación.

Practica el ejercicio con un pie y después con el otro, observando cualquier diferencia en la forma en que responden. Si un pie es más rápido para aprender la nueva manera de moverse, deja que sea el «maestro» del otro.

◆

GUIÓN 17

La exploración de las articulaciones de los dedos de los pies

Siéntate en el suelo con las rodillas flexionadas y la espalda apoyada en una pared o en un mueble pesado. Sitúa el cuenco pelviano directamente debajo del tronco. Una ligera elevación bajo las nalgas puede hacer que te encuentres más a gusto en esta posición.

Empieza con el pie derecho, levantando los dedos del suelo. Ponte la mano derecha a lo largo de la espinilla, para poder sentir la contracción de los músculos de la pierna cuando levantes los dedos. Mueve varias veces los dedos hacia arriba y hacia abajo. Además de sentir la contracción de los músculos de la pierna, es probable que percibas incluso algún esfuerzo en el muslo. En pocos minutos descubrirás una manera de levantar los dedos sin hacer este esfuerzo innecesario.

Relaja ahora los dedos, y durante unos momentos presta atención a tu respiración. Recuerda la manera de que tu fascia responda a la respiración. Deja que los músculos de las piernas se aflojen, ... déjalos descansar sobre los huesos. Imagínate que la respiración fluye a través del centro de tu pierna derecha, descendiendo hasta el interior del pie. Siente el peso de la pierna que descansa sobre el pie.

Ahora vas a levantar los dedos de los pies con el mínimo esfuerzo posible. Con la mano todavía descansando sobre la espinilla, deja que tu pie derecho se hunda aún más profundamente en el suelo, ... tan profundamente que te parezca como si se alargara, ... y ahora, mientras exhalas, los dedos se te empiezan a levantar ellos solos del suelo, ... estirándose al levantarse, ... mientras su delicada cara inferior se extiende. Y ahora relájalos lentamente, ... permitiéndoles que sigan siendo largos al volver al suelo.

Repite este movimiento con tu atención puesta en los dedos más pequeños. Deja que sean el cuarto y el quinto los que empiecen a levantarse. Fíjate en la actividad que se produce a lo largo del borde externo del pie cuando esos dedos participan. Sigue respirando sin esfuerzo. Relaja los músculos de la pantorrilla, el muslo, el cuello, la mandíbula y los ojos. Los dedos de los pies pueden moverse suavemente hacia arriba y hacia abajo mientras el resto de tu cuerpo descansa.

Ahora, repite con cuidado todo el proceso con el pie izquierdo.

◆

Para articular los pies

El guión 18 te ayudará a iniciar la acción de los pies a partir del centro, sin contracciones innecesarias de los músculos de la espinilla o del muslo, y a coordinar las bisagras de los dedos de los pies y el tobillo. Es verdad que si tensas los músculos externos de la espinilla y del muslo puedes lograr en la articulación del tobillo un movimiento más extenso que si lo mueves de la manera relajada que te sugiero. Sin embargo, con estos ejercicios desarrollamos una acción articular integrada, y no una extensión extrema del movimiento en ninguna articulación aislada. Al inhibir la fuerte contracción habitual, abres el camino para la aparición de una pauta neuromuscular nueva.

◆

GUIÓN 18

La integración de los dedos de los pies y el tobillo

Siéntate con la espalda contra una pared, las rodillas flexionadas, los pies bien apoyados en el suelo y los músculos de las pantorrillas y las espinillas relajados. Alargando la parte inferior de los dedos, ... y partiendo de los más pequeños, ve elevando poco a poco los dedos del pie derecho. ... Ahora flexiona lentamente el tobillo derecho, manteniendo todavía relajados los músculos de la pantorrilla y de la espinilla, y girando el talón de manera que los dedos y la planta del pie se despeguen del suelo. ... Después, mientras relajas el tobillo, ... vuelve lentamente el pie al suelo, bajando primero la bisagra de los dedos, ... y después que éstos desciendan con suavidad. Sentirás la planta del pie como si fuera muy larga, ancha y abierta.

Lentamente, repite este movimiento con la atención puesta en la respiración. Cuando exhalas, los dedos del pie se levantan, ... y el pie también se levanta, ... la planta del pie se abre. ... Ahora inhala suavemente, ... y mientras vuelves a exhalar, la bisagra de los dedos desciende, ... la planta del pie se relaja, ... y los dedos vuelven al suelo.

Mientras repites una vez más el movimiento, observa que cuando levantas el pie sobre el talón, la rodilla responde al movimiento del tobillo con una flexión pasiva, ... y la cabeza del fémur con una rotación pasiva en el acetábulo. Haz una pausa con los dedos en la posición erguida, y nota cómo el peso de la pierna descansa sobre el talón y el isquion. ... Deja que todos los músculos de la pierna descansen sobre el puente de hueso suspendido entre estos dos puntos. ... Ahora, lentamente, relaja el tobillo y vuelve el pie ... y los dedos ... al suelo.

Repite el mismo ejercicio con la pierna izquierda.

La integración de las articulaciones del tobillo, la rodilla y la cadera

El guión 19 coordina las articulaciones del tobillo, la rodilla y la cadera. El movimiento es similar al de la flexión del tobillo del guión 18, excepto que empiezas con la pierna que trabaja extendida. Al doblar el tobillo y la rodilla al mismo tiempo, flexionas el pie y dejas que la rodilla se levante hacia arriba. El talón sigue en el suelo como si estuviera pegado al punto original. Los segmentos inferior y superior de la pierna se levantan del suelo como los dos lados de un puente levadizo. Cuando el tobillo esté totalmente flexionado, el peso de la pierna estará descansando sobre dos puntos: el talón y el isquion.

La parte más difícil de esta coordinación es evitar la contracción de los músculos de la parte superior del muslo para doblar la rodilla. Con el fin de prevenir esta tendencia, el guión 19 se inicia con una revisión del movimiento de flexión del tobillo, con el pie colocado progresivamente cada vez más lejos del cuerpo.

Una vez que te resulte familiar la pauta del puente levadizo, has de comparar este relajado movimiento de bisagra de las articulaciones con un movimiento similar iniciado por los músculos del muslo. Cuando realices la acción de esta segunda manera, sentirás cómo la pierna se te acorta como si en la articulación de la cadera hubiera una fuerza que la absorbiera. También percibirás la falta de participación de las articulaciones del tobillo y los dedos de los pies. Al volver a relajar el muslo y la ingle, sentirás que se te alarga la pierna y vuelven a entrar en juego las cuatro bisagras. Cuando se realiza correctamente el movimiento, el tobillo inicia la acción, la rodilla se dobla de un modo pasivo y el muslo permanece relajado.

◆

GUIÓN 19

El puente levadizo

Empieza por sentarte contra una pared, con ambas rodillas flexionadas. Desliza el pie derecho hasta apartarlo unos ocho centímetros de las caderas y apoya ligeramente la mano derecha sobre el muslo. Repite el movimiento de flexión del tobillo del guión 18, esta vez dejando los dedos relajados. Observa que, a medida que el pie se eleva, el peso sobre el talón y el isquion derechos aumenta. La rodilla se dobla pasivamente, y los músculos del muslo permanecen relajados porque el movimiento está dirigido por el pie.

Desliza el pie hacia fuera unos ocho centímetros más y repite el movimiento. Esta vez deja que el tobillo y las rodillas se doblen cuando exhales. Sigues sintiendo los músculos del muslo relajados bajo tu mano.

Ahora extiende completamente la pierna derecha hacia delante. Sin cambiar la posición del talón en el suelo, vuelve a flexionar el tobillo, ... y a medida que los dedos se vayan moviendo hacia la rodilla, ésta se levantará pasivamente hacia el techo. El peso de la parte inferior de la pierna descansa en el talón, ... y el del muslo en el isquion. La pierna se dobla en el medio como un puente levadizo.

Mientras respiras cómodamente, baja la pierna relajando el tobillo y haciendo que el pie descienda. Nota cualquier tensión que pueda quedar en tu cuerpo, y aflójala.

Como contraste con esta manera relajada de coordinar las articulaciones del tobillo, la rodilla y la cadera, inicia la misma acción contrayendo los músculos del muslo. ... Observa que el pliegue inguinal se tensa y que sientes como si la pierna se acortara, como si algo tirase de ella hacia el interior del acetábulo del hueso pelviano. El peso que se apoya en el talón es mínimo. ... Ahora relaja el esfuerzo y vuelve la pierna a la posición original extendida.

Respira con comodidad y deja que los músculos del muslo vuelvan a aflojarse, ... hasta que sientas la pierna pesada y completamente apoyada contra el suelo. Con suavidad, acomódala de manera que la rótula mire al cielo raso. Ahora, mientras el peso de la pierna se apoya en el talón y el isquion, ... el puente levadizo vuelve a subir: ... el tobillo se flexiona, ... y con los músculos del muslo y de la ingle relajados, ... la rodilla sube.

Cuando el tobillo se relaja, la pierna vuelve al suelo. Nota cuánto más larga la sientes ahora.

Repite el ejercicio con la pierna izquierda. Observa si hay diferencias en la forma en que te responde cada pierna. Si una de ellas tiene más dificultad que la otra con este ejercicio, dedica un poco más de tiempo a trabajar con ese lado.

◆

Ejercicios combinados

El guión 20 es una combinación de las exploraciones efectuadas en los guiones que van del 12 al 19. Primero practicarás el puente levadizo en posición tendida. Después arrastrarás el talón hasta la nalga, dejando que el pie se levante del suelo hasta que la rodilla esté por encima de la pelvis. Terminarás relajando los músculos de la ingle y dejando caer el muslo. La práctica de estos ejercicios combinados mejora la coordinación de las articulaciones de la pierna.

◆

GUIÓN 20

El puente levadizo, arrastrar y dejar caer

Tiéndete de espaldas con la pierna izquierda flexionada y el pie bien apoyado en el suelo. La pierna derecha está extendida por completo, desde la articulación de la cadera. Vigila tu respiración durante varios ciclos, ... disfrutando de una pausa al final de cada exhalación. Puedes percibir la respuesta interna de todo tu cuerpo a medida que el aire va entrando y saliendo. Presta especial atención al movimiento de la respiración en la parte inferior de la columna. ... Deja que el aliento afloje y ensanche la zona de alrededor del sacro.

Y mientras dejas que el peso de la pierna derecha se instale en el talón y el isquion derechos, ... el tobillo se te empieza a doblar, ... el empeine se levanta en dirección de la rodilla, ... y la rodilla se flexiona hacia el techo. ... Siente cómo el peso del muslo se desplaza hacia arriba a través de la articulación de la cadera y vuelve al interior de la pelvis. Extiende de nuevo la pierna relajando los músculos de la parte de atrás, ... aflojando el tobillo ... y dejando que la planta del pie descienda. ... Lentamente, repite el ejercicio.

Levanta por tercera vez el puente levadizo, haciendo una pausa en lo alto. Haz una ligera presión contra el suelo con el pie izquierdo para apoyar la parte inferior de la espalda. Ahora, relajando la pantorrilla y el pie que están levantados, lleva la rodilla hacia el techo, arrastrando el talón por el suelo. A medida que el muslo se aproxime a la vertical, el pie se levantará del suelo. Deja que la rodilla siga elevándose, describiendo un arco sobre la pelvis hasta encontrar su punto de equilibrio. Siente cómo la pierna encuentra el apoyo de la pelvis en el acetábulo del hueso pelviano. ... Siente cómo la pelvis encuentra el apoyo de la gravedad.

Dentro de un momento, vas a relajar los músculos de la ingle, dejando que la pierna caiga al suelo. Imagínate que tienes un imán en la planta del pie. Cuando te parezca bien, afloja los músculos de la ingle y deja que el imán haga descender el pie. La articulación de la cadera se relaja al mismo tiempo que la pierna cae.

Ahora haz una pausa, con ambas piernas flexionadas, ... sin olvi-

darte de respirar, ... y ve aflojando cualquier tensión que pueda haberse introducido furtivamente en el cuello, los hombros, el abdomen o la mandíbula. Después deja que la pierna izquierda se deslice lentamente hacia abajo, hasta que quede extendida. Y repite el ejercicio: la flexión del puente levadizo, ... arrastrar el talón llevando la pierna hacia arriba, ... el equilibrio, ... y dejar caer la pierna.

Alterna varias veces las piernas, y si te parece que un lado capta con más facilidad el ejercicio, deja que enseñe al otro cómo se hace. Observa de qué manera el lado que no está trabajando sirve de apoyo al que se mueve. Cada uno de los dos necesita el apoyo del otro.

Ahora completarás la exploración de las articulaciones con una revisión de la rotación de la pelvis, el ejercicio de ponerse de pie desenrollándose y las flexiones de rodillas, esta vez de pie. Verás que tu nueva conciencia de la fluidez del movimiento articular profundiza la experiencia de estos ejercicios que tuviste en los capítulos anteriores. El guión 21 te orientará en la revisión de estos ejercicios.

GUIÓN 21

Rotación de la pelvis, desenrollarse para ponerse de pie, flexiones de rodillas

Tiéndete en el suelo con ambas rodillas flexionadas, relaja las pantorrillas y deja que sean los pies los que aguanten su peso. Relaja los muslos y deja que la pelvis sostenga su peso. Observa cómo el aliento se mueve a través de la parte central de tu cuerpo, ... partiendo de los pies, por todas las piernas, ... la pelvis, ... el torso ... y la cabeza.

En la próxima exhalación, deja que los isquiones se muevan hacia los talones, ... a medida que las nalgas se relajan, ... y nota cómo los empeines de los pies se asientan más profundamente en el suelo. Puedes sentir cómo el suelo de la pelvis gira hacia el cielo raso, ... como si tu peso se desplazara hacia atrás a través de los hoyuelos del sacro, ... hacia la parte inferior de la espalda. Si relajas cualquier tensión que pueda haber alrededor de los isquiones y las nalgas, ... podrás sentir lo espacioso que es el suelo pelviano. Y cuando ejerces una ligera presión en los pies, ... el peso de tu cuerpo sube a través de la columna por el interior de la caja torácica, ... como un río que fluyera hacia el norte de tu cuerpo.

Al exhalar, invierte lentamente la dirección, ... dejando que tu peso se asiente en la parte inferior de la espalda, ... el sacro, ... los muslos ... y los pies.

Si has estado con los ojos cerrados, deja ahora que se abran, ... y toma conciencia de lo que te rodea. Cuando te parezca bien, rueda suavemente hasta ponerte de costado, y después a gatas. Coloca las rodillas en línea con los pezones. Flexiona los dedos de los pies y lleva el peso hacia atrás, sobre los pies, ... dejando que el cuello se relaje y la cabeza cuelgue. Al exhalar, apóyate en el centro de los pies y deja que las rodillas se extiendan, mientras la parte superior del cuerpo sigue colgando hacia delante. Con las rodillas rectas, pero sin trabarlas, gira el cuenco pelviano hasta que esté nivelado, ... dejando que el torso se eleve. Sigue respirando, ... y con el peso todavía centrado sobre los empeines, ... ve desplegando lentamente, una por una, las veinticuatro bisagras de la columna vertebral: ... las de la parte inferior..., las del tórax, ... las de la parte superior, ... las del cuello ... y las de la cabeza.

Estando ya cómodamente de pie, respira llenando todas las dimensiones de la caja torácica: ... la parte frontal, ... los costados ... y la espalda. Relaja los músculos de las nalgas, sintiendo la amplitud del suelo pelviano. Ahora flexiona lentamente las rodillas como si te preparases para ponerte en cuclillas. El suelo pelviano desciende unos cinco centímetros. A medida que apoyas el peso en las plantas de los pies, siente cómo te aguanta la Tierra. Observa cómo los tobillos, las rodillas y las articulaciones de las caderas se flexionan al unísono. Mientras exhalas, sigue descendiendo hasta alcanzar los pies, y luego levántate poco a poco, ... sintiendo cómo las articulaciones se extienden, empujando el torso hacia arriba.

Repite el ejercicio de flexión de las rodillas. ... La parte superior de tu cuerpo desciende como si fuera en ascensor, ... y después se levanta impulsada desde abajo a medida que las rodillas se enderezan. La Tierra te sostiene en todo momento mientras bajas, ... y también mientras subes.

◆

Los tirantes internos

El movimiento sensible de la parte inferior de la columna y la pelvis y el libre balanceo de los muslos cuando caminamos dependen de la relajación de un grupo muscular específico, el psoas ilíaco, que, situado a ambos lados, a lo largo de la parte inferior de la columna, desciende desde el diafragma hasta la pelvis, a la que atraviesa diagonalmente, para luego cruzar la ingle e ir a insertarse en lo alto del fémur, por la parte interior. Esta importantísima estructura debe funcionar como unos tirantes internos que conectan la columna con las piernas. El psoas ilíaco desempeña dos funciones: inclina la pelvis, como en la rotación pelviana (guión 13, página 101), y contribuye al movimiento pendular de las piernas cuando caminamos.

La mayoría de las personas sienten que el origen de las piernas está en la parte superior de los muslos. Cuando el psoas ilíaco se mueve libremente, las piernas dan la sensación de empezar más arriba, en la parte central del cuerpo, justo debajo de la caja torácica.

El guión 22 te ayudará a descubrir y relajar estos tirantes internos. Para esta exploración necesitarás un taburete pequeño y fuerte, o bien, una pila de guías telefónicas de unos diez centímetros de altura. Con un pie apoyado en esta plataforma, has de dejar que la otra pierna pueda balancearse libremente, colgada de sus tirantes. Una vez que hayas percibido cómo esa pierna pende de su centro, descubrirás una sensación muy diferente al caminar, como si las piernas se movieran allí abajo a través de la pelvis. Memoriza esta sensación, porque más adelante, con sólo recordarla te bastará para evocar el cambio en tu manera de andar.

◆

GUIÓN 22

Cómo activar tus tirantes internos

Instala tu plataforma en el marco de una puerta y pon el pie derecho sobre el borde. Apoya ligeramente las manos en el marco de la puerta para afirmarte y súbete a la plataforma, dejando el pie izquierdo cerca del borde. Yérguete sobre la pierna derecha, manteniendo niveladas las caderas. Deja que la pierna izquierda se relaje, balanceándose suavemente, … de cinco a ocho centímetros hacia delante y hacia atrás. El movimiento pendular casi no requiere esfuerzo. Siente cómo la articulación esférica de la cadera rota libremente. Relaja la parte superior del torso y respira.

Imagínate que tienes un tirante precisamente detrás del diafragma, y que de allí pende la pierna que cuelga. El tirante sigue hacia abajo a través de la pelvis. A medida que la pierna se balancea, tú puedes sentir la reverberación del movimiento en la articulación de la cadera, la pelvis y la caja torácica. Imagínate que el movimiento de la pierna empieza justo debajo de las costillas.

Ahora date la vuelta para apoyarte en la plataforma con la pierna izquierda. Asegúrate de que las articulaciones de la cadera permanezcan horizontales y de que no estés hundiéndote en la cadera izquierda. Con las manos, apóyate en el marco de la puerta. Y deja que la pierna derecha se balancee, … relajando las nalgas, … respirando, … encontrando ese tirante que tienes bajo el tórax, … sintiendo que la pierna que se balancea se va alargando, … al estar colgada de la articulación de la cadera.

Bájate de la plataforma y camina. Ahora, las piernas te cuelgan de la caja torácica. Cada pierna se mueve con facilidad desde la pelvis, … a medida que los muslos se turnan, … enviando tu peso, a través de las rodillas, … hasta el suave centro de cada pie.

Memoriza esta sensación para que puedas encontrarla cada vez que lo desees.

◆

Caminar con flexibilidad

¿Cómo caminas ahora que te has lubricado las bisagras? Paséate un rato por la habitación, fijándote en las diversas sensaciones de las que has ido tomando conciencia en los capítulos anteriores.

A estas alturas ya vas reconociendo el centro de tu cuerpo como tu hogar interno, el lugar donde se originan tus movimientos. Las dimensiones exteriores de tu imagen corporal se configuran alrededor de ese centro.

La interacción entre tu centro y los movimientos periféricos cuenta con el apoyo que le ofrecen desde abajo el suelo pelviano y las plantas de los pies. Cada vez que apoyas el pie, tu estructura encuentra en él una suave base. Vas rodando sobre las plantas elásticas de los pies, desde los talones a las almohadillas. La articulación del dedo gordo te ayuda a impulsar el pie para dar el paso siguiente, y te deslizas hacia delante con la ayuda de unos tobillos que te responden.

Sientes las piernas largas, como si estuvieran suspendidas desde la mitad de la columna. Cuelgan hacia abajo atravesando la pelvis, y los muslos se balancean con un movimiento pendular. Tu pelvis parece como si flotara entre las articulaciones de la cadera y la columna, al igual que una silla de montar que oscila suavemente al sostenerte mientras caminas.

Tu modo de andar es el resultado de impulsos congruentes del vientre, el corazón y la cabeza. Ya no tienes que estirar la parte superior del cuerpo, ni empujar con la pelvis. En cambio, eres una totalidad que avanza unida. Tanto tiempo pasas sobre la pierna que da el paso hacia delante como sobre la que empuja desde atrás. La acción concertada de las articulaciones de las piernas te hace avanzar con suavidad. Aunque quizá tu manera de andar no responda todavía a cada detalle de esta descripción, ya has logrado cambiar lo suficiente tu movimiento como para saber que alcanzar una mayor comodidad no es más que cuestión de tiempo.

Cómo encontrar tu paso

Adopta la práctica de caminar todos los días algunos minutos en actitud contemplativa, evocando las cualidades que encontraste al explorar tus articulaciones. Experimenta con la longitud de tu paso. Para muchas personas, acortar ligeramente el paso puede significar una mejoría tanto del apoyo como de la fluidez al andar. Si tu estatura es baja, o si una de las personas importantes en tu vida es alta, es probable que camines a pasos largos para mantenerte a la altura de tus compañeros. Y puede ser que esos pasos estén socavando tu buena relación con tu propio cuerpo. Procura acortar tu paso la mitad de lo que mide un dedo del pie. No es mucho, pero puede representar una gran diferencia en tu sistema de apoyo.

Cultiva un andar flexible para que por lo menos puedas caminar con un buen apoyo y comodidad cuando lo hagas sin compañía. Si tienes que adaptarte al ritmo de una persona alta, intenta hacerlo dando un mayor número de pasos cortos. Al principio, esto puede darte la sensación de que vas avanzando a saltitos, pero eso se debe sólo a que no te resulta familiar, o quizás a alguna creencia que tengas en lo que se refiere a cómo debe caminar una mujer o un hombre «de verdad». Vuelve a evaluar tus creencias y determina qué efectos tienen sobre la comodidad de tu cuerpo. Si perseveras con las exploraciones de este libro, te acostumbrarás a moverte con fluidez, una costumbre que puede volverse adictiva, de tan cómoda que es.

La anchura de tu paso es otro factor que influye tanto sobre tu apoyo al andar como sobre la fluidez con que lo hagas. Hay personas que caminan con las piernas demasiado juntas, como si fueran por la cuerda floja. Aunque una base estrecha pueda ser estéticamente agradable, mantenerla exige una tensión excesiva en la parte interior de los muslos y en el suelo pelviano. En general, un buen uso de la estructura humana es aquel en que las rodillas están en línea con los pezones y no con el ombligo.

Una base ancha puede ser adecuada para ciertos tipos de actividad, como la práctica de las artes marciales o el levantamiento de cargas pesadas. Pero si las piernas están demasiado separadas cuando se camina, no pueden dar el apoyo adecuado al centro del tronco, y el resultado es una tensión excesiva en el centro del cuerpo. La gente que sigue esta pauta tiende a balancearse de una pierna a la otra, como los *cowboys*.

En el caso de que tu base sea demasiado ancha o demasiado estrecha, repasa los ejercicios de relajación de las caderas y del suelo pelviano del capítulo 4, y las flexiones de rodillas en posición de pie del capítulo 3. Si tu base es estrecha, relaja los músculos de la parte interna del muslo y mantén la amplitud del suelo pelviano. Cuando practiques el ejercicio de flexión de las rodillas, imagínate que las piernas tienen costuras por dentro y por fuera, como los pantalones. Mientras doblas y enderezas las piernas durante la flexión de rodillas, relaja las costuras interiores de las piernas para que sean igual de largas que las costuras laterales. Esta imagen te ayudará también a practicar el ejercicio del puente levadizo, y a caminar.

Si tu base es ancha, relaja las nalgas y cultiva una sensación de movilidad en las articulaciones de la cadera. Deja que el contorno exterior de las piernas se relaje y se alargue cuando caminas.

Las mejores guías para determinar la longitud y la anchura adecuadas del paso son las sensaciones de apoyo y fluidez. Más que fiarte de una imagen visual de lo que es un movimiento correcto, déjate guiar por tus buenas sensaciones, por el sentimiento de comodidad. Si prestas atención a lo que sientes, irás descubriendo cuál es el buen uso de tu estructura desde el centro hacia fuera. Por otra parte, si imitas una imagen idealizada, es probable que, sin abandonar tus antiguos hábitos, les añadas un estilo auténtico.

Mejor que los pies vayan hacia delante

No son muchos los que prestan atención a los pies, mientras no les duelan. Una de las cosas más molestas que hay es la aparición de un juanete, o engrosamiento de la articulación en la base del dedo gordo. Aunque esto puede empeorar debido al uso de zapatos inadecuados, la causa básica es un mal empleo de la estructura de los pies. Si tienes un juanete, fíjate en cómo estás usando los pies. Te encontrarás con que caminas con los pies vueltos hacia fuera. En vez de instalarse en línea recta a lo largo del pie, tu peso va diagonalmente desde el borde externo del talón, atravesando la planta del pie, hasta la articulación del dedo gordo. Al andar, durante la fase de empuje, haces tanta presión sobre la articulación del dedo gordo que el pobre se ve empujado hacia dentro, en dirección de los demás dedos.

Si la deformación ya es muy grande, la reeducación del movimiento no hará desaparecer el juanete, pero puede impedir que empeore. Practica los movimientos de la exploración de las articulaciones de los dedos de los pies (guión 17, página 123), poniendo especial atención en los dedos cuarto y quinto. Esto te ayudará a activar el apoyo del borde lateral del pie y te llevará a confiar menos en la articulación del dedo gordo.

Con frecuencia, la posición del pie vuelto hacia fuera es el resultado de una rotación externa de los muslos, o bien una compensación de la rotación interna. Si consigues alinear las articulaciones de las caderas y las rodillas, tus pies empezarán a volver a la buena senda. Practica los ejercicios de relajación de la cadera del capítulo 4 (guión 10, página 94; guión 11, página 97; guión 12, página 98; guión 13, página 101), y los de integración del tobillo, la rodilla y la cadera (guiones 18 y 19, páginas 124 y 126).

En el ejercicio de flexión de las rodillas en posición de pie y andando, quizá sientas la tentación de obligar a los pies a estar paralelos. Aunque tu objetivo final sea que los pies sigan la dirección hacia delante, obligar a las piernas a adoptar esta posición sería un cambio demasiado rápido y te causaría tensión e incomodidad en las rodillas. Concéntrate, en cambio, en hacer que las rótulas miren hacia delante. A medida que las caderas se relajen, las rodillas irán comunicando el cambio a los pies.

A muchas personas les han dicho que tienen los pies planos. En general, esto significa que los músculos de la planta del pie no están adecuadamente desarrollados. Caminar del modo que has aprendido en estas exploraciones, con el cuerpo equilibrado sobre el centro de los pies y con las bisagras de los dedos y el tobillo bien articuladas, fortalecerá los arcos plantares mal desarrollados y puede, incluso, eliminar la necesidad de llevar plantillas de apoyo para el arco plantar.

Los zapatos adecuados

El carácter apropiado de los zapatos en general se puede juzgar por su capacidad para dejar que el peso caiga centrado y los pies se articulen como es debido. Las sandalias de correas sin sujeción en el tobillo tienden a hacer que arrastremos los pies para que el calzado no se nos caiga. Al arrastrar los pies, automáticamente empujamos con las rodillas hacia delante e inclinamos hacia atrás la parte superior del cuerpo. Si no tienes más remedio que usar este tipo de sandalias, por lo menos intenta no hacerlo durante mucho tiempo seguido.

También las llamadas sandalias anatómicas, en que el talón va más bajo que la planta, tienden a echar hacia atrás el peso corporal. Este diseño pretende aliviar la tensión en la espalda alargando la parte inferior de la columna. Para la gente que tiende a inclinarse hacia delante y que tiene la pelvis echada hacia delante, este diseño puede tener el efecto deseado. Para los que esconden la pelvis, el resultado es que proyectan la cabeza hacia delante para compensar el peso que se va hacia atrás, hundiéndose en el hueco destinado al talón, lo cual causa en el cuello una tensión innecesaria. Si ya tienes un par de estas sandalias, que son demasiado caras para tirarlas, te aconsejo que pongas una almohadilla de espuma en el hueco del talón.

El uso constante de tacones altos es indeseable por dos razones. La primera es que los zapatos tiran tu peso hacia delante. Cuando esto sucede, algo en algún otro lugar del cuerpo tiene que desplazarse hacia atrás. El cuerpo compensa de una de estas dos maneras: exagerando una desviación en la espalda, o escondiendo el cóccix y dejando que la parte alta del pecho se hunda. Si en tu estructura ya está presente alguno de estos rasgos, al usar tacones altos lo empeorarás.

La segunda objeción contra los tacones es que prácticamente te inmovilizan las articulaciones del dedo gordo y de los tobillos. Daría igual que te escayolaras los pies. El resultado es que otras articulaciones deben trabajar más para llevarte a donde vas. El movimiento adicional en las rodillas quizá no sea un problema, pero girar la pelvis alrededor de la parte inferior de la espalda, que es la otra acción compensatoria, causará problemas estructurales en el futuro. Si quieres, disfruta de tus tacones cuando te vistas para conquistar y en las fiestas, pero por favor, escoge zapatos más afines con tu estructura para todas las demás actividades de la vida cotidiana.

También los zapatos viejos que ya tienen los tacones gastados pueden socavar tu base de apoyo. Controla tus zapatos: si el tacón está muy gastado por el borde externo, el zapato no te permitirá moverte articulando el centro del pie, ya que te mantendrá la articulación del tobillo desviada lateralmente. Un zapato desequilibrado siempre reforzará tu vieja manera de andar.

Lo mejor que puedes hacer en bien de tus pies es renunciar completamente a los zapatos. Quítatelos y anda con los pies desnudos sobre la arena o el césped. Siente la hierba entre los dedos. Concede a tus pies algún placer sensual, ya que trabajan tan duro: se tienen bien merecido un poco de placer y descanso.

El movimiento rotatorio

Es innecesario decir que hay muchas situaciones en que una actividad exige que una articulación funcione de manera diferente a una simple bisagra horizontal. Afortunadamente, no estamos construidos como el Hombre de Hojalata, y de hecho tenemos posibilidades de rotación en las caderas, los tobillos y los pies, aunque no tanto en las rodillas. Triste suerte sería la nuestra si en una pista de esquí, un campo de tenis o un salón de baile no contáramos con el movimiento rotatorio en los miembros inferiores. La alineación de las bisagras horizontales a lo largo de un centro vertical no es más que una metáfora del equilibrio básico de la estructura humana. Es un mapa para llegar a tu hogar en la gravedad.

Cualquier silla es una mecedora

Hay tantas maneras de pasar de estar sentado a estar de pie como sillas y cuerpos. La mayoría de las sillas están mal adaptadas a los cuerpos que tienen que sostener. Y la mayor parte de las personas pasan de estar sentadas a levantarse sin demasiada conciencia del proceso. Lo habitual es levantarse erguido, estirando el pecho hacia delante para después ayudarse a subir el torso con la mitad posterior del tronco. Las piernas participan casi como una idea de último momento.

En el guión 23 se pone el acento en la mitad frontal del cuerpo y en las piernas. Aprenderás a levantarte meciéndote primero hacia abajo y dejando que la gravedad te levante por rebote. Para esta exploración necesitarás una silla o un banco firme, de una altura que sea ideal para ti. Las articulaciones de la cadera deben estar ligeramente por encima de las rodillas.

La exploración tiene cuatro etapas. Primero te acostumbrarás al cambio de peso entre la pelvis y los pies, meciéndote hacia delante y hacia atrás. En la etapa siguiente, te dejarás ir hacia delante hasta que el torso esté colgando, cabeza abajo, sobre los pies. En la tercera etapa, desplegarás la columna a partir de esa posición cabeza abajo. La cabeza y el pecho ascenderán al ser empujados desde abajo.

Una vez que estas tres acciones te resulten cómodas y fáciles, aprenderás a dejar que el impulso parta del centro de tu cuerpo. A medida que el movimiento de balanceo se refine, irás descubriendo una forma socialmente más aceptable de ponerte de pie.

Prepárate para hacer un poco de comedia, porque el proceso del aprendizaje te hace pasar por algunos estadios propios del antropoide, pero merece la pena que hagas algunas monerías para evolucionar hacia un uso más cómodo de tu estructura.

◆

GUIÓN 23

Para pasar de estar sentado a estar de pie

Siéntate en una silla firme de una altura que te permita tener las articulaciones de las caderas ligeramente más elevadas que las rodillas. Los pies descansan en el suelo. Los muslos apuntan hacia delante, y los talones están justo debajo de las rodillas. Deja que los brazos cuelguen junto al torso, con las manos relajadas al lado de los muslos.

Inclina lentamente el cuerpo hacia delante más allá de los isquiones, ... dejando que la parte superior del torso y la pelvis desciendan juntos, ... relajando el cuello de manera que la cabeza caiga hacia abajo, ... y los hombros para que los brazos cuelguen, flojos. Haz una pausa cuando el ángulo de inclinación del torso sea aproximadamente de sesenta grados. Siente cómo el peso de tu cuerpo se apoya en el trípode formado por los pies y la pelvis.

Ahora, haz presión sobre los pies para girar la pelvis y devolverla a su nivel anterior, ... y deja que la columna se despliegue hasta quedar recta.

Repite el movimiento de mecerte hacia delante, esta vez bajando un poco más y dejando que tu peso se traslade a las piernas y los pies a medida que el torso desciende. Ahora, haz presión con los pies para llevar de nuevo el peso a la pelvis y hacia arriba por la columna. Toma conciencia de tu relación con la gravedad cuando vuelvas otra vez a mecerte hacia delante, ... y hacia atrás.

Ahora haz retroceder un pie hasta que el talón esté justo debajo del borde de la silla. Esta vez, al mecerte hacia delante, deja que el impulso te lleve sobre los pies, ... y que la parte superior del cuerpo cuelgue, relajada, con la cabeza hacia abajo y los brazos colgando. La mitad posterior de tu cuerpo se relaja, ... descansando sobre la mitad anterior. Durante un momento, tu cuerpo está suspendido de un punto de equilibrio dinámico. Después, deja que la pelvis vuelva a caer hacia atrás, sobre la silla, ... y despliega el torso, el cuello y la cabeza hasta volver a sentarte en posición erguida.

Una vez más, mécete hacia delante, ... colgando cabeza abajo como un chimpancé, ... y hacia atrás sobre la silla, ... y hazlo de nuevo.

Esta vez, en el momento en que alcances el punto de equilibrio abajo-arriba, hunde los pies en la Tierra. A medida que las rodillas se enderezan, la pelvis se ve empujada hacia arriba y la columna se desenrolla hasta la posición de pie. El peso se apoya en el pie que está delante, preparado para dar un paso.

Para volver a sentarte, invierte la acción: deja caer la cabeza hacia delante y flexiona las rodillas de modo que te apoyes directamente sobre el pie que está delante. Cuando tengas el torso colgando, deja que tu peso se desplace hacia el pie de atrás y que la pelvis caiga sobre el asiento. Ahora despliega la columna hasta enderezarla.

Comprendiendo que esta manera estilizada de enderezarte y de sentarte todavía no es un movimiento «sin costuras», repite varias veces más la secuencia. Concentra la atención en tu relación con la gravedad, en el momento en que tu propio impulso te empuja hacia arriba.

Para ponerte de pie, balancea el torso hacia delante, ... cayendo sobre los pies, ... empujando hacia la Tierra, ... y las rodillas se enderezan, ... la pelvis se eleva, ... el torso se despliega.

Para sentarte, mueve la cabeza hacia delante, ... flexiona las rodillas,

... y tu peso descenderá sobre el pie que tienes delante. Con la cabeza colgando hacia abajo, deja que tu peso vuelva al pie de atrás, ... y que la pelvis caiga sobre el asiento, ... y desenrolla la columna.

Observa que la parte superior de tu cuerpo acompaña al movimiento tanto al ponerte en pie como al sentarte. Centra tu atención en la coordinación de las articulaciones de las piernas y de la pelvis mientras realizas una vez más el ejercicio. La mitad superior de tu cuerpo se mueve porque está pegada a la mitad inferior. Fíjate también en que la parte dorsal de tu cuerpo está relajada y descansa sobre la parte frontal.

Ahora estás en condiciones de encontrar una manera de sentarte y de ponerte de pie que sea más aceptable socialmente. Vas a reducir el movimiento exagerado de plegar y desplegar la columna, y en vez de caer completamente hacia delante sobre la mitad frontal de tu cuerpo, dejarás que el impulso se traslade hacia arriba pasando por tu centro.

Esta vez, al mecerte hacia delante sobre los pies, deja que la parte superior de tu cuerpo empiece a elevarse justo antes de empezar a caer. Despliega el torso y endereza las rodillas sacando partido del impulso hacia delante. Tu cabeza sólo se inclinará ligeramente cuando te balancees hacia delante, y después el impulso hacia arriba la enderezará. La gravedad apoya totalmente tu movimiento de ponerte de pie a través del centro de tu cuerpo.

◆

El Grupo de la Gravedad

—Es increíble —dice Margie jadeando al sentarse ante la barra del café.

La hora punta de la mañana ya ha pasado, así que Pauline tiene tiempo para charlar un poco. Aunque Margie está alborotada con sus propias noticias, se da cuenta de que a Pauline le pasa algo fuera de lo común. Se muestra calmada. Desde las seis de la mañana está sirviendo desayunos, y generalmente, a las nueve está hecha polvo.

—¿Habéis contado con refuerzos durante el turno de la mañana? —pregunta Margie, mirando a su alrededor.

—No, pero es verdad que es que he tenido cierta ayuda —sonríe

Pauline–. Y tú das la impresión de que te hubieras tragado un cana-
rio. ¿Qué es lo que te hace estar tan satisfecha?

–Bueno –responde Margie–, esta mañana decidí prestar atención
a mis articulaciones cuando he salido a correr, y he descubierto cómo
usar los dedos de los pies. Hasta ahora creía que corría con el peso
sobre los pies, pero me parece que me seguía moviendo sobre los bordes externos. Una vez que he corregido la posición de los pies, ¡me he
sentido como si al correr fuera rebotando sobre una base elástica, o
volando sobre una alfombra mágica!

–A mí también la gravedad me ha dado cierta energía extra esta
mañana –comenta Pauline, mientras pone ante su amiga un vaso de
zumo de naranja–. Margie, ¡estoy tan contenta de que hayamos decidido hacer juntas este programa de ejercicios!

–Yo también –Margie sorbe pensativa su zumo–. Nunca me
había dado cuenta de la forma en que me mecía de un lado a otro
hasta que de pronto he dejado de hacerlo. Ahora puedo simplemente
ir hacia delante sin ningún movimiento superfluo.

–Mira, si periódicamente llevamos el coche al mecánico para que
le haga una puesta a punto, es cuestión de sensatez aceptar que si
ponemos nuestro cuerpo a punto, también funcionará mejor.

–Sí, lo sé. Moverme así me hace sentir más ligera.

–Yo también estoy empezando a ver la luz –bromea Pauline–. ¿Te
acuerdas de lo paranoica que estaba con mis muslos? Bueno, pues lo
pasé mal con esos movimientos de las articulaciones porque el libro
decía que tenía que dejar que las piernas se sintieran a la vez sueltas y
pesadas. Estuve a punto de tirarlo por la ventana.

Comprensiva, Margie asiente con la cabeza. Es una suerte que
tengan tiempo para hablar mientras sus impresiones todavía están
frescas.

En ese momento, en el café casi no hay clientes, de modo que
Pauline puede sentarse junto a Margie.

–Pero entonces –continúa–, tuve la corazonada de que, si dejaba
atrás la pesadez, quizás encontrara algo más. Así que seguí adelante.
Cuando me tendí para hacer el ejercicio de integración, me puse a
llorar... sin ninguna razón aparente, salvo que relajar las piernas me
daba cierto sentimiento de tristeza. Pero recordé lo que nos contó

Bill de la vez que sintió pánico mientras exploraba su respiración, y de la forma en que se veía como espectador. Entonces me limité a observarme mientras me sentía triste, y me di cuenta de que ya no sentía las piernas pesadas, sino más bien compactas, como si estuviera tensándolas sin darme cuenta. Y entonces recordé los aparatos ortopédicos que tuve que usar de niña, cuando estaba en primer grado.

–¿Qué te pasaba?

–Era un poco patizamba. Sólo tuve que usar los aparatos durante un año, más o menos, pero los odiaba. Creo que fue como si en aquella época me hubiera desconectado de mis piernas y nunca hubiera vuelto a conectarme con ellas. Simplemente, suprimí todo sentimiento relativo a mis piernas. Quizá la tristeza fuera por haberlas tenido abandonadas durante tanto tiempo.

–Pero ahora has vuelto a conectarte con ellas –le señala suavemente Margie–. ¿Qué sucedió después?

–Después vino la rotación de la pelvis, y cuando la hice sentí una sorprendente sensación de hormigueo en la articulación del muslo y la cadera, como si se estuviera despertando. Sentía la pelvis como si flotara. Y la sigo sintiendo así, ¡y ahora estoy segura de que me voy a librar de esas «alforjas» que tengo en las caderas!

–No me extraña que estés tan radiante un jueves por la mañana –comenta Margie–. Vaya paradoja, que el movimiento en la pelvis te haga sentir tan bien apoyada, ¿no? Tendemos a pensar que la sensación ha de ser de mayor seguridad si tenemos las caderas trabadas en su lugar.

–Lo único que sé –concluye Pauline– es que si me mantengo en contacto con mi centro, puedo moverme con rapidez sin darme prisa. Jamás me he sentido tan cómoda ni tan en paz en mi propio cuerpo.

6

Alas para volar

¿Cómo te sentirías si no tuvieras tensión en los hombros? Para muchas personas, esta posibilidad es inimaginable. El principal medio de locomoción de nuestros lejanos antepasados era saltar de árbol en árbol, una actividad que debe de haber relajado cualquier tensión superflua en la cintura escapular. Por el contrario, es raro que nuestro estilo de vida sedentario nos exija que usemos toda la amplitud de movimiento que potencialmente existe en los hombros. Y como no la usamos, los músculos y las fascias, forzosamente, se acortan.

La tensión en los hombros puede tener una función de protección, haciendo que la cabeza y el pecho se retraigan, como lo hace una tortuga, para protegerse de los golpes de la vida. O también servirnos de motivación al prepararnos para el último esfuerzo antes de la meta. O puede representar un apoyo que compense una deficiencia estructural situada más abajo en el cuerpo. La incomodidad que acompaña a la tensión en los hombros es un mensaje que nos envía el cuerpo, diciéndonos que debemos obtener apoyo o protección de alguna otra manera. El objetivo de este capítulo es ayudarte a encontrar el alivio y la capacidad de la parte superior de tu cuerpo, para que la incomodidad en los hombros pase a ser un recuerdo del pasado

*   *   *

Un mapa de los hombros

La cintura escapular está formada por cuatro partes óseas: dos escápulas (u omóplatos) y dos clavículas. Los omóplatos son planchas triangulares que deben descansar, planas, a lo largo de la parte dorsal de la caja torácica. Están adheridos a la columna, desde su borde interno, por capas de músculos. Las superficies planas de las escápulas, tanto la interior como la exterior, están revestidas de músculos que las adhieren a los costados de las costillas y a la parte superior del brazo, por dentro de la axila. Estos músculos forman un anillo que conecta el brazo, el hombro y la caja torácica y constituye un «punto de partida» para los hombros y los brazos. Este anillo está conectado con la parte inferior del torso por una ancha lámina muscular en forma de V que desde la parte superior del brazo va rodeando el dorso de la caja torácica y, pasando por la gruesa fascia de la parte inferior de la espalda, se inserta en el borde de la pelvis.

Idealmente, cada clavícula va, en línea horizontal, desde la punta más elevada del esternón hasta el anillo del hombro, donde está conectada por ligamentos con el ángulo externo del omóplato. El punto de unión de la clavícula y el omóplato forma una cavidad poco profunda donde encaja la parte superior del brazo. La escasa profundidad de esta fosa permite el amplísimo alcance de los movimientos del brazo, y también hace que la articulación esternoclavicular sea tan susceptible a las dislocaciones. Desde el punto de vista estructural, los hombros son la parte más inestable del cuerpo, pero esa inestabilidad es, precisamente, lo que hace que los brazos sean tan versátiles y expresivos.

El único lugar donde los huesos de los hombros están sólidamente unidos, hueso sobre hueso, es donde la clavícula se encuentra con el esternón. Esa conexión es un punto central alrededor del cual se mueven las clavículas. Cuando éstas se mueven hacia delante, los omóplatos y la parte superior de los brazos también lo hacen. Unos huecos por encima y por debajo de la clavícula indican que ésta se está encabalgando demasiado hacia delante en relación con la caja torácica.

Por muy diversas razones (porque nuestro trabajo nos obliga a mirar hacia delante y hacia abajo, porque la flexión del cuerpo hacia delante proporciona una sensación de seguridad, porque nuestra respiración está restringida o porque la flexión es un resorte eficiente para reacciones rápidas), casi todos tenemos hundida la caja torácica, como resultado de lo cual el esternón no puede prestar a las clavículas el apoyo adecuado. Cuando las clavículas se mueven hacia delante, los omóplatos envuelven las costillas como una estola. Para mantener esta postura, los músculos de la parte frontal de los hombros y de los brazos se acortan de forma crónica, y los músculos que conectan los omóplatos con la columna y la pelvis se debilitan y se vuelven pasivos. La consecuencia es que los omóplatos forman unas «alas» que se mueven de un modo inconexo, arrastrados por los brazos. Cuando los hombros están equilibrados, los omóplatos se quedan atrás, en la espalda, excepto en amplitudes extremas de movimiento. El omóplato está diseñado para funcionar como vínculo de conexión entre el brazo y la columna.

Una dislocación de omóplato puede quedar oculta si la caja torácica está hundida y la parte superior de la columna encorvada. El gran desarrollo muscular, especialmente en los hombres, puede encubrir una buena cantidad de desequilibrios estructurales.

Una actitud de «hombros hacia atrás» no hace más que agravar la mala postura al añadir la tensión muscular adicional de una pose que no es auténtica. A estas alturas, ya te debe resultar familiar la forma en que funciona la compensación en el cuerpo, de modo que puedes comprender que sólo con poner una parte del cuerpo donde creemos que corresponde no obtenemos otro resultado que descolocar alguna otra parte. Obligar a que la cintura escapular se vaya hacia atrás significa que alguna otra porción de la columna compensa yéndose hacia delante. Tanto puede ser la parte inferior de la espalda como la zona situada entre los omóplatos o el cuello. Inténtalo y lo verás. Un uso adecuado de los brazos depende de una alineación equilibrada de la cintura escapular, que a su vez depende del apoyo de la caja torácica, la columna, la pelvis y las piernas.

Valiéndote de este mapa de los hombros, haz que tu compañero te ayude a explorar el terreno. Apoya la mano sobre el omóplato de tu compañero y pídele que mueva el brazo lentamente y de forma aleatoria. Siente la relación del omóplato con el brazo, y fíjate en los movimientos de adaptación que hace la clavícula. ¿De qué manera sientes que el omóplato está conectado con la columna y la caja torácica? ¿Los sientes como piezas pegadas o soldadas, o pueden moverse libremente?

Ahora dedica un tiempo a tomar conciencia de la forma en que mueves los hombros. Haz algunas de tus tareas típicas de todos los días: cepillarte los dientes, lavarte la cabeza, fregar los platos... Observa cómo participan los omóplatos en cada actividad. Después siéntate y, apoyando las manos en un volante imaginario, imita los movimientos de la conducción del coche. ¿Qué es lo que haces con el pecho, los hombros y la cabeza? Fíjate en la sensación que te da el movimiento, e imagínate cómo te verías si pudieras salir de tu cuerpo y mirarte. Como referencia para luego, grábate en un vídeo imaginario al volante.

La columna y los omóplatos como apoyo para los brazos

Como preparación para las exploraciones del brazo y el hombro, repasa el guión 4, en el capítulo 2 (p. 43), que te recordará cómo respirar con todo el cuerpo, las dimensiones de la espalda y los costados, y la correspondencia entre el «paraguas» de las costillas, el diafragma y el suelo de la pelvis. Para apoyar los hombros son necesarias todas las dimensiones del torso.

El guión 24 te recuerda brevemente la tridimensionalidad de la respiración. Una nueva imagen, la de tener branquias debajo de las axilas, te dará una sensación de anchura en la cintura escapular. Entonces, al levantar el brazo hacia el cielo raso y encontrar el punto de equilibrio, tendrás la vivencia de cómo la gravedad te lo sostiene.

Quizás esta sea una exploración que ya hiciste hace tiempo, en tu infancia o adolescencia. Tal vez te estirabas en la cama y charlabas por teléfono con tu mejor amigo o amiga, mientras sin darte cuenta balanceabas un brazo en el aire. O quizá solías balancear el palo de la escoba sobre la palma de la mano. La mayoría hemos olvidado esos juegos con la gravedad, tan sencillos como placenteros. El siguiente guión contrasta la sensación de usar el esfuerzo muscular para mantener el brazo levantado con la de dejar que su apoyo se reparta entre la espalda y la gravedad.

◆

GUIÓN 24

La exploración del apoyo del hombro

Tiéndete en el suelo con las rodillas flexionadas y los pies lo bastante cerca de las caderas como para que sientas que las piernas están sostenidas por los pies. Deja que las piernas se relajen. Siente cómo la respiración se profundiza en la pausa del final de la exhalación. Y observa que la caja torácica responde a la necesidad del cuerpo de recibir más aire, ... aire que entra, ... y aire que sale. Sientes cómo se relaja la espalda, ... y se va adaptando al suelo. Notas también cómo se abren las costillas superiores como un paraguas. Este movimiento reverbera hacia abajo, a través del diafragma, ... y desciende hasta el suelo pelviano a medida que inhalas, ... y exhalas.

Recuerda cómo tu centro interno fluye a través de tu cuerpo, a lo largo, como un oculto torrente ... que va descendiendo por las piernas, ... y entrando en los pies. Y de ese caudal central salen afluentes que van hacia el corazón, ... y penetran en los brazos. A medida que tus hombros se aflojan, ... puedes sentir el movimiento de tu respiración bajo las axilas, ensanchando la parte superior de la caja torácica. Imagínate que estás inspirando y espirando con unas branquias que tienes bajo los brazos.

Con los brazos relajados paralelos al torso, ve doblando gradualmente el codo derecho y llevando las yemas de los dedos hacia el hombro. Muévete muy lentamente. A medida que las yemas de los dedos se aproximan al hombro, el omóplato se relaja hacia atrás, ... cediendo ante el peso adicional del antebrazo. Y mientras sigues respirando, ... siente cómo el omóplato se extiende contra el suelo. Deja que el omóplato se vaya asentando mientras levantas el codo hacia el techo. Deja que el antebrazo y la muñeca permanezcan pasivos. A medida que el antebrazo se aproxima a la vertical, encontrarás un lugar donde el brazo se acomoda, se instala, ... el codo parece suspendido en el aire, ... sostenido por la gravedad.

Y ahora, gradualmente, desdobla el codo, extendiendo el antebrazo hacia el cielo raso. Extiende la muñeca, de manera que los dedos apunten hacia arriba. Deja que el peso de todo el brazo se hunda en el omóplato. Te sientes como si el brazo pudiera mantenerse durante largo tiempo en equilibrio.

Ahora, con el brazo todavía suspendido, contrae los músculos de la axila. Haz como si estuvieras tratando de esconder una moneda en el pliegue axilar, y fíjate en la tensión que esto provoca en el hombro, el cuello y la parte superior de la espalda. Y ahora suelta esa moneda imaginaria, dejando que la axila se afloje. Siente cómo el brazo se relaja en la articulación, ... y observa cómo la flojedad del cuello, la espalda y los hombros ayuda a que la gravedad te sostenga el brazo.

Dentro de un momento vas a dejar que el brazo vuelva a su posición de partida, a lo largo del torso. El brazo caerá cuando tú exhales. Mantén el codo y la muñeca rectos, pero no trabados. Cuando relajes por completo los músculos de la axila, el brazo caerá como un árbol en el bosque. Ahora, haz una inspiración, ... exhala y déjalo caer.

Repite esta primera parte del guión con el brazo izquierdo y después continúa con el resto de la exploración.

Lentamente, lleva el brazo derecho a la posición vertical. Relaja el omóplato, ... para dejar que el brazo se acomode en la articulación del hombro.

Ahora lleva las puntas de los dedos hacia el techo, de modo que la caja torácica y el omóplato se levanten del suelo. Observa cuánto esfuerzo te requiere. Después, con una exhalación, deja que las costillas vuelvan a descansar en la gravedad. ... Deja que el omóplato se relaje, y que el peso del brazo se hunda en la articulación del hombro. Nota cuánto más fácil es relajarte y dejar que la gravedad te sostenga el brazo.

Y, mientras exhalas, ... deja que el brazo se desplome como un árbol.

Repite esta exploración con el brazo izquierdo. Si uno de los brazos tiene más dificultad para sentir el apoyo de la gravedad, dedica más tiempo a ese lado.

♦

Recupera el lugar del codo

La mayoría de las personas sostienen los brazos con la tensión que recorre la parte alta de los hombros y el cuello, confiando en que los músculos de la parte superior del brazo se hagan cargo del movimiento. Esta pauta hace que los brazos parezcan (y que se los sienta) como desconectados del resto del cuerpo. Una vez que puedas dejar que los omóplatos y la espalda sostengan el peso de los brazos, sentirás cómo su movimiento se vuelve más fácil y más conectado.

Todos los músculos que determinan una acción equilibrada del hombro se insertan en el brazo; el antebrazo no participa en ello. Una manera simple de concentrar la atención en el movimiento del hombro es hacer como si el brazo se terminara en el codo.

El guión 25 te enseñará a guiar los movimientos del brazo desde el codo. Te ayudará también a relajar la zona de la axila, donde puede que la relación entre el brazo y el omóplato sea demasiado tensa. Cuando el omóplato está libre, puede mediar entre la columna y el brazo y hacer los pequeños ajustes necesarios para que el brazo se mueva de un modo fluido.

Recuerda que has de realizar esta exploración con la lentitud necesaria para dar lugar a los sutiles ajustes que debe hacer el cuerpo para conectar los brazos con tu centro.

◆

GUIÓN 25

Cómo guiar el movimiento desde el codo

Tendido de espaldas y con las rodillas flexionadas, deja que tu cuerpo se relaje hundiéndose en el suelo, ... y que el aliento fluya a través de tu centro, penetrando en las piernas y los pies. Con el brazo derecho flexionado, levanta el codo hacia el cielo raso, dejando que las puntas de los dedos se balanceen suavemente cerca de la mejilla. Siente que el omóplato soporta el peso del brazo y, con mucha lentitud, traza un pequeño círculo en el aire con la punta del codo. Nota cómo el omó-

plato se adapta suavemente al ángulo cambiante del brazo. ... Y ahora invierte la dirección del círculo, moviéndote siempre con la lentitud de un caracol.

Vuelve el codo a la vertical. Esta vez, lentamente, muévelo de lado, alejándolo del cuerpo. Si respiras a través de tus branquias imaginarias, ... podrás sentir cómo la axila se abre a medida que el codo se aproxima al suelo.

Con el brazo apoyado en el suelo, siente tu aliento moviéndose en tu espalda, ... entre los omóplatos. Y lentamente, devuelve el codo a la posición vertical, dejando que la axila se mantenga relajada. A medida que el codo se levanta, parece como si el brazo cayera cuesta arriba, ... y tú sientes que el peso del brazo pasa a través de la articulación, ... penetra en el omóplato, ... y en la espalda. ... Mientras exhalas, deja que el brazo derecho vuelva a su lugar de descanso a tu lado.

Repite los círculos con el codo y el movimiento de extensión lateral con el brazo izquierdo.

Ahora, con ambos codos flexionados y los dedos en el escote, levanta los brazos hacia el cielo raso. Y, a la vez que dejas que la respiración te abra el paraguas que tienes en el interior de la caja torácica, ... mueve ambos codos hacia fuera, apartándolos entre sí. A medida que los brazos se aproximan al suelo, siente cómo la espalda se afloja y se ensancha, ... y las axilas se aflojan. Deja que los pies, la columna y la caja torácica se hundan profundamente en el suelo, conectándote con la Tierra.

Y ahora, mientras vuelves a levantar lentamente los codos hacia el cielo raso, ... sigue dejando que la columna se abandone a la gravedad. Deja que la parte inferior de tu cuerpo apoye el movimiento de la cintura escapular.

Una vez que los brazos estén verticales, extiende los codos de modo que muñecas y codos estén rectos, pero no trabados. Deja que el peso de los brazos se hunda en la espalda y en los omóplatos. Ahora, mientras las piernas y la espalda apoyan el movimiento, mueve lentamente los brazos, apartándolos entre sí. Cuenta cinco ciclos respiratorios para que los brazos lleguen al suelo. Puedes guiar el movimiento con los codos incluso teniendo los brazos extendidos. Tienes tiempo de sobra para notar la dimensión de tu respiración, ... y para sentir cómo el aliento se mueve a través del centro de tu cuerpo.

Deja los brazos suspendidos al nivel de la superficie del suelo, de modo que el centro de los brazos, los hombros y la espalda permanezca activo en este gesto de apertura. Haz una pausa para respirar con tus branquias imaginarias. Después eleva lentamente los brazos a la vertical, ... y respira, ... durante cinco inhalaciones y cinco exhalaciones. Te parece como si los brazos se te cayeran hacia arriba, a medida que su peso se te hunde en los hombros y la espalda. Presta atención al trayecto de los codos, dejando que los antebrazos sigan el movimiento.

Cuando llegues al punto más alto, haz una pausa. Luego repite lentamente el movimiento de extensión lateral del brazo. Concéntrate en el movimiento de los codos y en la sensación de apoyo que te dan la espalda y las piernas. Deja que la garganta y la mandíbula se mantengan relajadas. ... Para terminar, deja caer los brazos, primero uno y después el otro, como si fueran árboles de un bosque.

Observa la sensación global que tienes en el cuerpo en este momento, especialmente en los hombros, los brazos y el pecho. Encuentra algunas palabras para describirte esta sensación.

Cuando te parezca bien, disuelve la sensación, y fíjate específicamente en las tensiones que te vayan apareciendo. ¿Tensas el cuello o la mandíbula? ¿Se te vuelve más superficial la respiración? ¿Qué sientes en las axilas, en los omóplatos, en las costillas, en los muslos y en las nalgas? Cada vez que identifiques algún viejo hábito, vuelve a establecer las nuevas sensaciones, atendiendo bien a los pasos que necesites dar para hacerlo.

◆

Los brazos caen cuesta arriba

En el guión 26 levantarás el brazo desde el costado del cuerpo hasta una posición flexionada, guiando los movimientos con el codo y dejando que el omóplato se acomode al desplazamiento del peso de tu brazo. Lo harás a una velocidad moderada, entrenándote para encontrar, sin vacilación, el punto de partida para el brazo. Aunque lo estés levantando, la sensación que tendrás será que el brazo se te cae hacia arriba, algo muy diferente de lo que sientes al inmovilizar el omóplato y levantar el brazo apoyándolo contra él.

Después practicarás la relajación necesaria para dejar que el brazo levantado vuelva a caer a tu lado sin vacilación. Si tienes mucha tensión en el hombro, tal vez te resulte extrañamente difícil dejar que el brazo se desplome como un árbol. Te encontrarás controlando el movimiento del brazo durante parte de su descenso, hasta que sientas que no hay peligro al relajarlo. O quizá dejes el codo flexionado en vez de relajar solamente los músculos de la axila. El objetivo es centrar la relajación en la articulación del hombro y aflojarlo todo de una vez de manera que la zambullida se la dé el brazo entero. Una manera de conseguirlo, si te cuesta, es bajar el brazo hasta un ángulo en que sientas que no hay peligro al relajarlo. Concéntrate en la sensación de liberación en el momento en que el brazo está «en vuelo» y siente el placer de ese momento. Después, gradualmente, ve acercándote a una posición de partida cada vez más vertical.

◆

GUIÓN 26

Levantar y dejar caer el brazo

Tiéndete en el suelo con las rodillas flexionadas, sintiendo el apoyo de la tierra. Deja que el abdomen se relaje, ... y toma conciencia del movimiento de la respiración a través de tu centro. La caja torácica se expande en todas las dimensiones.

Con el brazo derecho extendido a lo largo del torso, mantén el codo y la muñeca firmes, pero no trabados. Para levantar el brazo hacia el techo, ve guiándolo desde el codo. Siente cómo la espalda y el omóplato reciben el peso del brazo a medida que éste se levanta. Relaja los músculos de la axila, ... y deja que el brazo descanse en la articulación del hombro ... y encuentre una zona de equilibrio. La espalda y el hombro forman el casco de un barco, ... y el brazo es el palo mayor. Tu brazo podría, sin esfuerzo, balancearse allí durante largo tiempo.

Cuando te parezca bien, deja caer súbitamente el brazo a tu costado.
Siente el placer del momento en que el brazo vuela a través del aire.

Practica este ejercicio dejando caer varias veces cada brazo.

◆

Los dos ejes

El guión 27 se inicia ayudándote a integrar el nuevo equilibrio de los hombros con el de las caderas y la pelvis, y a explorar esta integración en la posición de pie. Te imaginarás un eje horizontal alrededor del cual pivotan los brazos cuando se flexionan hacia delante. Con este eje en su lugar practicarás el movimiento de rotación de la pelvis, fijándote en el eje horizontal entre las caderas. Cuando te desenrolles para ponerte en pie, tomarás conciencia de que tus bisagras horizontales están perpendiculares al alargamiento vertical de tu centro interno.

Cuando practiques la rotación pelviana, ten conciencia de las crecientes sensaciones de movimiento en la parte superior del torso al girar la pelvis. Las exploraciones que practicamos en el capítulo anterior han relajado tu centro de manera que ahora puedes percibir con más nitidez los desplazamientos sutiles del peso. Cuando tu centro está abierto, sientes la rotación de la pelvis como una ola de energía que ascendiera hacia la cabeza, como un río que fluyera hacia el norte a través de un cañón.

Este guión continúa con una serie de pautas que te recordarán el apoyo para estar de pie, y luego te ayudará a explorar los movimientos del brazo en la posición erguida. El omóplato se une al movimiento del codo con el apoyo de la columna y la pelvis. A medida que te familiarices con la estrategia de este movimiento, los gestos del brazo irán iniciándose desde la cara inferior del brazo y no desde la parte alta del hombro y el lado frontal del brazo. El uso equilibrado de los músculos del hombro y de la columna hace que se sienta el peso del codo, y esta sensación de que los codos pesan ayuda a cambiar el modo de mover el brazo y libera la tensión del hombro.

◆

GUIÓN 27

La integración de los hombros y la pelvis

Tiéndete en el suelo con las rodillas flexionadas, y deja que los pies y las caderas sostengan el peso de las piernas. Imagínate que de axila a axila, a través de la cintura escapular, corre un eje horizontal, por dentro de la caja torácica y perpendicular a tu centro interno. Cuando inhalas con tus branquias imaginarias, puedes sentir cómo se te ensanchan los hombros a través de este eje horizontal.

Comienza con los brazos a lo largo del torso y elévalos hacia el techo, girando el movimiento con los codos. Observa cómo pivotan los brazos alrededor del eje, ... y encuentra la zona de equilibrio cuando los brazos lleguen a la vertical.

Ahora deja descansar allí los brazos e imagínate un segundo eje que te pasa a través de la pelvis desde una articulación de la cadera a la otra. Al exhalar, dirige los isquiones hacia los talones y presiona ligeramente las plantas de los pies, ... dejando que el suelo pelviano se eleve a medida que la pelvis va rotando hacia atrás alrededor de su eje. Apoyando apenas un poco más de peso en los pies, deja que la pelvis se levante del suelo. Nota cómo tu peso se mueve hacia arriba, ... fluyendo como un río por el cañón de tu cuerpo, ... hasta llegar a los hombros.

Y lentamente, deja que el peso vuelva a bajar a través de tu centro, ... y de la pelvis, ... hasta descansar. Luego deja caer primero un brazo, ... y después el otro.

Si has tenido los ojos cerrados, ábrelos. Tómate unos momentos para volver a orientarte en tu ambiente.

Con el sentimiento de que abandonas la Tierra, rueda hasta ponerte de costado, y apóyate luego sobre manos y pies. Sitúa las rodillas aproximadamente a la misma distancia entre sí que los pezones. Apoya el peso sobre los pies, pero deja que los brazos y el cuerpo sigan colgando. El cuello se mantiene relajado, y la cabeza pende hacia abajo.

Recuerda que tu base de sustentación está en las plantas de los pies, ... piensa en la amplitud de tu suelo pelviano, ... y en la sensación de apertura a lo ancho de la pelvis. Y, siempre con la cabeza colgando hacia abajo, acuérdate de respirar.

A medida que te desenroscas para ponerte de pie, las articulaciones trabajan en armonía, ... los tobillos, las rodillas y las caderas se despliegan, ... y la pelvis gira alrededor del eje que te atraviesa las caderas. Cuando la columna se levanta, los hombros se vuelven a deslizar hacia atrás, alrededor del eje que los atraviesa. La cabeza sigue colgando relajada a medida que va volviendo a su posición normal, erguida sobre la columna. El suelo pelviano y el diafragma, espaciosos, sostienen el peso del torso. Cuando la clavícula se eleva, la cabeza sube sin ningún esfuerzo, ... y descansa en lo alto de la caja torácica.

Una vez que estés de pie, flexiona lentamente las rodillas, usando un ciclo respiratorio para bajar y otro para subir. Con el peso centrado en las plantas de los pies, ... baja lentamente unos cinco centímetros el suelo pelviano. Mantén los glúteos relajados, dejando que la pelvis se sienta ancha y abierta, como si estuvieras sobre una silla de montar. Con la cabeza erguida, tus ojos miran con calma hacia delante. ... Al levantarte, puedes sentir que tu base de sustentación está en las plantas de los pies, ... y tomar conciencia de las dimensiones de tu cuerpo, la parte frontal, ... los costados ... y la espalda, ... distribuidas de modo uniforme alrededor de tu núcleo central.

Cómodamente de pie, levanta un brazo hacia delante, llevándolo desde el costado del cuerpo hasta la altura del hombro. Mientras relajas la axila y el omóplato, ... imagínate que te empujan el brazo desde abajo. Guía el movimiento con el codo. Siente cómo el omóplato se desliza a lo largo de la espalda mientras va transmitiendo al brazo el apoyo de la parte inferior de la columna. Respira con tu paraguas interno y deja que el brazo encuentre su punto de partida en la articulación del hombro. Entonces, deja que el brazo caiga libremente al costado del cuerpo.

Ahora, moviéndote con más rapidez, balancea varias veces el brazo arriba y abajo, dejando que la columna apoye la flexión del hombro. ...

Explora este mismo movimiento con el otro brazo. ...

Acto seguido explora el movimiento con ambos brazos simultáneamente. Deja que los brazos se levanten mientras exhalas. A medida que los brazos se desplazan hacia delante y hacia arriba, siente cómo, a través de las plantas de los pies, tu núcleo central descansa en el interior de la Tierra.

Mientras dejas que los brazos se te aflojen un momento a los costados, coloca el pie derecho un paso más adelante que el izquierdo y empieza a mecerte hacia atrás y hacia delante, desde la planta de un pie a la planta del otro. Mantén los glúteos relajados, y el suelo pelviano abierto, ... y deja que la acción de las piernas reverbere hacia arriba a través de la pelvis, introduciéndose en el torso. Observa que se produce el balanceo natural de los brazos. Sigue meciéndote suavemente hacia delante y hacia atrás, ... y poco a poco ve extendiendo el movimiento oscilatorio a través de la parte alta de la columna. Ahora, automáticamente, la oscilación de los brazos es mayor. Deja que los codos suban, guiados por la cara inferior de los brazos.

Y ahora usa este movimiento mientras imaginas que tratas de alcanzar algo colocado en un estante alto. Si empujas desde el pie que está detrás hacia el que está delante, y simultáneamente extiendes la parte alta de la columna, tus brazos se levantarán sin esfuerzo.

El manejo del mundo

Tómate el tiempo necesario para remodelar algunas de las actividades que habitualmente practicas en posición sentada. Siéntate en tu lugar de trabajo y pasa revista a algunas de tus tareas típicas. ¿Recuerdas el cambio de peso en posición sentada que practicaste en el capítulo 3? Inicia los movimientos que haces cuando intentas alcanzar algo con los brazos desplazando el peso a través del suelo pelviano. Así el pecho se mantiene abierto en vez de hundirse y, al mantener su dimensión plena, te sostiene los hombros. También te permite respirar libremente. Cuando te estires a través del escritorio para alcanzar el teléfono, guía el movimiento con la parte interna del codo, dejando que el brazo se mueva hacia delante a partir de la espalda.

Para entender de verdad cómo funciona, debes asegurarte de que tu asiento te sostiene de la forma adecuada. Esto es especialmente importante para las sillas en que permaneces largo tiempo haciendo un trabajo intenso. La silla de altura ideal te sitúa las caderas en una posición ligeramente más alta que las rodillas, de manera que el peso de las piernas pueda estar apoyado en los pies. Las típicas sillas plegables y la mayor parte de las mesas y de los escritorios están pensados para personas de una altura aproximada de 1,70 m, lo cual significa que el resto de la gente debe evaluar las características de su lugar de trabajo para asegurarse de que se adaptan a las de su cuerpo.

Los asientos de los automóviles son muy poco adecuados. Su diseño es una combinación de seductora blandura y el encanto de un piloto de carreras. Búscate unos cojines para llenar los huecos de asientos y respaldos. Y la próxima vez, cómprate un coche con suficiente espacio para tener el cuerpo erguido, de modo que puedas sentir el apoyo de la pelvis sin desear abrirle un agujero en el techo.

De paso, ¿recuerdas aquel vídeo que grabaste de ti al volante? ¿Qué semejanza tiene con la forma en que conduces ahora? Recuerda que has de hacerlo con «los codos pesados».

Una vez que le hayas «pescado la onda» al movimiento del brazo con apoyo, procura remodelar de acuerdo con ello algunas actividades familiares de las que practicas de pie. Escoge algo simple y repetitivo, como planchar una camisa o barrer. Recuerda que has de tener el apoyo de los pies y mantener amplio el suelo de la pelvis. Deja que el trabajo pesado se haga en la parte inferior de tu cuerpo, usando las piernas para desplazar tu peso. Utiliza los brazos principalmente para agarrar, guiar o conducir. Respira libremente, y deja que los codos oscilen separándose de la espalda. Esto hará que pasar la aspiradora se convierta en una experiencia completamente nueva.

Y ahora controla tu modo de andar. La relajación adicional de los hombros hará que, al caminar, sientas que el movimiento está más conectado con toda la longitud de tu columna; cada paso reverbera a través de tu centro interno.

El Grupo de la Gravedad

—La clave está en la pelvis —murmura Bill para sus adentros, decidido a dominar su saque al jugar a tenis—. Cada vez que meto la pata, es la condenada historia de meter el cóccix hacia abajo. Al hacerlo, pierdo terreno.

Se detiene, se sacude bien y hace algunas inspiraciones tranquilas y profundas, mirando distraídamente a los niños que se columpian, más allá de las pistas de tenis, en el área de juegos, mientras inconscientemente deja oscilar el cuerpo de un pie al otro, siguiendo el movimiento de balanceo de ellos.

–De acuerdo –reflexiona en voz alta–. Se supone que la pelvis es una estación repetidora. Si mantengo el cóccix hacia abajo, eso impide que el movimiento suba libremente a lo largo de la columna y se canalice por los brazos hacia fuera.

Hace algunos movimientos más de práctica, dejando que el hueso púbico baje ligeramente e imaginándose con unas enormes caderas de hipopótamo. Eso da más sustancia a las piernas.

–Así va mejor –piensa–, pero todavía falta algo.

Oye un graznido familiar, y ve que un cuervo se posa sobre un poste telefónico.

–¡Esto es!

Ahora, Bill bate los brazos arriba y abajo. Siente como si unas grandes alas negras se le abrieran en abanico, desde la base de la espalda hasta los codos. Ni siquiera se da cuenta del espectáculo que está dando. Larguirucho ya no existe. Al desplazar el peso hacia atrás, sobre el pie derecho, es como si los codos volaran por el aire.

¡Zas!

–¡Vaya saque!

Pauline está tendida en el suelo de la sala de estar, con los cuatro miembros levantados en el aire.

—Pareces un bicho muerto –se burla Margie, pellizcándole el dedo gordo del pie.

–Tal vez –comenta Pauline, mientras se da la vuelta lentamente–. Pero, ¿sabes una cosa? Creo que por fin entiendo qué es eso de iniciar el movimiento desde el centro del cuerpo –y se sienta, deseosa de compartir su descubrimiento–. Realmente, ahora comprendo eso de dejar que los brazos te salgan del corazón en vez de estar clavados en la punta de los hombros. Es como cantar... algo que tiene que salir de dentro.

–A ver, sigue –la anima Margie, sentándose en el sofá.

—Bueno, en realidad, todavía no uso siempre los brazos de esa forma, pero por lo menos me doy cuenta de cuándo no lo hago. Es como en el trabajo. Cuando me va invadiendo la sensación de que estoy tensa, y de pronto me encuentro con que tengo los hombros levantados hasta las orejas, entonces sé que he perdido la conciencia de mi centro —y Pauline hace una demostración de la actitud.

—Y cuando te pasa eso, ¿qué haces?

—¡Respirar! —Pauline hace oscilar ampliamente los brazos, liberándose de una camisa de fuerza imaginaria—. Recordar que soy un ser tridimensional. Me digo que tengo que ser consciente de mis piernas y dejar que la pelvis se abra, para que así la espalda tenga apoyo. ¡Y entonces siento los platos mucho más livianos! Y limpio las mesas dirigiendo el movimiento con el codo. La cosa se vuelve un juego.

—¿Algo parecido a «cómo hacer este trabajo con el mínimo esfuerzo»?

—Exacto. ¿Sabes que para sonreír hacen falta menos músculos que para fruncir el ceño? Y te diré algo más. He decidido buscarme un trabajo mejor. En el café empiezo a sentir que me falta el aire, y también quiero ganar más. Podría trabajar en ventas, como Fred.

Pauline se sienta en el sofá junto a Margie.

—A mí me parece bien —aprueba ésta, sonriendo—. De paso, ¿qué es lo que le pasa a Fred? Me dijiste que no estaba sacando gran cosa de su trabajo con la gravedad.

—Bueno, eso es otra historia. La otra noche lo invité a ir conmigo al ballet.

—Que por cierto no es lo que más le entusiasma en la vida —comenta Margie.

—Pero fue. Y yo tuve que ponerme el vestido azul con lentejuelas y las sandalias con tacones plateados. Esa sí que fue una experiencia catártica. Últimamente me he acostumbrado tanto a sentirme conectada con la Tierra que fue como caminar con zancos.

—Hay que ver el precio que pagamos por la belleza, ¿no?

—Fue terrible. Otra vez se me empezaron a trabar las rodillas y me reapareció el dolor en la parte baja de la espalda. Y al final de la velada, también sentía el cuello tenso.

—Entonces, ¿qué vas a hacer con las sandalias plateadas?

–Sospecho que usarlas en el tocador –Pauline se ríe y adopta una postura provocativa sobre el sofá–. Bueno, en realidad no fue tan malo. Estuvimos casi toda la noche sentados. Pero ya sé que no tengo que ponérmelas si salgo a bailar.

–Muy bien. Pero me estabas hablando de Fred.

–Bueno, en el intermedio me empezó a hablar de las diferencias entre los primeros bailarines y el cuerpo de danza. Cómo las estrellas se movían con menos esfuerzo y más gracia. Eso fue lo que me movió a tratar de encontrar en mi propio cuerpo el movimiento a partir del centro. Los brazos de la primera bailarina eran increíbles, por la forma en que parecía que le nacieran en el corazón. Pero todos los bailarines del conjunto te daban la impresión de que hubieran pedido los brazos por catálogo. Eran buenos bailarines y todo eso, pero no parecían conectados. Tal vez suene demasiado sutil, pero una vez que empiezas a ver estas cosas, sabes que no son sutilezas.

–Y Fred, ¿lo veía?

–¡Si él me lo señaló! Tiene mucho ojo para el movimiento. Me gustaría que pudiéramos darnos cuenta de cuál es el origen de su problema con la espalda. Ha empezado a tratarse con quiropraxia, y dice que le va bien, pero estuvo de acuerdo en dar una nueva oportunidad a los ejercicios con la gravedad. Lo invité a venir el domingo por la noche para practicar juntos.

–Oye, si te parece, podría decirle a Bill que viniera también –dice Margie–. Últimamente tiene un aire la mar de presumido, y me gustaría saber qué secretos estructurales habrá descubierto. Piénsatelo y luego me lo dices. Ahora tengo que irme.

–¿A dónde vas?

–Sue me pidió que le diera una mano con Matthew. Sólo tiene diez meses y ya pesa diez kilos. A ella se le hace pesado cargar con él. Me parece que tendría que hacer algunos reajustes corporales para compensar el peso extra del niño, pero la cuestión es cómo hacerlo sin que le provoque ningún problema en la espalda. Ahí está el enigma.

–A ti sí que realmente te gusta esto, ¿no? –observa Pauline–. Tal vez tú también deberías pensar en una nueva profesión.

7

Cara y cruz

Al volver de su clase de canto del sábado por la mañana, Pauline oye un rumor que le parece de sollozos, y que viene de la habitación de Margie. ¿Qué le puede pasar a su compañera, que siempre lo tiene todo tan organizado?

Margie tiene la puerta entreabierta, de modo que Pauline mira hacia adentro. Está enroscada en un gran sillón tapizado, junto a la ventana, con los brazos alrededor de las rodillas, mientras los hombros se le sacuden suavemente y las lágrimas le ruedan por el rostro.

—Margie, ¿qué ha pasado?

Su amiga la mira y, para sorpresa suya, sonríe. Pese a los ojos enrojecidos y las manchas de rímel en la nariz, su expresión es plácida y radiante.

—Oh, Paulie, este trabajo con la gravedad es algo tan asombroso que no me puedo creer la profundidad que alcanza.

Pauline se sienta sobre la alfombra, cerca del sillón, abrazándose a su vez las rodillas, levantadas hasta el mentón.

—¿Qué quieres decir con eso? Parecías hecha polvo.

—La verdad es que todo va muy bien —dice Margie, enderezándose, mientras aporrea un almohadón para acomodarlo—. Es sólo que el universo me ha dado un vuelco por dentro.

—A ver quién está dramatizando ahora —se burla Pauline, aliviada al ver que en realidad no pasa nada, y se echa hacia atrás, apoyándose en las manos.

Pero para Margie su experiencia ha sido muy real.

—Simplemente, empecé con el capítulo sobre el equilibrio de la cabeza —explica—. Lo primero que hay que hacer es cerrar los labios bien tensos para ver si esa tensión se transmite a algún otro lugar del cuerpo. En eso estaba cuando de repente me sentí como si tuviera tres años. Vi la tetera amarilla de mi abuela hecha añicos en el suelo, mientras mamá y papá se gritaban, y todo eso era culpa mía.

A Pauline le llama la atención lo joven que parece Margie en ese momento, como una niña.

—¿Cómo eran las cosas en aquella época? —le pregunta.

—Sospecho que éramos otra de esas «familias disfuncionales» —responde Margie—. Papá se pasaba muchas horas en un trabajo rutinario, y cuando volvía a casa bebía. Mamá se sentía frustrada por ser ama de casa, pero no sabía qué otra cosa podía hacer. Había estudiado arte en la universidad, pero al casarse lo dejó. Se peleaban mucho, y Sue y yo siempre estábamos por el medio.

Margie se levanta y se estira sobre la cama. Con aire ausente, mueve los dedos de los pies y los tobillos hacia arriba y hacia abajo, mirándose el pie izquierdo como si tuviera vida propia. Después de un momento sigue hablando:

—Sabes, todos esos líos de infancia los he visto en terapia... cómo trataba de ser perfecta para que no me echaran las culpas de todo. He trepado por la escalera empresarial, y el verano pasado subí a una montaña de verdad. Puedo ver cómo mi niñez me motivó para llegar a donde estoy. Me gusta mi vida y cómo está encaminada. Realmente, Pauline, las cosas van bien, pero durante unos minutos se me vino encima la tensión de todas las veces que tuve que quedarme callada para no molestar a papá, y el esfuerzo que hice por mantener la paz entre mis padres.

Pauline asiente comprensivamente mientras Margie se da la vuelta y apoya el mentón en las manos.

—Y me pareció como si hubiera estado haciendo lo mismo siempre, remendando las cosas para que los demás no se enfurecieran entre ellos. Y eso me hizo sentir tan cansada... Me hacía falta llorar, y he decidido volver a hacerlo, y entonces me he sentido como me sentía cuando era pequeña.

Pauline ha observado fascinada cómo el rostro de Margie cambiaba mientras le contaba su historia. Mientras le hablaba del hábito de beber de su padre, la mandíbula se le había puesto tensa, como le pasaba después de un día difícil en la oficina. Pero ahora da la impresión de tener los pómulos más anchos y los bordes de la mandíbula más redondeados. Hasta el tono de la piel parece diferente, más rosado.

Las dos mujeres se quedan varios minutos en silencio, cada una perdida en sus pensamientos. Al cabo de un rato, Margie se levanta y va a mirarse en el espejo, girando la cabeza de un lado a otro.

—¿Qué planes tienes para hoy? —pregunta finalmente, volviéndose hacia Pauline.

—Nada en especial. Aunque pensaba comprar algo de comer para ofrecérselo a Fred y Bill mañana.

—Más tarde, ¿tendrás tiempo para leerme los guiones? Creo que tengo que aflojar un poco de tensión en la cabeza, pero ahora me siento realmente «espaciosa».

—Claro —asiente Pauline, maravillándose para sus adentros de que Margie, la «señorita autosuficiente», le haya pedido ayuda—. Tal vez ese libro pueda ayudarnos a entender dónde tienes la cabeza.

Hacer progresos en el juego

La tensión en el cuello, a lo ancho de los hombros y en la base del cráneo es casi una constante en nuestro estilo de vida occidental, y para ello hay tanto razones estructurales como culturales.

Dedica quince minutos en algún centro comercial u otro sitio muy concurrido a observar cómo camina la gente. Presta atención a la cabeza, ese peso de aproximadamente 7 kg que los humanos tenemos que llevar en equilibrio sobre los hombros. Fíjate en las características del movimiento cuando la gente vuelve la cabeza para mirar algo, o cuando gesticula con ella, como durante una conversación. En la mayoría de los casos, verás que son movimientos bruscos y espasmódicos.

Observa la cabeza de la gente mientras camina. Hay muchos a quienes el torso se les va quedando ligeramente detrás de las piernas, de modo que la cabeza se adelanta para compensar el desequilibrio inferior. En otras personas, la cabeza y el pecho se echan hacia delante. De cualquiera de las dos maneras, la cabeza no está sostenida desde abajo, y los músculos del cuello y los hombros deben tensarse para mantenerla erguida. Esta es la razón estructural por la cual el cuello se nos pone tan rígido. Una cabeza que se mueve con libertad se mece sutilmente de lado a lado o de arriba abajo, según de qué manera responda la columna al modo de andar de la persona. La mayoría de las cabezas dan la impresión de estar soldadas a la columna, como el remate en que termina el asta de la bandera.

Lo que rara vez se ve es una cabeza con un alto grado de capacidad de movimiento, que va flotando al ritmo del paso como una boya sobre un lago. Pero es que la mayoría de las personas jamás han tenido la experiencia de esa forma de apoyo fluido. Imagínate esta clase de apoyo que fluye a lo largo del cuello de una jirafa en un movimiento naturalmente lento. Date cuenta de que ese movimiento de la parte inferior del cuerpo se refleja a través de la columna hasta la cabeza. Allí mismo, en el punto más alto, donde el cráneo se encuentra con la primera vértebra cervical, hay un leve movimiento de balanceo al responder la cabeza a los desplazamientos del peso corporal. Ahí es donde está la articulación de la cabeza.

Verás lo mismo si miras cómo caminan un grupo de niños pequeños, felices y contentos. Su cabeza se balancea ligeramente mientras corretean por el césped. Si los observas con cuidado, verás que el movimiento se produce en el *interior* de la cabeza, y te recordarán esas muñecas chinas que tienen la cabeza montada sobre resortes.

De hecho, la articulación entre la cabeza y la primera vértebra cervical está situada en el interior del cráneo, por detrás del velo del paladar y entre ambos oídos. La mayoría de nosotros movemos la cabeza desde la base del cráneo, a la altura de la línea de nacimiento del pelo, y giramos todo el cuello para volver la cabeza. Nuestra cabeza no tiene libertad para moverse sola porque el lugar donde debería producirse el movimiento, allá arriba entre las orejas, es el lugar donde el remate está soldado al asta de la bandera. El movimiento en el centro de la cabeza y el cuello se encuentra inhibido por la falta de apoyo desde abajo y por la tensión que ello provoca en los músculos profundos del cuello.

En el polo opuesto a los niños se encuentran los ancianos. Algunas personas mayores tienen la cabeza y el cuello tan soldados que para mirar algo que esté detrás de ellas tienen que girar todo el cuerpo, algo que no es el resultado del proceso de envejecimiento, sino de la tensión crónica que les exige el desequilibrio estructural. La estructura, si se la atiende mientras todavía es flexible, puede mantenerse flexible.

En nuestra cultura, hemos aprendido a identificarnos con nuestra cabeza. Observamos que los que se abren camino tienen un rostro hermoso o una mente lúcida, o ambas cosas. Al imitarlos, estamos evaluándonos desde el cuello para arriba. El cuerpo es algo a lo que hay que satisfacer, utilizar y decorar de forma apropiada para que cumpla con su función de andar por ahí llevando la cabeza.

Los antropólogos estudian el origen religioso de la escisión entre mente y cuerpo en la cultura occidental. Las medicinas alternativas y la psicología ofrecen diversos enfoques para sanar dicha escisión. La Integración corporal por el Rolfing-Movimiento (RM) nos ayuda a integrar cabeza y cuerpo mediante el apoyo físico y el movimiento equilibrado.

Durante tu observación de cabezas y cuellos, es probable que adviertas cómo la «contraintención» de alguien se expresa en su estructura. Quizás observes una cabeza que sobresale hacia delante mientras el corazón se queda retrasado, una incongruencia común en nuestra cultura. La contraintención se refuerza con la rigidez muscular, y el resultado es una falta de interés y de sensibilidad no sólo en el cuerpo, sino en la totalidad de la persona; debido a la escisión entre mente y cuerpo, la conexión entre la cabeza y el tronco se vuelve rígida. Al aflojar la tensión en el punto de unión de la cabeza con el cuerpo, es decir, en el cuello, es frecuente que se dejen marchar puntos de vista viejos. Una estructura congruente requiere una conexión flexible entre la cabeza y el cuello. De qué manera afecta a los sentimientos, actitudes y comportamientos la recuperación de esta flexibilidad, es una aventura privada y peculiar de cada individuo.

La tensión en la cara es otro factor que hace que la articulación de la cabeza se ponga rígida. También las tensiones en la mandíbula, debajo de la lengua y alrededor de ojos y oídos afectan a la relación de la cabeza con el cuello. Nuestras intenciones y contraintenciones se reflejan en nuestro rostro más que en ninguna otra parte del cuerpo.

Las máscaras de la tensión

El guión 28 se inicia recordando la forma en que las fascias de todo el cuerpo responden al movimiento de la respiración. Una vez más, te sintonizarás con la suave ondulación de tu centro. Después se te indicará que interrumpas la relajación apretando los labios con tanta fuerza como puedas. Esta tensión facial te producirá rigidez en la garganta y en el pecho, al mismo tiempo que un sutil tensamiento en el centro del cuerpo, que te llegará hasta los pies. Al relajar progresivamente la tensión facial, aflojándola un poco cada vez, podrás percibir con más claridad la conexión entre la cara y el cuerpo. Si el hecho de tener los labios fuertemente apretados no es una expresión facial familiar en tu caso, puedes repetir el experimento con otra que lo sea.

Generalmente, la gente no va por el mundo con la tensión facial extrema que experimentarás en esta exploración, pero con el tiempo cualquier actitud facial se cobrará su precio en la libertad de movimiento de la articulación de la cabeza y en la fluidez de la estructura que la sostiene.

◆

GUIÓN 28

Exploración de la tensión facial

Tiéndete cómodamente en el suelo, con las rodillas sobre un cojín y el cuello sostenido por una toalla doblada si lo deseas. Concentra tu atención en el ritmo de la respiración, ... la inhalación, ... la exhalación... y la pausa. ... Siente cómo se te expande la caja torácica, como un paraguas que se abriera lentamente, ... y cómo los omóplatos se adaptan al movimiento de las costillas al abrirse. A medida que el diafragma se expande, ... el suelo pelviano siente el movimiento de la respiración, ... y todo el cuerpo se te relaja al exhalar, ... y durante la pausa. Mientras las piernas se te hunden lentamente en el cojín, ... te parece como si las rodillas respirasen, ... y las pantorrillas, ... y las plantas de los pies. El centro de tu cuerpo resuena al ritmo de tu respiración.

Dentro de un momento vas a hacer algo que interrumpirá brevemente la sensación de quietud que tienes en el cuerpo. Recuerda que tan pronto como hayas experimentado la interrupción puedes volver a ese sentimiento de comodidad.

Durante unos momentos cierra los labios apretándolos con fuerza y observando lo que te ocurre en el resto del cuerpo. Concentra tu atención en el centro de tu cuerpo mientras aprietas los labios. Observa tu respiración. Ahora relaja la mitad de la tensión en los labios y fíjate en lo que te pasa en el resto del cuerpo. Afloja el cincuenta por ciento de la tensión restante, fijándote en cómo reaccionan el centro de tu cuerpo ... y la respiración. Sigue reduciendo por mitades la tensión facial, sin perder la pista de los cambios que tengan lugar en tu cuerpo.

Y ahora, al aflojar el último resto de tensión en la cara, ... la respiración podrá volver a resonar a través de todo tu cuerpo, ... que estará una vez más apoyado por la gravedad, ... a salvo en casa.

◆

Relajación del tejido conjuntivo de la cabeza y el cuello

El guión 29 induce un estado de relajación profunda para ayudarte a explorar la imagen corporal de tu rostro. Como tu cara te resulta visualmente familiar, sentirla en vez de verla, y sentir la forma en que se apoya en el cráneo, puede ser una experiencia nueva. Al final del guión, se te invitará a deshacer la relajación para que tomes más conciencia de tus tensiones craneales y faciales. Luego volverás a la sensación de comodidad y de apertura.

*   *   *

◆

GUIÓN 29

El apoyo craneal de la cara

Tiéndete cómodamente en el suelo con las rodillas apoyadas sobre un cojín y el cuello sostenido por una toalla doblada si lo prefieres. Deja que la respiración te vaya abriendo con suavidad el paraguas interno de la caja torácica. Siente cómo la parte posterior de la cabeza descansa profundamente en el suelo; ... el cráneo es un cuenco dentro del cual tu atareado cerebro puede instalarse ... y descansar. Y el cuenco parece tener cierta elasticidad, de modo que cuando respiras se ensancha, ... y se ahonda, ... abriendo cada vez más espacio en la parte posterior de la cabeza. Ahora es como si las orejas flotaran al ritmo de la respiración, ... apartándose casi imperceptiblemente una de otra, y dejando más espacio en el interior.

Ahora imagínate que de cada oído te sale un tubito que va hacia el centro de la cabeza y conecta con el otro por dentro, detrás de la nariz, por encima de la garganta. Y esos tubitos son elásticos, ... de modo que puedes sentir cómo reaccionan suavemente al ritmo de tu respiración. Sigue un camino que desde el oído interno desciende por la garganta, ... por detrás de la laringe, ... y baja por la caja torácica, ... hundiéndose en un lugar especial e íntimo de tu pecho. Durante un rato disfruta sintiendo la conexión entre la cabeza y ese sitio, situado en tu corazón.

Y mientras sientes cómo el interior de la cabeza está apoyado por el cuenco elástico del cráneo, advierte que la cara puede descansar cómodamente hundiéndose en el cráneo. Sientes la frente tersa y ancha, y relajada en las sienes. La mandíbula inferior te cuelga floja de las sienes, ... y sientes el paladar blando y ancho. Con los labios suavemente unidos, relaja el espacio que hay entre los últimos molares y siente cómo la mandíbula inferior se halla del todo descansada. Y a medida que se te relaja la raíz de la lengua, ésta queda sostenida por el fondo de la boca. ... Notas que los ojos, que descansan profundamente en sus órbitas, son algo blando y fluido, ... y el ligero movimiento de balanceo de la respiración ... hace que los sientas como dos pequeños botes que se mecen en el leve oleaje de un puerto resguardado.

Los movimientos sutiles que en este momento sientes en la cabeza te resuenan en todo el cuerpo. Al inspirar por la nariz y sentir el aire fresco que te entra en las fosas nasales, sientes también un suave latido en el suelo pelviano, ... en las rodillas, ... en las plantas de los pies. ... Dentro de un momento, vas a deshacer este sentimiento de paz y placidez, para después volver a crearlo.

Vuelve ahora a la sensación que tenías de tu cuerpo antes de que empezaras a relajar la cabeza y la cara. Observa las tensiones familiares que te reaparecen en la cabeza, la cara, la garganta y la parte alta del pecho. Estas tensiones son como la ropa de invierno que en la primavera ya no necesitas. Y ahora deja que se disuelvan al tiempo que vuelves a crear la sensación de comodidad en la cabeza, ... mientras la respiración fluye suavemente por entre todos los huecos y rendijas de la cabeza, la cara, la mandíbula, la garganta y el cuerpo entero.

———————————— ◆ ————————————

La articulación de la cabeza

La rotación de la cabeza, que le permite girar a la derecha y a la izquierda, es posible porque las dos vértebras superiores del cuello pueden funcionar como una articulación esférica. La mayoría de las personas no pueden usar libremente esta articulación debido a la tensión que tienen en el cuello y en la mandíbula, de modo que para girar la cabeza usan en exceso los músculos superficiales del cuello. Giran el asta de la bandera en su totalidad en vez de hacer girar solamente el remate de arriba. La primera parte del guión 30 te ayudará a rehabilitar el movimiento de rotación de la articulación de la cabeza. Recuerda que has de moverte de un modo muy lento; cuanto menos hagas, más podrás sentir en tu centro. La segunda parte del guión se ocupa del movimiento de la cabeza hacia arriba y hacia abajo. La mayoría de las personas también se esfuerzan demasiado al realizar este movimiento, ya que para levantar la cabeza acortan en exceso los músculos de la nuca, y para bajarla empujan la mandíbula hacia la garganta. En este guión aprenderás a guiar el movimiento de inclinación de la cabeza no con el mentón sino con el paladar. Así se activa el eje horizontal entre los oídos, de modo que se siente el movimiento más libre. Con la estructura craneal en equilibrio, no es necesario que los músculos del cuello y de la cara se esfuercen tanto para mover la cabeza.

◆

GUIÓN 30

Girar e inclinar la cabeza alrededor de la articulación

Tiéndete cómodamente en el suelo con las rodillas sobre un cojín y el cuello sostenido por una toalla doblada si así lo prefieres. Mientras recuerdas la sensación del movimiento fluido en la cabeza y la cara, ... la garganta y el pecho, ... imagínate que tienes un rotulador en la punta de la nariz. Con un movimiento lento y uniforme, úsalo para dibujar el borde de un pequeño círculo frente a la nariz. Dedica dos ciclos respiratorios a dibujar ese círculo, en el sentido de las agujas del reloj, ... y mientras lo haces, deja que el peso de la cara y la cabeza descanse en el fondo de ese cuenco que es tu cráneo. Tus ojos reposan con comodidad en sus órbitas, y tu mandíbula está relajada.

Ahora cambia de dirección y haz los círculos en el sentido opuesto al de las agujas del reloj, ... notando cómo el cuenco que es tu cabeza gira suavemente. Parece como si ese movimiento se produjera en el interior de tu cabeza, ... detrás de la nariz, ... entre las orejas.

Lentamente, vuelve ahora la cabeza un poco hacia la derecha, ... girando alrededor de la articulación esférica situada dentro del cráneo. Deja que la parte posterior de la cabeza y el pelo se deslicen pegados al suelo, ... moviendo la parte de atrás de la cabeza hacia la izquierda mientras la cara se vuelve hacia la derecha. Y al volver la parte de atrás de la cabeza a su posición de partida, ... la cara regresa al centro, ... y los músculos del cuello se mantienen flojos, ... con la mandíbula y el mentón relajados.

Ahora, a la vez que giras lentamente la parte posterior de la cabeza hacia la derecha, mueve la cara hacia la izquierda. ... Siente el movimiento que tiene lugar en el interior de la cabeza, ... y mientras ésta vuelve al centro, imagina que este suave movimiento encuentra un silencioso eco allá abajo, en el centro de tu cuerpo.

Para comparar, vuelve lentamente la cabeza a derecha e izquierda del modo en que sueles hacerlo. Nota la diferencia en la tensión de los músculos de la nuca, a lo largo de la garganta, en la mandíbula y en el fondo de la boca.

Tómate un momento para recuperar la sensación de comodidad. ... Sé consciente de tu respiración, ... y guiando el movimiento con la parte posterior de la cabeza, ... gírala una vez más hacia la derecha, ... de nuevo al centro, ... a la izquierda, ... y otra vez al centro.

Mientras sigues respirando cómodamente, ... deja que la cabeza se vaya ahora hacia atrás, deslizando el cuenco del cráneo hacia abajo a lo largo del suelo. Cuando lo hagas, la punta del mentón se te elevará más o menos un par de centímetros hacia el techo. Acto seguido exhala el aire, ... lentamente deja que el cuenco vuelva a deslizarse hacia donde estaba al principio, con lo cual tu cara volverá al centro.

Mientras repites este movimiento, nota que cuando la cabeza gira hacia atrás, el paladar se aparta de la nuez de Adán. Con la cabeza en esta posición, sientes la garganta abierta, ... el fondo de la boca relajado, ... la nuca relajada, ... los ojos relajados, ... y sigues respirando con comodidad. El peso de la cabeza descansa en el suelo, hundiéndose profundamente en él.

Para volver a centrar la cabeza, guía lentamente hacia abajo el paladar, ... y deja que los músculos de la garganta, la mandíbula inferior y el cuello se aflojen con tranquilidad.

Imagínate ahora un nuevo eje horizontal entre las orejas. Observa que esa línea es paralela al eje que une los hombros, ... a las divisiones horizontales marcadas por el diafragma y el suelo pelviano, ... y a las articulaciones de las caderas, las rodillas y los tobillos.

Y mientras balanceas una vez más hacia atrás el cuenco de la cabeza, el paladar gira hacia arriba sobre el eje horizontal que va de una oreja a la otra. El movimiento se produce en el interior, profundamente, en el centro de la cabeza, ... sin que la garganta, el cuello y la mandíbula inferior tengan que hacer otra cosa que seguirlo.

Y ahora, mientras permites que el peso de la cabeza se instale en el interior del cuenco, deja que el paladar vuelva lentamente al centro.

Para percibir el contraste, mueve la cabeza de arriba abajo de una manera más familiar. Fíjate en lo que está sucediendo en la nuca, en el interior de la parte alta del pecho, en la mandíbula inferior y en la garganta.

Y ahora repite el nuevo movimiento. Acuérdate del camino, calmado y abierto, que conecta el oído interno con el corazón, ... y deja que la cabeza vuelva lentamente a girar hacia atrás alrededor de su eje ... y regrese a su posición original.

Si has tenido los ojos cerrados, ahora deja que se abran, ... y vuelve a orientarte en tu ambiente. Cuando te parezca bien, apóyate sobre las manos y las rodillas, y ponte de pie como ya lo has hecho en exploraciones anteriores.

◆

Enfocar el mundo
desde la parte de atrás de la cabeza

El guión 31 explora el movimiento de la cabeza en posición sentada. Cuando el movimiento de la articulación de la cabeza está equilibrado, las partes anterior y posterior de la cabeza pesan lo mismo, y se siente que el cráneo sostiene la cara incluso en posición erguida. Este equilibrio alivia también la tensión ocular. Casi todos tenemos muy poca conciencia de la parte posterior de la cabeza, y el movimiento de ésta lo dictan nuestras reacciones a aquello con que nos vemos enfrentados. El énfasis en la cara rompe el equilibrio muscular en la articulación del cuello y el cráneo. El guión 31 nos llama la atención sobre la mitad posterior de la cabeza.

Tras haber tomado conciencia de la parte posterior de la cabeza en posición sentada, te levantarás para caminar un poco durante unos minutos. La parte posterior de la cabeza se encargará del paseo, mientras que la cara se limitará a disfrutarlo.

Una vez que hayas terminado el guión 31, repasa el guión 23 («Para pasar de estar sentado a estar de pie»), en el capítulo 5, página 139. La relajación de la mandíbula, el cuello y los hombros hará que para ti sea sorprendentemente más fácil sentarte y levantarte de diversos asientos.

◆

GUIÓN 31

Moverse desde la parte de atrás de la cabeza

Siéntate en una silla firme, a la altura correcta para tu estructura. Distribuye el peso sobre tu trípode de apoyo, y respirando cómodamente, deja que tu cuerpo descanse sobre la silla de montar que es la pelvis.

Mientras tus ojos reposan en sus órbitas, ... mira sin forzar la vista hacia el horizonte dejando que los ojos reciban lo que ves, en vez de obligarte a verlo. ... Y ahora toma conciencia de la parte posterior de la cabeza, ... desde las orejas hacia atrás alrededor del cuenco del cráneo. Deja que la parte posterior de la cabeza tenga el mismo peso ... e igual importancia ... que tu rostro. Y ahora empieza a volver la parte posterior de la cabeza hacia la derecha, ... dejando que la cara se vaya hacia la izquierda. Podrías imaginarte rasgos en la parte posterior de la cabeza, ... ojos que miran detrás de ti, ... y después dejar que la parte posterior de tu cabeza gire lentamente hacia la izquierda, ... y que la cara se vaya hacia la derecha, ... imaginándote que en la parte posterior de la cabeza tienes una nariz, ... que olfatea a lo lejos detrás de ti.

Ahora, explora moviendo la cabeza en diversas direcciones, ... la parte posterior hacia arriba cuando quieras mirar hacia abajo, ... y después hacia atrás, ... y deja que el peso del cerebro se instale en el interior del cráneo, ... mientras tú contemplas las estrellas.

Sigue moviendo lentamente la cabeza de un lado a otro, y observa que el movimiento proviene de la bisagra que hay dentro y arriba, entre los oídos. Siente que el apoyo del movimiento te llega desde el suelo pelviano, ... desde las plantas de los pies, y desde la Tierra. Siente la suavidad de ese movimiento. Compáralo con la forma en que habitualmente te mueves al mirar a tu alrededor.

Deja que la pelvis gire hacia atrás, hasta tomar una posición más desgarbada, tal como antes solías sentarte. Nota que de esta manera te resulta más difícil mover la cabeza. Esto se debe a que has perdido tus cimientos.

Vuelve a crear tu apoyo y mueve una vez más la cabeza de forma equilibrada.

Ahora repasa el guión 23 («Para pasar de estar sentado a estar de pie»), en la página 139.

Una vez que estés cómodamente de pie, camina por la habitación dejando que la cara descanse sobre la parte posterior de la cabeza, mientras el cuerpo entero se mueve hacia delante como una unidad: cabeza, corazón y vientre en armonía.

◆

La integración estructural

El guión 32 revisa varios movimientos introducidos en las lecciones sobre las articulaciones de las piernas y los hombros, integra estos movimientos con el equilibrio de la cabeza, y te orienta para ponerte de pie y caminar. Este guión se puede usar como una revisión general de la mayor parte de los ejercicios del Juego de la Gravedad. Es una meditación estructural, un mantra del movimiento.

Una vez que hayas encontrado el apoyo de la cabeza en la posición de pie, es probable que tengas la sensación de que tu estatura es mayor o menor. Si habitualmente te tensas estirándote hacia arriba al estar de pie, puede ser que el proceso de relajación integrada te haga sentir más cerca del suelo. Si lo que sueles hacer es hundirte o encorvarte, la nueva integración hará que tu cuerpo parezca y se sienta más alto y esbelto.

Mientras practicas andando, hazlo con la intención de integrar un apoyo fluido a través de todo tu cuerpo, relacionando entre sí, con la gracia y la soltura de un animal que vagabundea en libertad, todas esas articulaciones suavemente lubricadas. Con el cuello y la cara relajados, la cabeza puede seguir a tu ritmo como si fuera una boya que flota sobre un lago tranquilo. Quizá recuerdes que el cuerpo te transmitía esta sensación hace mucho tiempo, en tu infancia, algo tan leve y tan libre que lo sentías como una danza.

* * *

◆

GUIÓN 32

El mantra del movimiento

Tiéndete con las rodillas flexionadas, las plantas de los pies bien apoyadas en el suelo, cerca de las nalgas, y los pies y las rodillas en línea con los pezones. Deja que el aliento circule libremente por todo tu cuerpo, ... siente cómo la cabeza y la cara responden a tu respiración, ... y mientras el aliento te acaricia la parte posterior de la garganta, siente cómo responde el suelo pelviano.

Poco a poco, extiende la pierna derecha, deslizando el pie a lo largo del suelo, con la rótula mirando hacia el techo. Deja que el peso de la pierna se instale en el talón y el isquion. ... Con lentitud, flexiona la articulación del tobillo, dejando que la rodilla y la cadera se doblen pasivamente con el movimiento. Ahora, relajando la pantorrilla y el pie, levanta la rodilla hacia el techo, dejando que el talón se arrastre hacia las nalgas. A medida que la rodilla describe un arco por encima de la pelvis, el pie se levanta del suelo, ... y el peso del muslo encuentra su lugar de descanso en el acetábulo de la articulación de la cadera. Cuando te parezca bien, relaja los músculos de la ingle, aflojando el muslo de manera que el pie caiga suavemente sobre el suelo.

Nota cualquier mínima tensión que pueda habérsete deslizado furtivamente en la cabeza y la cara mientras te concentrabas en el movimiento de la pierna. Agradece a estas tensiones su intento de ayudarte a realizar bien los movimientos de la rodilla. Recuerda que estás aprendiendo a mover el cuerpo con un mínimo de esfuerzo. Y deja que esas tensiones se vayan como a la deriva, ... sabiendo que puedes volver a encontrarlas si alguna vez realmente las necesitas. ... Vuelve a sintonizar con tu respiración, y a descubrir el canal abierto entre los oídos y el corazón, ... y siente que la mandíbula flota perezosa sobre la marea de tu respiración.

Tómate tu tiempo para repetir con la pierna izquierda los movimientos que acabas de practicar: deslízala hacia abajo, ... dobla las articulaciones del tobillo, la rodilla y la cadera como un puente levadizo que se levanta, ... lleva la pierna hacia arriba, por encima de la pelvis, ... relaja la ingle ... y deja caer el pie al suelo.

A continuación, mientras diriges los isquiones hacia los talones, presiona ligeramente ambos pies para que se hundan en el suelo, ... y con las nalgas relajadas, ... siente cómo el suelo de la pelvis se vuelve hacia el techo. ... A medida que tu peso se mueve hacia atrás por encima del sacro ... a través de los hoyuelos de la parte posterior de la pelvis, ... y hacia arriba a través de la parte central de la caja torácica, ... tu cuerpo responde hasta la garganta y la cabeza.

Ahora, mientras exhalas, invierte lentamente el movimiento, ... dejando que tu peso se mueva hacia abajo pasando por tu centro; ... la parte inferior de la columna se estira, ... el peso desciende a través de la pelvis, ... y a través de los pies, hundiéndose en la gravedad.

A medida que tu respiración viene y va, ... tus brazos parecen mecerse lentamente con la marea, como botes amarrados en un puerto tranquilo. ... Ahora, con la muñeca y el codo derechos suavemente extendidos, y guiando el movimiento con el codo, ... ve levantando poco a poco el brazo derecho hasta ponerlo en posición vertical. Deja que el peso del brazo se instale cómodamente en la articulación del hombro, ... sostenido por el omóplato ... y por tu respiración, que te va expandiendo la caja torácica.

Mientras levantas lentamente el brazo izquierdo, fíjate en que puede moverse sin la menor ayuda del cuello ni de la mandíbula.

Dejando que ambos brazos se queden en el aire ... y teniendo presente el eje horizontal que hay entre tus oídos, ... gira suavemente la cabeza hacia atrás, dejando que el paladar apunte hacia arriba, ... y haciendo descansar el peso de la cabeza en el cuenco del cráneo. Entonces, con la mandíbula relajada, ... y la garganta también, ... deja que el paladar guíe tu cabeza hacia atrás y hacia abajo hasta encontrar un lugar cómodo, ... un espacio blando en la nuca. ... Y cuando te parezca bien, afloja los músculos de las axilas y deja que tus brazos, primero uno y después el otro, vuelvan a caer totalmente relajados al suelo.

Si tenías los ojos cerrados, ahora deja que se abran y tómate el tiempo que necesites para volver a orientarte en tu ambiente, ... deja que tu cuerpo siga sintiéndose integrado y completo. ... Ahora, con la sensación de estar entregándote a la gravedad, rueda sobre un costado, ponte sobre las manos y las rodillas ... y apoya tu peso en los pies. Con la cabeza y el torso colgando flojos hacia adelante, y manteniendo tu cuerpo centrado sobre las plantas de los pies, ... despliega gradualmente las articulaciones de las piernas. Cuando el eje que te atraviesa la pelvis haya encontrado su lugar, ... comienza a desplegar la columna, ... dejando que el movimiento tenga lugar en lo más profundo del centro de tu cuerpo. A medida que la caja torácica encuentre su plena dimensión, ... y las clavículas se eleven, ... descubrirás que la cabeza va encontrando un nuevo lugar de apoyo, ... justo sobre el corazón.

Deja que tus ojos estén relajados mientras miras con calma hacia delante. ... Ahora flexiona levemente las rodillas, dejando que tu peso se hunda a través de las plantas de los pies. ... Una vez que sientas espacioso el suelo pelviano, ... y relajados los isquiones y el hueso púbico, ... baja con lentitud el suelo pelviano, unos cinco centímetros. Sin dejar de respirar cómodamente, siente los niveles de apoyo que hay en tu cuerpo: la pelvis descansando sobre los pies, ... el corazón sobre la pelvis, ... y la cabeza sobre el corazón. Y la cadena de apoyo continúa mientras enderezas las rodillas, ... llegando hasta abajo a través de los pies y penetrando en la Tierra para levantarte.

Camina por la habitación, y nota la fluidez de tus articulaciones, ... cómo todo tu cuerpo responde a cada paso que das. Sientes que tus piernas son largas, ... que están suspendidas de la parte inferior de la caja torácica, ... balanceándose ahí abajo, a partir de las articulaciones de la cadera. ... Los muslos se balancean hacia delante, independientemente de los isquiones, ... y las rodillas se desdoblan sin esfuerzo. ... Cada pie rueda desde el talón a través de la planta ... y de la articulación del dedo gordo, ... amortiguando el paso, de manera que sientes que el suelo es blando. Con la columna, el cuello y la cara relajados, la cabeza percibe tu andar como un masaje. Y quizá recuerdes que, hace mucho tiempo, así sentías tu cuerpo, ... integrado, ... ligero y libre.

El Grupo de la Gravedad

—Y recuerda el camino suave y abierto que va de un oído a otro, ... por detrás de la garganta, ... hasta un sitio especial en el interior de tu pecho. Mientras respiras cómodamente...

—Pauline, un momento por favor —pide Margie—. Quiero hacer una prueba.

Se tapa las orejas con las manos. Pauline, intrigada, se detiene y espera.

Mientras con ambas manos bloquea el paso a las impresiones del mundo externo, Margie puede prestar atención al interior de su cuerpo. Tiene en el pecho una sensación que le parece familiar, pero es algo que no está bien del todo. Es una tensión en la respiración, una barrera tensa ahí, en medio del pecho. Al concentrarse en la barrera, advierte algo que hay detrás de ella, como si fuera una pared de ladrillos, y tiene que respirar a su alrededor. Los ladrillos son huecos, y dentro hay dolor, un dolor que no es suyo, sino de sus padres. Los ojos se le llenan de lágrimas.

Durante un momento, a Margie se le tensa la mandíbula, pero después una inspiración profunda le llena todo el cuerpo, y es como si la pared se disolviera.

—No era mía —dice en voz alta, mientras las lágrimas le ruedan por las mejillas.

A Pauline le gustaría saber a qué se refiere, pero no lo pregunta, porque percibe que Margie necesita cierto tiempo para ordenar sus imágenes internas. Al cabo de un rato, Margie hace un gesto afirmativo, y Pauline sigue leyendo.

Cuando han terminado los guiones, Margie se estira y se sienta.

—¡Caramba! —dice con una sonrisa enigmática y sacudiendo la cabeza.

—¿Qué te ha pasado? —pregunta Pauline.

Margie necesita unos minutos para encontrar las palabras.

—Cuando relajé la mandíbula —dice finalmente—, me ha parecido como si dentro del pecho se me abriera un mundo nuevo. Me daba miedo, porque podía ver que era un mundo imperfecto, y que en él había muchísimas cosas con las que yo no podía hacer nada. Realmente, eso no es ninguna novedad. Quiero decir que antes ya lo había visto con mi terapeuta, pero ahora tengo la sensación de que lo siento en lo más profundo de mis células.

—Qué increíble es la profundidad a que llegan tus sentimientos cuando empiezas a trabajar con tu cuerpo —murmura Pauline.

—Eso me da una idea... —Margie se queda un momento con la vista perdida—. Algo que tiene que ver con el tiempo: cómo la mente puede entender las cosas rápidamente, pero nuestras emociones necesitan más tiempo, y el cuerpo... bueno, sin cierta toma de conciencia del cuerpo, ¡jamás podríamos cambiar nada!

—Entonces, la mente es como el relámpago —musita Pauline—, las emociones como el fuego, y el cuerpo..., ¿como qué?

—Como la arcilla, que responde cuando ya está trabajada y caliente, y entonces puedes darle la forma que quieras. —Margie se levanta, extiende ampliamente los brazos y continúa—: ¡Oh, qué sensación tan buena la de tener espacio por dentro! Me estoy dando cuenta de que no importa tanto cómo coloco el pecho, sino la forma en que ocupo el espacio interior.

—Ahora, de pie, te ves más alta —señala Pauline.

Al aflojar la tensión en la mandíbula, Margie se ha liberado también de una actitud, la de estar preparándose siempre para una pelea, y ahora se siente cómoda teniendo las piernas un poco más juntas. Siente que con las piernas exactamente debajo del cuerpo tiene mejor apoyo. Pauline se ha dado cuenta de ello, y eso quiere decir que ha aprendido mucho.

Mientras Margie practica caminando, Pauline nota en ella un aire más gracioso y femenino. Ya no tiene ese contoneo jactancioso al andar, piensa para sus adentros.

Margie se ríe. Ha dejado de andar para mirar la película que en ese momento le pasa por la cabeza. Hay un estrepitoso ruido, y se ve a sí misma, a los tres años, ponerse rígida como si estuviera a punto de gritar. En ese preciso instante, su abuela la levanta, apretándola contra su pecho. La puerta se cierra estrepitosamente, y las voces coléricas de sus padres se mezclan con el rumor de sus pasos por la acera. «Estás bien, Margaret, mi pequeña», la arrulla su abuela. Y hay un aroma de rosas, un sabor de limonada. «Sólo era una vieja tetera amarilla —dice la abuela—, sólo una tempestad en una vieja tetera.»

—¿Qué le ha pasado a tu compañera de piso? —pregunta Fred, mientras señala con un ademán la cocina, donde Margie está sacando una fuente del horno—. ¿Está enamorada?

—En cierto modo —responde Pauline—, pero será mejor que se lo preguntes a ella.

—Hola, Margie —saluda Bill—. ¿Cómo es que te has vuelto tan hogareña? ¿Tienes una cita con tu nuevo jefe?

—Cuidado —bromea Margie mientras dispone sobre la mesa una cesta con patatas fritas—, que se te nota la mentalidad de periódico sensacionalista. Estás viendo a una mujer que está pasando por una transformación estructural.

—Bueno, veo algo diferente. Cuéntamelo.

—Ya te lo contaré, pero no ahora. Los sentimientos son demasiado nuevos. Comprendí una serie de cosas mientras relajaba algunas tensiones en la mandíbula.

—En estos asuntos hay bastante más de lo que se ve a simple vista —comenta Bill—. Hace diez años que uso lentillas, pero me he dado cuenta de que llevo la cabeza como si todavía fuera cargando con un par de gafas pesadas sobre la nariz, especialmente cuando estoy sentado ante mi escritorio.

—Y ya que hablamos de ojos —dice Fred—, me da la impresión de que después de haber trabajado con los guiones me ha mejorado la vista.

—Algo así me pasó a mí también —dice Margie—, aunque yo tengo una visión normal. Y eso me hace pensar si los problemas de la vista, e incluso los del oído, son realmente consecuencias inevitables del envejecimiento.

—Pues mira, eso es como para pensárselo —asiente Fred—. Y resulta coherente cuando te imaginas a toda esa gente de cuello duro y labios apretados. ¿Cómo puede ser que los nervios y los vasos sanguíneos le funcionen bien a alguien que tiene el cuello de acero?

—Antes de que vosotros dos os metáis en vuestras teorías —interviene Pauline—, quiero contaros algo que me ha sucedido. Yo no he practicado el capítulo sobre la cabeza, pero le leí los guiones a Margie. Bueno... esto me da un poco de vergüenza —añade, mientras el grupo se dispone a escuchar.

Cuando estaba al final de la escuela primaria había una chica que tenía una naricita adorablemente respingona. Era rubia y muy popular, y yo pensaba que si hubiera tenido la nariz más pequeña, yo también les habría gustado a los chicos, y trataba de andar con la cara fruncida para que la nariz no me sobresaliera tanto.

–Si tienes una nariz muy bonita –dice Fred, tocándole la punta.

–Ahora a mí también me gusta –asiente Pauline, ruborizándose–, pero, sabes, todavía sigo sintiendo aquella tensión acumulada detrás de los pómulos. Y creo que si puedo relajarla, mejoraría mucho en el canto.

–Pues lo intentaremos –afirma Margie–. Mañana es tu turno.

–A mí, este asunto de la gravedad me parece muy coherente –afirma Fred–. Fijaos en lo importante que sería que la gente pudiera tomar más conciencia de su estructura cuando aprende cosas como el kárate o la danza, o incluso natación. Pero yo sigo teniendo un problema. Aunque sienta el cuerpo más relajado por hacer todas estas exploraciones, todavía sigo sintiendo algo raro en la espalda cuando estoy demasiado tiempo sentado en el mismo lugar.

–Camina un poco, Fred –le sugiere Margie–. Tal vez lo entendamos mejor si vemos cómo te mueves.

Fred cruza varias veces la sala de estar, en ambos sentidos, sintiéndose un poco tonto. Los demás lo observan, tratando de no dejar que la imagen habitual que tienen de su amigo les impida ver su pauta estructural.

–¿Oyes eso? –pregunta Pauline–. Es un andar sincopado. El pie derecho hace más ruido que el izquierdo.

–Y mírale los brazos –señala Bill–. El izquierdo tiene un balanceo normal, pero al derecho apenas se mueve.

–Quédate quieto –le ordena Margie, sumamente interesada–. Fijaos, parece tener todo el lado derecho más bajo que el izquierdo.

–Amigo, das la impresión de estar de pie en un agujero.

–Bill –lo regaña Pauline–, hay veces en que te pasas con tu sentido del humor.

–Esto me viene de familia –se justifica Fred–, pero podríais ayudarme a encontrar la forma de salir de ello.

–Mirad –anuncia Bill, levantando el libro–, el capítulo siguiente habla de equilibrar ambos costados del cuerpo. Vamos a cenar y después podemos ver lo que dice.

8

Los lados de la moneda

La madre Naturaleza no es aficionada a la simetría. Le gusta el equilibrio, pero no la simetría visual. La simetría exige inmovilidad, y la Naturaleza, por el contrario, está siempre en movimiento. La forma y la inclinación de un árbol y los dibujos retorcidos de su corteza revelan su interacción con las fuerzas de la Naturaleza. Los contornos diversos y hermosos de la Tierra son la representación pictórica de su propia danza en movimiento lento.

Es como si los seres humanos admirásemos la simetría y cultiváramos un equilibrio estático para inmovilizar las cosas. Y sin embargo, por dentro, la gente es tan dinámica y tan asimétrica como los árboles. ¿De dónde hemos tomado ese ideal de simetría? ¿O es que estamos ávidos de ella porque no la personificamos?

Al considerar la estructura humana, la simetría es un concepto útil siempre y cuando se lo entienda más bien como un principio orientador que como un objetivo alcanzable. En primer lugar, la forma humana no es, evidentemente, simétrica de la cabeza a los pies. Y un vistazo a un texto de anatomía revela la asimetría que se oculta por debajo de la piel. O sea que, en caso de que la simetría fuese posible, la forma humana sólo podría aproximársele en la superficie, y en sentido horizontal.

Quizá debido a que hay tanta dualidad en la superficie del cuerpo (dos ojos, dos orejas, dos brazos, dos piernas) esperamos encontrarnos con la simetría cuando nos miramos en el espejo. Un ojo está más alto que el otro, nuestra sonrisa está torcida, el bolso se nos resbala más de un hombro que del otro, y al comprarnos pantalones tenemos que hacérnoslos arreglar porque tenemos una pierna más corta.

Observar este tipo de cosas puede ser una frustración, hasta que nos damos cuenta de que el mensaje que nos transmite la asimetría es el de una falta de equilibrio dinámico. La pierna más corta nos habla de una distribución desequilibrada del peso y de un movimiento incongruente. La sonrisa desviada nos dice que las tensiones en la mandíbula son desparejas.

El concepto de simetría es una manera de describirnos visualmente el equilibrio a nosotros mismos. Podemos identificar situaciones de desequilibrio o de incongruencia al contrastarlas con una imagen idealizada del equilibrio.

Mientras que la dominancia de la mano derecha o de la izquierda es un factor en los movimientos unilaterales, la mayor parte de los movimientos humanos vienen dictados por el diseño bilateral de la estructura humana. El movimiento humano, al igual que el vuelo de un pájaro, el crecimiento de un árbol o el movimiento de los estratos geológicos, es una danza con la gravedad. Que esta danza sea armoniosa depende de la congruencia bilateral, de que sea uno capaz de bailar cómodamente consigo mismo dentro de su propia piel.

Los dos lados del cuerpo no tienen que parecerse para que se produzca este equilibrio, pero sí tienen que comunicarse y responderse el uno al otro, y deben compartir responsabilidades. Si continuamente un lado carga con la mayor parte de tu peso, mientras el otro permanece pasivo, tu sensación del centro se desplazará hacia el lado más activo de la estructura. Cuando tu sensación del centro se desplaza aunque sea unos pocos milímetros, tu imagen corporal se distorsiona. Un lado del cuerpo te dará la sensación de ser fluido y flexible, mientras que el otro te parecerá lento y pesado. También puede haber disparidad entre ambos lados en cuanto a la fuerza, o en la sensación de aptitud.

Cuando el cuerpo está en una relación equilibrada con la gravedad, los ejercicios bilaterales como andar, ir en bicicleta y nadar se sienten como actividades congruentes, en las que ambos lados del cuerpo participan por igual en el esfuerzo. Quizá tu imagen corporal no sea idéntica en los dos lados, pero ambos te parecerán igualmente importantes, del mismo modo en que las mitades frontal y dorsal del cuerpo se volvieron igualmente importantes para ti en los primeros capítulos de este libro. Al moverte, la flexibilidad se equiparará con la fuerza en ambos lados, el trabajo con la relajación, y la vitalidad será compartida. Este esquema es válido, sobre todo cuando la apariencia visual del cuerpo se aproxima más al ideal de la simetría.

La evaluación del equilibrio bilateral

Ponte cómodamente de pie, con el peso repartido, los brazos relajados a los costados y los ojos mirando fijos hacia delante. Observa si te parece que uno de los pies hace más presión que el otro en el suelo. Haz el ejercicio de flexionar las rodillas (guión 16, página 112) y fíjate si un pie carga con más peso que el otro cuando llegas a la posición de la rodilla flexionada. Cuando endereces las rodillas, puede que osciles de lado a lado, porque para enderezarte confías más en una pierna que en la otra. Al andar de un modo normal es difícil percibir esta preferencia sutil, de manera que hazlo muy lentamente. Si estuvieras de pie con los pies apoyados en dos básculas de baño, ¿cuál de las dos registraría más peso?

Ahora siéntate en una silla de asiento firme, con los pies en el suelo. Al dejar que el torso se asiente en el cuenco pelviano, ¿sientes un peso un poco mayor en un lado de la pelvis? Uno de los isquiones, ¿se asienta en la silla más profundamente que el otro?

Al caminar, fíjate en el ruido de tus pasos. ¿Hay un pie que pisa con más fuerza? ¿Te detienes más tiempo sobre un pie que sobre el otro? ¿Das un paso más largo con un pie que con el otro? ¿Y qué pasa con el balanceo de los brazos?

Tomar conciencia de la disparidad entre ambos lados es un primer paso importante. Sin embargo, imponer a tu cuerpo una forma de moverse simétrica no serviría más que para aumentar la tensión que ya tienes y causarte incomodidad. Las exploraciones de la imagen corporal que te ofrecemos en este capítulo te ayudarán a desarrollar una sensación interior de armonía entre los dos lados de tu cuerpo.

¿En qué lado te apoyas?

Las razones del desequilibrio estructural entre ambos lados del cuerpo son diversas, pero siempre tienen que ver con el hecho de que sometemos a más estrés o actividad un lado que el otro, haciendo movimientos repetitivos o cargando peso de un solo lado, o debido a una postura física desigual en respuesta a asociaciones emocionales.

El cuerpo se adapta a la forma en que se lo usa. La urdimbre fascial se reorienta constantemente para responder a las presiones del estrés y la actividad, pero una pauta estructural desequilibrada que se repite durante muchos años se vuelve rígida y restringe la capacidad de respuesta del cuerpo ante el estrés. Una pauta que esté reñida con la gravedad causa literalmente un desgaste que por lo general da como resultado incapacidad y dolor.

Los desequilibrios debidos al trabajo son generalmente fáciles de rectificar una vez que te comprometes a adaptar el entorno a tu cuerpo. Un carpintero podría descubrir que el dolor de espalda crónico que lo acosa resulta agravado por el pesado cinturón donde se cuelga las herramientas. Como se las pone del lado de la mano dominante, el cinturón le desquicia la alineación de la pelvis. Una solución podría ser añadir tirantes al cinturón, de modo que parte del peso lo carguen los hombros. También podría disponer las herramientas que usa menos en el lado no dominante.

Cualquiera que tenga que tomar notas mientras habla por teléfono acumulará tensión e incomodidad en el cuello o los hombros. Sostener el receptor entre la oreja y el hombro crea un exceso de tensión en el cuello. La inclinación de la cabeza impone un peso extra a esa mitad del cuerpo, y esta presión puede reflejarse a lo largo de la columna y en la pelvis. Una solución simple son unos auriculares ligeros, que se pueden encontrar en las tiendas de accesorios telefónicos. Quizá sean un poco molestos, pero son una alternativa mejor que usar el cuello como si fuera una mano para sostener el teléfono.

Los dentistas hacen un trabajo muy minucioso con las manos mientras se inclinan por encima del cuerpo de otra persona. Su condición de diestros o zurdos tiende a estabilizar la columna en una posición predominante. Añádase a esto el estrés mental derivado de tener presentes las consecuencias de algún error irreparable. Los actuales equipos de alta tecnología son de gran ayuda, pero estos profesionales necesitan también prestar especial atención a la forma en que usan su cuerpo mientras trabajan. La clave está en el movimiento: en cambiar a menudo la posición de su cuerpo, hacer mover al cliente cada vez que sea posible, y tomarse frecuentes descansos que les permitan liberar el cuerpo de la posición estática del trabajo.

Las actividades de recreación repetitivas pueden ser tan perjudiciales para el cuerpo como los desequilibrios laborales repetitivos. Cuando un jugador de golf golpea la pelota, acentúa la torsión total de su cuerpo de un lado hacia el otro. El resultado de años de esta actividad sin cuidado alguno del cuerpo será que la torsión se incorpore a las fascias como las grietas en el cauce seco de un río. Un movimiento súbito en la dirección contraria puede causar lesiones. El jugador de golf necesita alguna actividad que suavice esta pauta de tensión. Movimientos de estiramiento lento como los del yoga le ayudarán a equilibrar la flexibilidad de ambos lados. Jugar al frontón le ayudará a relajar su *drive*.

Es probable que en la infancia se fomenten inadvertidamente las preferencias corporales unilaterales. A un niño a quien se lo suele llevar a horcajadas sobre la misma cadera se le crea una pauta de tensión fascial que se adapta al desequilibrio de la madre. La comodidad y la seguridad se van asociando inconscientemente con la configuración física resultante.

A medida que el niño se hace mayor, es posible que imite o refleje las actitudes físicas de la madre o del padre. Por ejemplo, si al hablar la madre tiene la costumbre de inclinar la cabeza para mirar a la persona a quien se dirige, el niño imitará esa postura para establecer contacto. Mirar de lado es una actitud que suele ir asociada al astigmatismo, y aunque la vista se pueda corregir con las gafas adecuadas, es probable que el niño siga con el hábito de mirar de lado. El resultado de ello es una posición rotada del cuello, además de un desequilibrio compensatorio más abajo en la columna.

El desequilibrio entre los dos lados del cuerpo se asocia también con una curvatura y torcimiento de la columna que recibe el nombre de escoliosis. Una columna con escoliosis presenta una desviación hacia el costado, como una cuerda que, cuando se la retuerce y se la aprieta mucho, se curva lateralmente. En la mayoría de los casos, el origen de la escoliosis es desconocido.

Si se te ha diagnosticado una escoliosis, deberás prestar especial atención a la pelvis en las exploraciones de este capítulo. Las curvaturas de la columna van de la mano con un tensamiento desparejo de los músculos profundos que, pasando a través de la pelvis, conectan la columna con las piernas. Una escoliosis grave es raras veces reversible, pero un mejor equilibrio en el centro del cuerpo y un apoyo equilibrado en las piernas pueden ayudar a descomprimir la columna vertebral y a aumentar su movilidad.

Las pautas de tensión traumáticas

Del mismo modo que los movimientos repetitivos o las pautas de desarrollo, los traumas físicos o emocionales se incorporan al tejido conjuntivo, y afectan a la forma y la movilidad del cuerpo. El cuerpo se fortalece alrededor de una zona lesionada para protegerla de traumas futuros. Este reforzamiento se refleja en todo el cuerpo a través de la red del tejido conjuntivo.

Una pauta de tensión traumática se convierte en parte integrante de la imagen corporal de una persona. Por más raro que parezca, es frecuente que la pauta esté tan incorporada a su sentimiento de sí misma que se sienta efectivamente atraída hacia situaciones similares a las del trauma original; de ese modo, la persona perpetúa la pauta por la cual se reconoce a sí misma. Cuanto más se fortalezca en su pauta, menos podrá permitir que su cuerpo acepte el apoyo de la gravedad. Al descubrir la comodidad del apoyo gravitatorio, podrá liberarse gradualmente de su prótesis interior e ir expandiendo su imagen corporal para así incluir respuestas internas más versátiles. A medida que la fascia se readapte y vaya recuperando un funcionamiento equilibrado, la mejoría del equilibrio físico servirá de base a una mejoría de la imagen de sí misma que tenga esa persona y de su comportamiento.

En ocasiones, se puede corregir este hábito de encorsetamiento con la simple práctica de nuevos modos de sostener el peso. Supongamos que alguien que hace años se rompió el tobillo se ha acostumbrado desde entonces, como medida de precaución, a apoyar el peso sobre el borde externo del pie que estuvo lesionado. Al aprender formas apropiadas de trabajar la articulación del tobillo y el pie, y al integrar el nuevo movimiento con las articulaciones superiores del cuerpo, esa persona podrá liberarse de la pauta traumática. Sin embargo, si hubo una emoción intensa asociada con la lesión, necesitará encontrar una manera de dejar de acorazarse contra el dolor emocional antes de que sea capaz de llegar a la plena integración de la nueva pauta física. En este capítulo presentaremos los procesos que facilitan la reestructuración emocional, en los que seguiremos profundizando en el capítulo 9.

La simbología del cuerpo y los hemisferios cerebrales

La investigación contemporánea del cerebro nos dice que sus dos hemisferios tienen funciones nítidamente diferentes: el derecho es holista e intuitivo, y el izquierdo lógico y lineal. Como cada uno de los hemisferios controla el lado opuesto del cuerpo, el lado izquierdo tiende a estar asociado con la intuición, la receptividad, la creatividad, los sentimientos, las emociones y los aspectos femeninos de la personalidad. El lado derecho del cuerpo tiene que ver con el pensamiento lógico, la autoridad, la acción autoafirmativa y los aspectos masculinos del carácter. Muchas personas perciben estas cualidades como diferentes tipos de energía en el cuerpo. El equilibrio estructural puede contribuir a la fusión e integración de estas energías.

Unas pocas personas se encontrarán con que tienen cambiada la relación masculino/femenino dentro del cuerpo, y con que sienten las asociaciones más agresivas a la izquierda, y las características pasivas a la derecha. Tu propia experiencia y tus asociaciones deben prevalecer siempre sobre cualquier pauta previamente establecida. Tus experiencias personales son la realidad, y lo que te hace interesante es tu individualidad, tal como los ingredientes secretos de un buen cocinero son la chispa que da vida a una receta. Lo que importa en última instancia es cómo se funden los sabores y los aromas.

El procesamiento de las asociaciones emocionales

Cuando intentas organizar tu estructura alrededor de la línea gravitatoria, estás volviendo a una senda de simplicidad en tu cuerpo, y para permanecer en ella debes desprenderte de las complicaciones, entre las cuales se cuentan las formas de movimiento ineficaces, los ambientes que no te brindan apoyo, el equipaje emocional con que cargas o las barreras mentales. El Juego de la Gravedad se basa en la toma de conciencia de nuestra estructura y se ocupa principalmente de aflojar y equilibrar las pautas de tensión física, pautas que están íntimamente relacionadas con las actitudes, las emociones y los recuerdos. Mientras trabajas tu cuerpo con los instrumentos que se te proporcionan en este libro –la toma de conciencia de la sensación corporal interna, el movimiento con un esfuerzo mínimo y la visualización–, puedes encontrarte con que al hacerlo se movilizan emociones ocultas o recuerdos olvidados.

Las exploraciones de este capítulo sirven de introducción a los procesos que te ayudarán a desenmarañar las asociaciones emocionales que pueden emerger mientras trabajas con el equilibrio entre los lados derecho e izquierdo. También puedes usarlas para intensificar la revisión de los guiones de capítulos anteriores. Si no percibes ninguna asociación emocional, léete de todas maneras los guiones, ya que puedes beneficiarte de ellos inconscientemente.

Los procedimientos de estas exploraciones se derivan de la Programación neuroligüística (PNL), del Trabajo con los sueños, de Arnold Mindell, y del Trabajo de concentración, de Eugene Gendlin, enfoques de la relajación entre el cuerpo y la mente que estudiaremos en el capítulo 9.

Manténte alerta cuando trabajes con este material. La autoayuda puede ir muy lejos, pero en ocasiones las implicaciones emocionales pueden ser tan intensas como para que necesites la protección de un testigo experimentado. En el Apéndice enumeramos varios institutos orientados hacia el trabajo cuerpo/mente y el trabajo corporal estructural que pueden derivarte a un practicante de esta técnica. En la Bibliografía encontrarás, además, algunos libros útiles sobre diversos enfoques del procesamiento personal.

A veces parece como si las tensiones que nos aquejan tuvieran voluntad propia, especialmente cuando intentamos liberarnos de ellas. Aborda siempre el Juego de la Gravedad partiendo de la idea de que, en su relación contigo, tus tensiones son completamente bienintencionadas. Si se te han incrustado en el cuerpo, es para brindarte apoyo, de una u otra de las siguientes maneras: protegiéndote de un daño, o motivándote a emprender alguna acción positiva. Aunque seguramente no agradezcas la incomodidad resultante de tus tensiones, sí puedes reconocer que su intención original es buena. Parece como si el cuerpo agradeciera esta actitud mental, y cuanto más la cultives, más tenderán las tensiones que experimentas a colaborar con tu deseo de cambiar. Igualmente, no hay manera más segura de conseguir que una tensión persista que insistir con desconsideración en ahuyentarla. ¡Intenta decirles a tus hombros que no hay necesidad de que estén tensos después de un día largo y arduo! Casi podrás oír cómo te responden a gritos: «¿Qué quieres decir? ¡Vaya si la hay!».

En las exploraciones que siguen aprenderás a agradecer a tus tensiones el duro trabajo que realizan, y a conseguir que sean ellas mismas quienes te ayuden a encontrar maneras nuevas y mejores de apoyarte.

Lo que estás haciendo ahora es cultivar una relación nueva con la gravedad, valiéndote de procesos de relajación, reequilibrio e integración, un trabajo difícil de hacer cuando te das cuenta de que tus tensiones han ido evolucionando en el curso de tu vida. Lo más probable es que el cambio se vaya produciendo paso a paso. Por eso has de fijarte en los pequeños cambios que indican que tu cuerpo y tu imagen de ti están modificándose... y agradecerlos. Y ten paciencia. Es perfectamente normal que este proceso lleve tiempo.

El Grupo de la Gravedad

—Parece como si nos estuviéramos acercando al fundamento —comenta Bill, mientras deja el libro.

Tras haber decidido estudiar juntos el equilibrio entre el lado derecho y el izquierdo, los cuatro amigos se han ido turnando para leer.

—Asusta un poco, ¿verdad, Bill? —pregunta Pauline, mientras se desliza con dificultad junto a él en el sofá y le dirige una sonrisa maliciosa.

—No sé —responde Bill, encogiéndose de hombros y apartándose un poco—. Pero he seguido la investigación sobre el cerebro y creo que, puesto que la cultura occidental se ha vuelto tan materialista y se ha centrado tanto en el hemisferio izquierdo, y si cada mitad del cuerpo se conecta con el lado opuesto de la cabeza, entonces es probable que la mayoría de los cuerpos occidentales estén más tensos del...

—Oye, Bill —lo interrumpe Margie, quien, de pie y con las manos en las caderas, va desplazando el peso de una pierna a la otra—. Eso parece interesante; pero, ¿no podríamos dejar las conjeturas para más adelante, después de que hayamos experimentado personalmente todo esto?

Bill siente como si se le hiciera un nudo dentro del pecho, una sensación muy familiar para él.

—De acuerdo —responde, mientras se hunde más en el sofá y estira una pierna para apoyarla sobre la mesita del café—. Tú mandas.

—Gracias —sonríe Margie y se da la vuelta para mirar a Fred, que con expresión intrigada ha estado paseándose de un lado a otro durante la conversación, y deteniéndose de cuando en cuando para flexionar y enderezar las rodillas—. ¿Te has fijado en algo más referente a tu equilibrio bilateral, Fred?

—Pesa más del lado derecho, eso está claro.

—¿Alguien más de vosotros ha descubierto que se apoya y confía más en un solo lado? —pregunta Margie—. Me parece que yo también tiendo hacia el lado derecho, aunque hasta ahora nunca me había fijado. Cuando tenía doce años me hice un esguince en el tobillo izquierdo, pero no se me ocurrió que eso podía ser tan importante.

—Tampoco yo pensé en mi maleta de muestras —reconoce Fred—. En mi último trabajo vendía artículos de fontanería, y siempre llevaba la maleta con la mano derecha.

—Tal vez deberías haber utilizado un carro de mano, como los que se usan para hacer la compra —sugiere Pauline.

—Las muestras pesaban menos de quince kilos —dice Fred—, y en ese momento no me habría animado a andar con un carrito. ¡Ya se sabe que los «hombres de verdad» no los usan! Pero no entiendo por qué algunas veces no cambiaba la maleta de mano para variar.

–Nunca pensamos en esas cosas –comenta Margie–. Me alegro de estar aprendiendo maneras de ayudar a que mi sobrino adquiera buenos hábitos desde el comienzo.

–De paso, ¿en qué quedó finalmente el dolor de espalda de tu hermana? ¿Descubristeis qué era lo que lo causaba? –pregunta Pauline.

–Es que Sue se estaba echando hacia atrás para equilibrar el peso de Matt. Así de simple. Yo le enseñé a buscar apoyo en las piernas y le sugerí que hiciera algunos ejercicios de estiramiento de los brazos para poder seguir sosteniéndolo cuando pese más. Pero ahora estoy pensando en el hábito que tiene Sue de apoyárselo en la cadera izquierda mientras está ocupada en la cocina. No puedo entender cómo se las arregla para cargar con él y seguir preparando la cena.

–Una chica que le ayude –dice Bill–. Esa es la solución.

–Puede ser –admite Margie–, pero me gusta el desafío. Sigamos con las exploraciones; quizás entonces me venga alguna inspiración.

–Pues adelante –responde Bill.

La sensación que tenía en el pecho se le ha calmado un poco, pero se siente inquieto, e incluso aburrido. No está seguro de que le guste trabajar en un grupo como ese, pero irse sería muy grosero. Resignado a quedarse, se ofrece:

–Leeré yo.

Los guiones para el equilibrio bilateral

De la misma manera que damos por sentado que si nos miramos al espejo veremos que nuestro cuerpo es simétrico, también suponemos que, excepto en el caso de accidentes graves, la sensación que tenemos de nuestro cuerpo es simétrica. Cuando practicamos la exploración de la respiración de las fascias, en el capítulo 2, tal vez te haya sorprendido descubrir que no sentías de la misma manera los dos lados del cuerpo. Si has prestado atención a esas sensaciones sutiles, quizás hayas tenido la impresión de que en diversas partes del cuerpo las células tenían una configuración diferente.

Volvamos ahora al guión número 3, de la página 47, para revisar aquella exploración, tomando nota de cualquier sensación diferente en cada uno de los dos lados. Después pasemos inmediatamente al guión 33, que te ayudará a evocar el equilibrio entre los dos lados de tu imagen corporal. El guión sugiere una manera de dejar que el sistema nervioso fusione las diferentes sensaciones. De este modo permitirás que tu mente afecte a tu cuerpo.

Es probable que al iniciar el proceso de fusión experimentes cierta resistencia. Quizá tu mente se eche a vagabundear, o tal vez te aburras o sientas ansiedad, o alguna incomodidad física. Recuerda que la intención de tus tensiones es buena, de modo que si tu cuerpo se resiste a fusionar los dos lados, sus razones tendrá. Los guiones 34, 35 y 36 te ofrecen diversos procedimientos que te permitirán establecer contacto con tu resistencia. Experimenta para descubrir cuál es la forma de aproximación más conveniente para ti.

El guión 34 te sugiere que aprecies tu resistencia en su justo valor. En ocasiones, el solo hecho de reconocer una tensión conducirá a una liberación o descarga física. El guión 35 te propone que dejes que tu tensión se intensifique. Al centrar de esta manera la atención en ella, la aceptarás como un aspecto importante tuyo. La intensa concentración en la sensación física puede dar como resultado un desplazamiento espontáneo desde el modo cinético al modo visual de percepción. Dicho de otra manera, la sensación puede convertirse en una imagen, la cual tendrá un significado inherente, como lo tiene una imagen onírica, y puede conducirte a una comprensión intuitiva del propósito de tu tensión. Cuando vuelvas a prestar atención a la sensación física, probablemente te encontrarás con que ésta ha cambiado, ha disminuido o incluso ha desaparecido.

El guión 36 trata de la descodificación de los mensajes de las fascias. Las preguntas que en él se plantean procuran ser maneras suaves de ayudarte a aflojar una tensión y a entender la intención positiva que tiene. Si has estado trabajando con alguien, la familiaridad de esta persona contigo y con tu cuerpo puede servirle de base para intuir cuáles son las preguntas que ha de leerte. Si trabajas a solas con una cinta grabada, limítate a apagar el radiocasete cuando sientas que tu cuerpo reacciona a una de las preguntas. No es necesario que completes la lista. Para cualquier sesión, bastará con una o dos preguntas. La lista se limita a ofrecer ejemplos, y a ti también pueden ocurrírsete espontáneamente tus propias preguntas hechas a medida.

Es probable que una tensión desaparezca por completo en el transcurso de una sesión cualquiera, pero también que sólo disminuya un poco. Respeta el ritmo con que tu cuerpo acepta el cambio. Cuando hayas percibido una descarga de tensión durante el trabajo con los guiones que van del 33 al 36, pasa al 37, que integra la descarga o liberación con las pautas de apoyo al movimiento que ya has aprendido. El guión 37 incluye también un ejercicio de caminar en cámara lenta que ayuda a alternar el apoyo entre los dos lados del cuerpo. Las pautas de integración te darán la seguridad de contar con el apoyo estructural necesario para tus cambios internos.

En ocasiones, mientras caminas sin rumbo explorando tu nueva integración, es probable que encuentres una resistencia mientras te estás moviendo. Quizá sientas una vieja tensión familiar en el pecho, una rigidez en la mandíbula o un pie que se te desvía. Una vez más, vuelve a las técnicas presentadas en los guiones que van del 34 al 36 para ponerte en contacto con la buena intención que se oculta tras esa resistencia. Al apreciar la preocupación que se expresa en la tensión de la mandíbula o al exagerar la desviación del pie mientras sigues andando, es probable que esas pautas desaparezcan espontáneamente.

Después de haber explorado tu nuevo equilibrio bilateral andando, dedica algún tiempo a experimentar con otras actividades cotidianas, como pueden ser trabajar ante tu escritorio, hacer las tareas de la casa o practicar tu rutina diaria de ejercicios. Ahora que tienes más conciencia de este aspecto del equilibrio estructural, quizá te sorprendas al descubrir hasta qué punto cuentas con un solo lado de tu cuerpo. En la medida en que sigas manteniendo tu vieja pauta, reforzarás el desequilibrio bilateral. En una actividad intensa, como puede ser el levantamiento de pesas, esto puede convertirse en una influencia importante sobre tu estructura.

* * *

◆

GUIÓN 33

La fusión de las características de tu pauta

Revisa la exploración de la respiración de las fascias (guión 3, página 47) antes de empezar el trabajo con este guión.

El guión 3 te ha llevado de viaje al interior de tu cuerpo, donde tal vez hayas notado algunas diferencias en la forma en que experimentas diversas partes y regiones. Tal vez las características de un lado, en su totalidad, sean diferentes de las del otro. O puede ser que sientas un muslo diferente del otro, ... o una cadera, ... o un lado del pecho, ... o un hombro. Allí donde encuentres que la disparidad es más notable es donde has de concentrar la atención.

Deja que la mente juegue con tus sensaciones. Si los dos lados de tu cuerpo fueran de colores diferentes, ¿cómo los verías? ... Si sonaran de diferente manera, ¿qué oirías? ... ¿Tienen diferentes formas, ... texturas, ... pesos, ... energías?

Puedes apreciar las características especiales de cada lado. Tal vez uno te guste más por su fuerza y el otro por su suavidad, ... o también podría ser que apreciaras la tranquilidad de un lado y el estado de alerta del otro. ... Ahora dedica algún tiempo a sentir y apreciar. ...

Tras haber dejado que cada lado sepa que lo valoras, ... explícale a tu cuerpo que tu deseo es ampliar sus opciones para incluir todas las variaciones posibles entre los dos extremos. Ninguna de sus características se perderá, sino que todas se verán enriquecidas. Y además puedes pedir ayuda a tu parte creativa ... dejar que tu yo creativo empiece a mezclar y fundir las características de los dos lados. Podrías imaginarte preparando una sopa muy especial, añadiéndole algunos condimentos de uno de los lados, ... y después del otro, ... luego unos cuantos más del primer lado ... y también del segundo, ... para conseguir la mezcla justa de sabores, ... texturas, ... colores ... o sonidos. Puedes estar haciendo esto inconscientemente, mientras descansas en un estado de semisueño, ... confiando en que tu parte sabia y creativa haga lo que sea más apropiado. Tómate todo el tiempo que necesites.

Y cuando en tu cuerpo se haya producido un cambio sutil, te darás cuenta. Quizá veas los colores mezclados. ... Tal vez oigas un sonido nuevo, ... o sientas que tu respiración se mueve libremente en ambos lados de tu cuerpo. Observa si la nueva sensación que te transmite tu cuerpo es cómoda, ... placentera, ... como un alivio, ... o si en ti hay algo que se opone a esa fusión, ... que preferiría dejar que tus dos lados siguieran separados.

Si la nueva sensación es aceptable para ti, salta al guión 37, pero si sientes resistencia al proceso de fusión, continúa con los guiones 34, 35 o 36.

◆

GUIÓN 34

Cómo apreciar tu pauta

Tal vez sientas un lugar tenso en el cuerpo, un lugar que te da la sensación de estar separado del resto. Podrías sentirlo como una barrera entre los lados derecho e izquierdo, ... o quizá como un lugar donde el movimiento de la respiración no fluye libremente. Tal vez tu respiración tenga que rodear o esquivar ese lugar para llegar a su destino.

Concentra la atención precisamente ahí, ... y con curiosidad, ... y compasión, ... adéntrate en ese lugar. Date cuenta de su aislamiento, ... de su naturaleza individual, ... y a pesar de que en este momento sientas que la tensión es incómoda, reconoce que su intención es positiva, ... aunque todavía no sepas cuál es.

Quizás a tu cuerpo le apetezca moverse un poco, ... con un movimiento suave centrado en la zona de la resistencia, ... para percibir mejor cómo se siente realmente el lugar protegido. Mientras experimentas con pequeños movimientos, advierte qué es lo que te resulta grato, ... y lo que sientes incómodo.

Y tal vez ahora, sin saber por qué, notes que la tensión se ha suavizado un poco, ... que interiormente se ha producido un cambio, ... y que el lugar separado ya no lo parece tanto. ... Ahora, tu respiración puede pasar libremente por él, ... y las sensaciones provenientes de tus dos lados pueden fundirse. ... Deja que tu cuerpo te diga si ese cambio es importante, tanto como lo necesita por el momento. Y si tu cuerpo se siente satisfecho con ese cambio, ya puedes levantar las rodillas y, siguiendo el guión 37, empezar a integrar este sentimiento con las pautas de movimiento que has aprendido.

Si te parece que la resistencia en que te has estado concentrando necesita más atención, los dos próximos guiones te ofrecen maneras adicionales de trabajarla. También es posible que aflojar esa tensión te conduzca al descubrimiento de una nueva resistencia en otra parte de tu cuerpo. Si esto sucediera, puedes repetir esta exploración concentrándote en esa otra tensión, o bien trabajarla usando los guiones 35 o 36.

◆

GUIÓN 35

Cómo exagerar una tensión

Vuelve a recordar la reconfortante sensación de dejar que la gravedad te sostenga el cuerpo, ... con las rodillas descansando cómodamente sobre un cojín, ... los muslos y las nalgas relajados, ... la parte inferior de la espalda acunada por la alfombra, ... el abdomen apoyado en la pelvis. Siente cómo la caja torácica se expande suavemente en todas direcciones, ... el corazón reposa dentro de la caja torácica, ... y el cerebro se acomoda en el cuenco craneano. Y deja que esta sensación de apoyo siga acompañándote, en el fondo de tu conciencia, ... como un lugar seguro a donde puedes volver cada vez que lo desees.

Y ahora, dirigiendo la atención a la resistencia que hay en tu cuerpo, ... al lugar donde tu respiración se desvía, ... decide experimentar dejando que la barrera se agrande, ... como si estuvieras mirándola a través de una lente de aumento. Y es probable que mientras exageras con valentía esa sensación, ... descubras que se convierte espontáneamente en un cuadro, ... una imagen o escena que sin saber por qué te parece familiar o, de alguna manera, significativa.

Mientras la observas, podría suceder que la imagen empezara a modificarse y cambiar, ... quizás, incluso, acompañada por sonidos o voces. Tal vez te esté transmitiendo algún mensaje, ... algo importante que necesitas saber para llegar a sentirte más a gusto por dentro. ... Y sin dejar de respirar tranquilamente, ... ni de recordar que la gravedad te sostiene, ... deja que ese mensaje quede archivado en un lugar seguro, en donde puedas volver a encontrarlo si lo necesitas.

Y puede ser que mientras estás valorando esta nueva información sobre ti, ... adviertas que la resistencia que sentías en tu cuerpo ha ido cambiando: ... o se haya vuelto permeable, ... tal vez se le hayan suavizado las aristas. Y tú puedes apreciar la comodidad que representa para tu cuerpo esa diferencia. ... Y levantando las rodillas, prepárate para integrar esta diferencia en tu pauta global de movimiento.

Pasa ahora al guión 37.

◆

GUIÓN 36

Para obtener mensajes

Tal vez ese lugar distinto de tu cuerpo sea un sitio tímido, ... quizá no sepa cuál es la mejor manera de comunicarse contigo. Dentro de unos momentos oirás algunas preguntas que ayudarán a que tu cuerpo responda. Algunas tendrán sentido para ti y te evocarán recuerdos, y otras no. Mientras escuchas, sigue concentrándote en ese lugar especial de tu cuerpo, dejando que las preguntas se dirijan más bien a él que a la mente. Cuando sientas que tu cuerpo está respondiendo a alguna de las preguntas, desconecta la grabación o hazle una señal a tu compañero para que interrumpa la lectura. Cuando la tensión haya respondido, pasa al ejercicio de integración (guión 37).

Mientras recuerdas qué sensación te transmite el cuerpo cuando se entrega del todo al apoyo de la gravedad, ... y sigues respirando cómodamente, ... podrías hacerte algunas preguntas:

—¿Qué hay en el centro de esta resistencia?

—Este preciso lugar de mi cuerpo, ¿está negándose a dejar que algo entre... o impidiendo que algo salga?

−¿Cómo se sentiría mi cuerpo si la barrera no estuviese?

−¿Hay algo que pueda suceder en algún otro lugar de mi cuerpo y permitir que los bordes de esta barrera se suavicen?

−Si pudiera sacarme esta tensión del cuerpo y tenerla en las manos, ¿qué sensación me daría? ... Si tuviera temperatura, ¿sería algo caliente o frío? ... ¿Cuánto pesaría? ... ¿Qué forma tendría, ... y qué color?

−Si mi tensión se convirtiera en sonido, ¿cómo sonaría?

Y también podrías encararte directamente con tu resistencia, y preguntarle:

−¿Qué intención tienes? ... ¿No hay otra manera de que la puedas llevar a cabo con mi ayuda?

−¿Tienes un mensaje para mí?

−¿Hay algo de mí que sepas y quieras mostrarme?

−¿Hay algo que yo pueda hacer para que te sientas mejor?

−¿Qué es lo que te mantiene separada del resto de mí?

Una vez que hayas recibido alguna información de tu cuerpo, y que sientas que tu tensión se afloja, deja que tu atención vuelva poco a poco de su viaje por tu interior. Siente el aire en la superficie de la piel. Percibe cómo el suelo sostiene el peso de tu cuerpo. Toma conciencia de los ruidos y sonidos que hay en la habitación, y de la luz que se te filtra a través de los párpados. Deja que se te abran los ojos y observa lo que te rodea. Responde a cualquier necesidad de estirarte o moverte que te transmita tu cuerpo. Y cuando te parezca bien, sigue con el guión 37 para integrar la relajación de tus tensiones.

◆

GUIÓN 37

La integración del equilibrio bilateral

Te invito a incorporar tu nueva relación entre el lado izquierdo y el derecho de tu cuerpo a tu sensación de contar con el apoyo de la gravedad. La nueva sensación de equilibrio establecerá una diferencia en la experiencia que tengas de las siguientes pautas de movimiento, ya familiares.

Tiéndete con las rodillas flexionadas y sostenidas por los pies, y percibe la facilidad con que fluye tu respiración a través del centro de tu cuer-

po, ... desde la cabeza, que reposa cómodamente en el cuenco craneal, ... pasando por los hombros y los brazos, ... la caja torácica ... y el suelo de la pelvis, ... y bajando hasta llegar a las plantas de los pies.

Lentamente desliza la pierna derecha hacia abajo por el suelo, hasta que la rodilla quede extendida. Luego, con el peso de la pierna descansando en el talón y el isquion, flexiona el tobillo, dejando que la rodilla y la cadera se doblen. Con lentitud, levanta la rodilla hacia el cielo raso, relajando la pantorrilla y el pie. A medida que el talón se arrastra hacia la nalga, el pie se eleva del suelo y la rodilla describe un arco por encima de la pelvis. Haz una pausa, dejando que el peso del muslo descanse en el acetábulo de la cadera. Cuando te parezca bien, relaja los músculos de la ingle y deja que el pie vuelva a caer libremente al suelo.

Repite lo mismo con el lado izquierdo, extendiendo lentamente la pierna, ... flexionando las articulaciones, ... arrastrando la pierna hacia arriba, ... haciéndole describir un arco por encima de la pelvis, dejando que el muslo descanse en el acetábulo de la cadera ... y luego relajando y dejando caer la pierna.

Ahora haz una pausa para que tu yo creativo y sabio siga profundizando la comunicación entre los dos lados de tu cuerpo. Dedica un momento a respirar cómodamente y a percibir el proceso de fusión.

Disfruta de la sensación de integración y deja que los isquiones desciendan con tranquilidad hacia los talones mientras haces una ligera presión con ambos pies en el suelo. ... Y al exhalar, deja que el suelo pelviano se vuelva hacia el techo, ... y que tu peso se mueva hacia arriba pasando por el dorso del cuenco pelviano. Continúa el movimiento dejando que el peso se desplace hacia arriba por la parte de atrás del cuerpo, hacia los hombros. ... Y ahora invierte lentamente el movimiento, desplegando la columna, ... moviendo el peso hacia abajo a través del sacro, ... y liberando tu peso en el interior de los pies.

Con los brazos relajados a ambos lados, las muñecas y los codos extendidos, ... empieza a guiar el movimiento con los codos, ... y deja que ambos brazos se eleven hasta adoptar la posición vertical. El cuello se mantiene relajado, y la garganta también, para permitir el paso de la respiración. Deja que el peso de los brazos se instale cómodamente en los omóplatos, sostenido por la espalda y por la gravedad.

Cuando te parezca bien, relaja los músculos de la axila derecha y deja caer el brazo derecho. ... Ahora relaja los músculos de la axila izquierda, y deja caer el brazo izquierdo.

Si has estado trabajando con los ojos cerrados, ahora puedes tomar conciencia de la luz que se filtra a través de los párpados, ... y dejar que se abran suavemente. Consciente del apoyo de la gravedad, empieza a observar tu ambiente, ... las formas y colores de la habitación, ... y los ruidos y sonidos de afuera.

Una vez que hayas regresado al presente, rueda de un modo relajado hasta ponerte a gatas. Percibe todas las dimensiones de tu cuerpo, ... y centrando tu peso uniformemente entre ambos pies, ... despliégate poco a poco hasta que estés de pie. Nota qué poco esfuerzo se necesita para levantarse con suavidad a través del centro del cuerpo.

Dedica unos momentos a acomodarte en la posición erguida. Sitúate con suavidad suavemente sobre las plantas de los pies, dejando que cada pierna sostenga una parte igual de tu peso. Ahora, con lentitud, flexiona las rodillas, instalándote en la amplia silla de montar interior que es la pelvis.

Sin olvidarte de respirar, elévate haciendo presión hacia abajo con las plantas de los pies. Mientras subes lentamente, quizás observes que tu peso oscila un poco, ... que sientes una pierna más fuerte o más segura que la otra. Da las gracias a ese lado por esforzarse tanto para sostenerte. Hazle saber que valoras su fuerza y que te gustaría compartirla con otras partes de tu cuerpo. Pregúntale a la pierna menos segura si estaría dispuesta a asumir parte de esa fuerza, a aceptar un poco más de peso de lo habitual. Y deja que los dos lados de tu cuerpo sigan dialogando de esa manera, ... mientras tú repites lentamente, dos veces más, el ejercicio de flexión de las rodillas, sin olvidarte en ningún momento de respirar.

Y cuando quieras explorar caminando, sé gentil con esa nueva sensación de equilibrio entre tus dos mitades, que apenas está emergiendo. Camina muy lentamente al principio. Empieza dando con el pie izquierdo un breve paso por delante del derecho, con la mayor parte del peso equilibrado sobre la planta del pie derecho. Gradualmente deja que tu peso fluya hacia el lado izquierdo, dejando que las articulaciones de la pierna y el pie respondan, ... hasta que sientas el peso centrado sobre la planta del pie izquierdo. ... Ahora deja que la pierna derecha se balan-

cee desde la pelvis y dé un pequeño paso por delante de la izquierda. ... Después deja que el peso de tu lado izquierdo se fusione con el del derecho hasta que tu peso se centre sobre el pie derecho.

Y repite el proceso dejando que la pierna izquierda se balancee hacia abajo y hacia delante, ... y mientras tu peso fluye hacia el pie izquierdo, agradece a tu lado izquierdo que esté tan dispuesto a sostenerte. ... Después haz que la pierna derecha se balancee desde la pelvis y vuelva a moverse hacia delante, permitiendo que tu peso sea fluido, ... y apreciando la forma especial en que te sostiene la pierna derecha.

Poco a poco, ve volviendo al ritmo y la longitud del paso habituales en ti, y da una vuelta por la habitación explorando la armonía que va emergiendo entre los dos lados de tu cuerpo.

◆

El Grupo de la Gravedad

Fred ha estado notando que siente el lado derecho del cuerpo más denso que el izquierdo, como si en ese lado las células estuvieran algo más apretadas entre sí. Por comparación, el lado izquierdo le parece casi hueco. Al buscar la fuente de esa densidad, advierte una especie de vibración en la rodilla derecha. Cuando tenía quince años, en un accidente de esquí, se había desgarrado un cartílago de la rodilla; pero en aquel momento no le pareció gran cosa. Sometido a una intervención quirúrgica de rutina, con ayuda de una buena fisioterapia, al invierno siguiente estaba otra vez en las pistas.

«Tal vez inconscientemente me siga cuidando esa rodilla», piensa. «Está bien, rodilla, gracias por ser cuidadosa.»

En ese momento, Fred nota que la sensación de pesadez en la pierna se ha desplazado un poco, pero no ha desaparecido. Lo curioso es que, en realidad, incluso parece haber empeorado.

«A esto tengo que seguirle la pista», piensa. «Estoy cansado de sentir este desequilibrio.» Y decide intensificar la sensación que tiene en la rodilla, que se va volviendo muy densa, como una canica de acero parecida a las que solía usar para ganarle a Bruce cuando jugaban. Súbitamente, Fred siente una sensación de ahogo en la garganta.

Tose y se endereza, con la mirada perdida. Casi enseguida, se levanta y sale de la habitación.

—¿Te sientes bien, Fred? —le pregunta Bill, a sus espaldas.

—Sí, sí, no te preocupes. Seguid un momento sin mí.

Afuera, en los escalones del porche, Fred rememora el pasado: había sido duro tener un hermano mayor retrasado, y él había ocultado su sensación de incomodidad y vergüenza formando pandilla con sus camaradas y mostrándose mezquino y desagradable con Bruce. Ahora, retrospectivamente, se siente avergonzado. Con 38 años, Bruce vive en un hogar para adultos retrasados. «Me parece que junto con aquella vieja lesión que me hice esquiando he estado almacenando mis sentimientos de culpa. Es raro, pero mi sensación es esa», se dice. Y recuerda la última vez que visitó a Bruce, a comienzos del otoño pasado. «Hace demasiado tiempo», piensa. Evoca el andar extraño y oscilante de su hermano, los torpes cacharros de cerámica que con tanto orgullo le había mostrado, y el amor que reflejaban sus ojos pálidos. Fred se cubre la cara con las manos y deja correr las lágrimas.

Finalmente, vuelve a suspirar, advirtiendo lo brillantes que le parecen de repente las estrellas y sintiendo el aire nocturno y suave sobre la piel.

Margie, entretanto, está viviendo su propia aventura. Ve el lado derecho de su cuerpo rojo, y el izquierdo de un turquesa apagado. Decide revolver los colores como si fueran algodón dulce, y se convierten entonces en un arco iris que le da la impresión que fluye a través de todo su cuerpo. «Estas imágenes no tienen sentido —se dice—, pero es un bonito viaje.»

Cuando Bill lee la parte del guión que pregunta si hay alguna zona del cuerpo que se oponga a esa fusión, Margie siente un calambre en el pie izquierdo. Es un dolor familiar, que a veces le molesta en medio de la noche. Y eso también es raro, porque el pie nunca le duele cuando corre. Al volver a revisar su imagen corporal, Margie advierte que los colores del arco iris destellan por todas partes salvo en el pie izquierdo, que es de un vago color marrón.

—Sé que con eso estás tratando de decirme algo —dice, dirigiéndose a su pie—, pero no se me ocurre qué puede ser.

Margie respira, dejando que el remolino de colores la bañe por dentro.

—O tal vez sea algo que yo podría hacer por ti; pero, ¿qué puede ser? Ahora una música le resuena en la cabeza, una vieja canción de los años sesenta. Puede oír la melodía, pero no recuerda la letra. Tal vez no importe. Lo que le llama la atención es un hormigueo en el pie. Al mirar hacia abajo, en el interior de su cuerpo, ve que el arco iris cruza la barrera que siente en el tobillo.

—Bueno, no iremos ahora a descubrir ahí una olla llena de oro, ¿verdad? Eso sería demasiado.

Como su última pregunta no obtiene respuesta, Margie se concentra en los ejercicios de integración de la gravedad. Esos sencillos movimientos han empezado a parecerle viejos amigos, y es agradable observar los cambios sutiles en la forma en que responde a ellos su cuerpo. Siente como si todo el lado izquierdo del cuerpo, hasta el hombro, estuviera más vivo.

Fred regresa al grupo en el momento preciso en que Bill está leyendo: «Y podrías preguntarle a tu barrera si no tiene algún mensaje especial para ti».

«Un mensaje —piensa Fred, estirándose sobre la alfombra—; pues sí, creo que hay un mensaje.» Mientras cierra los ojos, ve que Bruce le sonríe. Los dos caminan juntos. Bruce lo conduce hacia un edificio que hay en un barrio extraño. El signo que hay en el edificio tiene un significado especial para Fred. «De acuerdo, lo haré», murmura, concentrándose en una sensación de hormigueo que le va trepando por el lado derecho del cuerpo. A medida que Bill lee los ejercicios de integración, Fred nota inmediatamente que el equilibrio entre sus piernas es diferente. Como no está contrayendo los músculos alrededor de la rodilla y la cadera derechas, puede dejar que el peso se le distribuya de forma más uniforme, y eso hace que le moleste menos la espalda. Con un sentimiento de extrañeza, murmura:

—Gracias, Bruce.

—¿Cómo te ha ido con esa exploración, Fred? —pregunta Margie cuando han terminado de repasar los ejercicios de integración—. Daba la impresión de que estuvieras pasando por algunos cambios. Y es indudable que tu manera de andar parece diferente.

—Yo también la siento diferente. Recordé algunas cosas sobre una vieja lesión en la rodilla.

Margie empieza a interrogarlo, pero Fred se le adelanta. Ya contará su historia cuando crea que es el momento de hacerlo.

—¿Qué olor es ese? —pregunta Bill a Pauline, que hacia la mitad de los guiones se había ido a la cocina.

—Un pastel rápido de plátano. Pensé que, después de todo este trabajo, podría venirnos bien un postre.

—Pauline, ¿qué te ha pasado? —pregunta Margie, yendo hacia su amiga—. Pensaba que querías hacer las exploraciones.

—Bueno, choqué con algo que no podía entender —responde Pauline—. Quizá puedas trabajarlo conmigo en algún otro momento. Era como un gran agujero oscuro. No podía entenderlo, y estaba demasiado asustada para intensificarlo. Me pareció que lo mejor que podía hacer era poner un pastel en el horno.

—Lo siento. Pensé que trabajar juntos podía ser una buena idea —dice Margie, rodeando con el brazo el hombro de su amiga.

—No es una mala idea. Estoy aprendiendo muchísimo sólo observándoos a vosotros. A veces me parece que realmente puedo ver cómo os cambia el cuerpo a medida que hacéis los diálogos internos. Cuando se afloja una tensión, es un poco como una vela que se funde al sol.

—Entonces, ¿no te importa?

—En absoluto. Dentro de un minuto estará listo el postre. Y entonces querré oíros hablar de los cambios que estáis sintiendo.

De nuevo en la sala de estar, Bill continúa con su tema:

— ...el impacto de las normas culturales impuestas por el hemisferio izquierdo del cerebro sobre la estructura humana. Piénsalo, Fred. Tomemos a algunos africanos nativos, gente que sigue viviendo muy cerca de la tierra. ¿No diríais que su cuerpo es más congruente que el nuestro?

—Es una idea interesante, viniendo de alguien tan regido por el hemisferio izquierdo —se burla Margie, mientras camina hacia delante y hacia atrás, probando su paso.

—¡Al cuerno, Margie! —estalla Bill, levantando la voz mientras asesta un puñetazo a la mesita del café–. Estoy harto de ti y de Kay. Me tenéis cansado, vosotras las mujeres, con tanto actuar como si tuvierais la exclusiva del lado derecho del cerebro.

Fred y Pauline intercambian una mirada. Este es un Bill distinto del bromista jovial a quien están acostumbrados.

Margie deja de caminar un momento, pero por lo demás no muestra otra reacción ante el exabrupto de Bill. Da unos pasos más y después una expresión de asombro se le extiende por la cara. Gira sobre sí misma y se precipita a abrazar a Bill.

–A qué viene...

–Oh, Bill, gracias –Margie está exultante, y respira con esfuerzo, como si acabara de participar en una carrera de obstáculos–. No tienes ni idea de lo que acabas de hacer por mí.

–Pues ten la amabilidad de explicármelo –responde el pobre Bill, bastante avergonzado por su estallido, y ahora totalmente confundido por la reacción de Margie.

–Fue la sincronicidad –explica ésta–. Cuando gritaste así, me di cuenta de que empezaba a caminar de una manera rara con el pie izquierdo, como si de ese lado anduviera de puntillas. Ahora todo tiene sentido.

–¿A causa de tus padres, quieres decir?

–¡Sí! Debe de ser que siempre que oigo voces coléricas, o quizá cuando yo misma estoy bajo estrés, como cuando me siento muy presionada en el trabajo, inconscientemente procuro hacer que todo se aquiete. ¡Soy tan buena colaboradora!

Los ojos le brillan, llenos de lágrimas. Bill camina, arrastrando los pies, y mira al suelo como si estuviera buscando una trampilla. Margie extiende una mano para tocarle el codo.

–No pasa nada, Bill. Al mostrar tus sentimientos, me has ayudado a encontrar los míos. Cuando salen, estas cosas pueden doler un poco, pero uno se siente tan bien dejándolas salir...

–Si tú lo dices –responde Bill, aclarándose la garganta–... De paso, ¿cómo es que hace un rato estuviste tarareando la canción... «Apóyame»?

–Pues –responde Margie, sentándose en el sofá–, ¡porque estoy aprendiendo a apoyarme a mí misma!

Durante un rato, el grupo permanece en silencio, mientras cada uno se mete en su interior para entender sus propios sentimientos. Esa tarde han sucedido muchas cosas, más de lo que parece a simple vista, como diría Bill.

—¿No es asombroso? —reflexiona Pauline, rompiendo el silencio—. Qué importancia cobran estos pequeños cambios cuando alcanzan tanta profundidad dentro de tu cuerpo...

Fred hace un gesto de asentimiento.

—Es mucho más que el simple hecho de aprender a mover el cuerpo de otra manera. Yo pensé que sabía todo lo que se puede saber sobre el movimiento de mi cuerpo, pero esta toma de conciencia de la gravedad...

—Es la senda de la simplicidad... —dictamina Margie.

9

Mi estructura, mi yo

El cambio estructural como transformación de la energía

Cuando tu estructura afloja tensiones para hacer un cambio tendente al equilibrio, tu vivencia es la de una tranformación de la energía, que puede expresarse de muchas maneras diferentes. Tal vez sientas, en la zona donde te estás concentrando, calor o un hormigueo. Puede que tengas ganas de bostezar o de suspirar, o que te inunde una oleada de emoción. Quizá recuerdes algo olvidado, veas imágenes oníricas o tomes conciencia de alguna sensación en otra parte del cuerpo.

La energía es la capacidad de hacer un trabajo. La energía de tu cuerpo es el trabajo que éste realiza al bombear la sangre, combatir las infecciones, reemplazar células, caminar, hablar, sudar y cortar el césped, entre otras cosas. Un principio de la física, conocido como ley de la conservación de la energía, afirma que, mientras pueda ser transformada, la energía nunca se pierde. Cuando el bate de un jugador de béisbol entra en contacto con la pelota, por ejemplo, la energía mecánica del movimiento se transforma en ruido y calor. Otras formas de energía son la luminosa, la química, la atómica y la eléctrica. Todas ellas son herramientas del taller del cuerpo.

La tensión muscular necesaria para mantener el equilibrio corporal es un trabajo que consume energía mecánica, química, eléctrica y atómica. En la medida en que haces un esfuerzo excesivo para mantenerte en equilibrio, reduces tu capacidad para gastar esa energía de otras maneras. Una vez que aprendes a dejar que la gravedad sostenga tu estructura, ya no tienes por qué hacer el trabajo extra. La energía liberada se convierte primero en nuevas sensaciones, recuerdos, ideas o emociones, y después en nuevas maneras de trabajar, de moverse, de reaccionar y de estar en el propio cuerpo.

Cuando la energía ha pasado largo tiempo almacenada en el cuerpo, es posible que su liberación sea caótica. Como un dique que se rompe, la crisis localizada de tu cuerpo puede repercutir fuera de las fronteras locales. La ecología de nuestro planeta nos está enseñando cuál es el efecto global de los asuntos locales, y los principios ecológicos también son válidos dentro de nuestro cuerpo. Un cambio estructural perdurable no sólo requiere cambios en todos los aspectos de nuestro ser, tanto mentales, emocionales y espirituales como físicos, sino que también los produce. Por eso es prudente contar con algunas estrategias para distribuir y volver a encauzar la energía liberada.

Es posible facilitar de múltiples maneras los cambios intrapersonales. Los enfoques que aquí se describen son la Concentración, la Psicoterapia orientada hacia el proceso y la Programación neurolingüística. Las tres se valen de la sensación física para evaluar el cambio, y el principio que comparten, a saber, que la formación de nuevas actitudes y comportamientos va acompañada por una liberación de la tensión física, coincide con el modelo, generalmente aceptado, de la conservación de la energía.

El análisis de estos tres enfoques de la transformación del cuerpo y la mente puede servir de introducción a sus principios y técnicas. Todos ellos son poderosos agentes de cambio. Si bien puedes optar por explorar por tu propia cuenta cualquiera de estas técnicas, usando este libro como guía, es de suma importancia que controles cuidadosamente tu propia experiencia y que, cuando sea necesario, no vaciles en pedir orientación a un terapeuta competente.

La concentración (o enfoque)

El enfoque que propone Eugene Gendlin para facilitar el cambio intrapersonal se desarrolló a partir de muchos años de investigación de lo que diferencia la psicoterapia que tiene éxito de la que no lo tiene. Gendlin y sus colegas comprobaron que el éxito de un cliente en la terapia poco tenía que ver con la técnica del terapeuta, y mucho con la reacción física del cliente. Los pacientes que experimentaban un cambio psicológico registraban una sensación física nítida e inmediata en el momento de la revelación. Gendlin lo llama un «cambio corporal». Según lo aportado por su investigación, éste parecía ser el requisito interno que determinaba el funcionamiento de la terapia.

Al estudiar este fenómeno físico, Gendlin pudo descomponerlo en partes que, después, podía enseñar a los clientes que no alcanzaban de un modo natural el nivel físico durante las sesiones de psicoterapia. La práctica de Gendlin consiste en llamar la atención al paciente sobre las sensaciones físicas asociadas con su problema emocional. Cuando el paciente reconoce la sensación física y encuentra palabras e imágenes para describirla, la sensación evoluciona y cambia de tal manera que arroja luz sobre el problema original.

Un cambio nítido en la sensación se produce simultáneamente con la revelación terapéutica. El cambio corporal da la sensación de algo que se despega o se abre, extendiéndose, como la liberación que uno siente al recordar dónde dejó las llaves. Es una sensación «buena», un sentimiento de alivio por saber lo que ha pasado, aunque de todas maneras uno tenga que llamar al cerrajero.

Gendlin afirma categóricamente que el cuerpo sabe todo lo que necesita saber para estar vivo de la mejor manera posible. El cuerpo reconoce la sensación interna de «rectitud» que le permite tanto mantener una temperatura y un equilibrio estables, como cicatrizar las heridas. El dolor o el hecho de sentirse mal son indicadores de una energía potencial que pugna por alcanzar el equilibrio, la calma y la comodidad.

El proceso de concentración, con los seis pasos que lo integran, implica reconocer una impresión global e imprecisa de cuál es el problema, y luego dejar que esa impresión evolucione gradualmente hasta convertirse en una cualidad o imagen específica. Una vez que la sensación ha cuajado, uno puede abordarla con preguntas, como si fuera una entidad dotada de conciencia. Entre las cuestiones típicas podrían figurar: «¿Qué constituye el centro de esto?» o «¿Qué necesitas de mí?».

Cuando tu sensación ha cambiado en respuesta a una pregunta, entonces puedes reconocer la nueva sensación y empezar otro período de cuestionamiento. En algún momento de este proceso se dan simultáneamente la revelación, una relajación corporal profunda y la certeza de estar en lo cierto. Esto indica que tu proceso de Concentración ha terminado.

Se podría considerar que la concentración es un viaje sin fin hacia el interior del cuerpo y la mente, en el cual cualquier sensación es una visita a un lugar determinado del propio paisaje interno. Gendlin insiste en la paciencia, subrayando que se ha de dejar que el sentido interno de rectitud del propio cuerpo sea el que dicte el ritmo del cambio. El interior puede ser visitado una y otra vez, ya que contiene efectivamente una riqueza y una diversidad de sentimientos como para que dure toda la vida.

La técnica de concentración es la base de los guiones 32 y 34, en el capítulo anterior. Un manual detallado de autoayuda para trabajar con este método es *Focusing*, de Eugen Gendlin.

La Psicoterapia orientada hacia el proceso

Arnold Mindell, que dio forma a la Psicoterapia orientada hacia el proceso, es un psicoterapeuta de formación junguiana y maestro que se quedó fascinado con la relación entre los sueños y los fenómenos corporales. Mindell descubrió que al tratar los síntomas físicos como mensajes del inconsciente, análogos a los sueños, podía ayudar a las personas en su esfuerzo por entenderse a sí mismas. Cuando se reconocía en los síntomas algo significativo, en vez de verlos como simples fenómenos de los que había que liberarse, era frecuente que menguaran o desaparecieran. Al enseñar a pacientes terminales cómo tratar a su enfermedad en un nivel simbólico, Mindell ha podido ayudar a estas personas a resolver problemas vitales que tenían desde hacía mucho tiempo, con lo cual o se recuperaron, o bien murieron pacíficamente.

Mindell considera que la fuente del sí mismo es una entidad multicanalizada a la que él llama el «cuerpo onírico». El cuerpo onírico transmite su información a la mente consciente por mediación de los diversos canales constituidos por los sueños, las sensaciones y los síntomas físicos, el lenguaje corporal, los sonidos, las imágenes visuales, las relaciones interpersonales y los acontecimientos sincrónicos del mundo.

Una manera de entender un mensaje que le llega a uno por su canal físico es amplificar o exagerar un síntoma. Una intensa concentración en la vivencia del dolor conducirá espontáneamente a un «cambio de canal», en virtud del cual el dolor se convertirá en sonido, movimiento o imagen visual. Si en ese momento no se produce la revelación, se ha de amplificar el mensaje en el nuevo canal. Si el dolor se convirtiera en un gesto, por ejemplo, uno podría exagerar el gesto hasta que se volviera significativo, o hasta que se desplazara a otro canal. El proceso se completa cuando uno ha tenido la revelación necesaria en relación con su problema, y puede expresarse de una manera nueva.

El nombre que ha dado Mindell a su trabajo, Psicoterapia orientada hacia el proceso, o Trabajo procesal, indica su respeto por la dirección y el tiempo adecuados para cada persona. Mindell no cree que el objetivo de toda terapia deba ser un ideal de salud o de bienestar previamente determinado; para él, la búsqueda auténtica de cada individuo es la del conocimiento de sí mismo. La vida de cada persona es un proceso cuyo mapa nos lo proporciona el cuerpo onírico. El papel del terapeuta consiste en recordar al cliente que el mapa está a su disposición, y en ofrecerle sugerencias para interpretar sus símbolos. Mindell cree también que la resistencia debe ser respetada. La resistencia al cambio puede ser una señal de que el intento de aventurarse a la fuerza por un territorio aún no cartografiado es todavía prematuro

Si se usa el enfoque de Mindell junto con el Juego de la Gravedad, es decir, exagerando tensiones y considerándolas mensajes, como en el guión 33, es posible encarar los problemas inconscientes antes de que se conviertan en síntomas, con lo cual quizá se corta de raíz la enfermedad.

Una buena referencia para aprender más sobre el enfoque de Mindell es su libro *Working with the Dreaming Body* [«El trabajo con el cuerpo onírico»].

La Programación neurolingüística

La Programación neurolingüística, o PNL, es, más que una intervención psicoterapéutica *per se,* una descripción de la estructura de la experiencia humana. Sus iniciadores, John Grinder y Richard Bandler, empezaron por estudiar las cualidades que hacen que la gente tenga éxito en las relaciones humanas. Al observar o tomar como modelos a personas con habilidades superiores para la comunicación, pudieron identificar ciertas habilidades específicas, y a partir de entonces enseñárselas a otras personas. Los principios identificados por Bandler y Grinder han sido ampliados por seguidores suyos en muchos otros campos. La PNL se aplica en los negocios, la educación, la política y la diplomacia, y no sólo en los procesos de cambio personal.

Uno de los conceptos básicos de la PNL es que el contenido de lo que uno piensa es menos decisivo para su estado mental que la secuencia y las formas en que se describen tales pensamientos. Para describirnos nuestra experiencia a nosotros mismos nos valemos de imágenes visuales, sonidos, palabras e impulsos físicos. Cuando nuestra manera de describirnos el mundo se vuelve habitual, perdemos la flexibilidad que nos permite tener reacciones nuevas ante cada experiencia.

Supongamos que tienes el hábito de hacer incursiones a la nevera a altas horas de la noche, y que ya lo has probado todo para abandonarlo. Eres consciente de tu sentimiento de soledad y de que comes para tener una sensación de plenitud y de consuelo. Tal vez tus padres acostumbraban a sobornarte con galletas cada vez que te dejaban con la canguro. Y ahora, te fijas cada vez con más detalle en las posibles causas de que te atiborres de comida cuando en realidad no tienes hambre, pero sin resultado alguno. De todos modos, sigues comiendo. Te acomete un sentimiento de vacío que desencadena una imagen de comida, acompañada por severas advertencias que te recuerdan que el helado engorda. En menos que canta un gallo, ya estás ahí en la cocina, con la cuchara en la mano.

Utilizando las técnicas de PNL puedes cambiar tu relación con la comida, alterando tu manera de pensar en ese aspecto, es decir, la secuencia específica de sentimientos, imágenes y palabras. Tras haber separado las formas en que te describes la comida, la energía que invertías en mantenerlas juntas queda libre, y esto te permite responder de un modo nuevo a tu experiencia. Si el sentimiento de soledad ya no te desencadena automáticamente una imagen de comida, entonces puede convertirse en una señal para una respuesta más productiva. La PNL ha ideado muchos métodos para reprogramar creencias o formas de comportamiento atascadas.

Como parte del Juego de la Gravedad, ya se han introducido muchos puntos de vista de la PNL. Uno de ellos es la suposición de que un hábito que parece negativo proviene de una intención fundamentalmente positiva en el interior de la persona. La mayoría de las intenciones inconscientes están ahí para proteger o motivar de alguna manera a quien las tiene. Si la intención se puede cumplir de un modo diferente, es probable que el comportamiento negativo quede descartado. Una vez que uno aprende a sentirse sostenido por las piernas, ya no necesitará apoyar las manos en las caderas para sentirse más estable.

Otra creencia de la PNL es la importancia de disponer de una serie de recursos o un lugar cómodo y seguro desde donde se pueda tener una visión global de la parte de la experiencia que uno desee cambiar. Antes de procesar, por ejemplo, el problema con la comida mencionado anteriormente, se podría desarrollar una serie de recursos constituidos por las imágenes, los sonidos y los sentimientos asociados con el hecho de contar con alimento emocional. Dejar que el cuerpo asuma esos recursos es un primer paso importante en el proceso de separarse de la reacción no deseada habitual, un paso que le permite a uno saber que las cosas pueden ser diferentes. En el Juego de la Gravedad, dos recursos que aparecen en todos los guiones son la plenitud de la respiración y el sentimiento de apoyo gravitatorio.

Otro principio importante de la PNL es la «ecología», la idea de que cualquier cambio debe respetar la integridad de la totalidad del sistema, es decir, del cuerpo, la mente y el espíritu. Si alguien cambia sus hábitos de comida, pero empieza a agredir encubiertamente a los amigos, eso indicaría que en esa persona hay algo que no está de acuerdo con el cambio. Si un cambio en la forma de caminar le produce a la persona dolor de espalda, entonces el cambio no es ecológico. La prueba de la ecología es parte integral de todos los métodos de cambio usados en la PNL.

Las técnicas de la PNL frecuentemente utilizan el hecho de que la memoria y la imaginación se mueven por los mismos circuitos neurológicos. A la imaginación se la puede usar para incluir una experiencia dolorosa en un marco nuevo, o para despojarla de su aspecto hiriente, y liberar así la mente para que pueda responder de un modo nuevo. Sin embargo, para que estas técnicas funcionen, las experiencias evocadas o imaginadas deben ser completas, incluyendo las percepciones visuales y auditivas y los sentimientos. A esto se lo llama una «representación plena» de la experiencia. El sistema nervioso no distingue entre la realidad y la experiencia imaginada, si esta última es lo suficientemente vívida. Pregúntaselo a cualquier niño que tenga un amigo imaginario.

Estas técnicas se basan en el supuesto de que la parte inconsciente de la mente sabe lo que es bueno para cada cual. Si puedes aprender a tener acceso a sus consejos, el inconsciente se convertirá en un poderoso aliado.

Hay tres métodos de la PNL que describiré brevemente a continuación y que pueden ser útiles al trabajar en los cambios estructurales. *Heart of the Mind* [*Corazón de la mente*], de Connirae y Steve Andreas, y *Frogs into Princes* [*De sapos a príncipes*], de Richard Bandler y John Grinder, ofrecen descripciones detalladas de estas y otras técnicas de la PNL.

La creación de opciones

El guión 33, en el capítulo 8, que te da la pauta en la fusión de las características de los dos lados de tu cuerpo, es un derivado de una técnica de la PNL conocida como «el squash» (integración de polaridades). En esta práctica, lo que se hace es fundir dos estados o comportamientos opuestos a fin de hacer accesibles las docenas de opciones que hay entre ellos. Esto equivale a transformar la energía de los dos extremos. Recuerda que la energía no se puede destruir. No es posible anular el poder de los estados no deseados, pero sí se lo puede transformar en comportamientos más útiles o adecuados.

Supongamos que una parte tuya se dedica a anteponer las necesidades ajenas a la búsqueda de la armonía y la evitación de todo conflicto. En otras ocasiones, te cierras totalmente en ti y te pones a tu propio servicio. Las dos partes son como el blanco y el negro, y tú no tienes control alguno sobre cuál de ellas reaccionará en un momento determinado. La técnica de la que he hablado te daría acceso a toda la diversidad de sentimientos y comportamientos intermedios entre estos dos extremos, y te permitiría la flexibilidad necesaria para reaccionar adecuadamente ante una situación determinada.

Una manera de practicar esta técnica sería imaginar que tienes en una mano una detallada representación de ti como un «felpudo», incluyendo la visión de cómo te ves, cómo te expresas y cómo te sientes en ese estado. E imagínate que en la otra mano tienes una versión en miniatura de todo lo que hay en ti de más egoísta. Ahora, respira de un modo constante y relajado para fundir en una esas dos representaciones de ti mientras vas juntando lentamente ambas manos frente a tus ojos. Es probable que tengas conciencia de algunas curiosas contracciones neuromusculares a medida que tu inconsciente vaya procesando esta información. Una vez que las palmas de las manos se hayan encontrado, y tengas los dedos entrelazados, llévate las manos al pecho, un ritual que permite que la fusión de las dos representaciones de ti se te instale en el corazón.

Puedes poner a prueba el resultado de tu práctica de esta técnica imaginándote una situación en la cual por lo común te inclinarías a comportarte de una de las dos maneras. Si el cambio te ha alcanzado en el aspecto fisiológico, te parecerá que la situación te ofrece más opciones.

Otra técnica consiste en poner vívidas representaciones de cada característica personal en dos pantallas de televisión imaginarias. Sitúa los televisores en dos zonas diferentes de la habitación. Entonces podrás pasearte entre ambas pantallas, es decir, entre ambas características, hasta que sientas que el camino que hay entre ellas contiene posibilidades nuevas.

Aunque estos procedimientos puedan parecer juegos de niños mientras los lees, son poderosas técnicas de cambio. Y su eficacia se debe a que en la recreación del comportamiento comprometen tanto al cuerpo como a la mente.

La neutralización de recuerdos desagradables

En ocasiones, en el curso de los procesos que tienen lugar en el Juego de la Gravedad puede suceder que aflore un recuerdo desagradable. Una técnica de PNL conocida como «la cura de las fobias» es útil para neutralizar recuerdos dolorosos y hacer desaparecer la contractura muscular que imponen al cuerpo.

Los dos primeros pasos te ayudan a disociar tu yo actual de aquella parte tuya que experimentó el dolor en el pasado. Al establecer distancia y seguridad frente a tus recuerdos, esta técnica te protege de la probabilidad de que las sensaciones del pasado te abrumen.

Comienza por imaginarte en un cine. Al ocupar tu asiento, te ves en una pequeña pantalla en blanco y negro, haciendo alguna actividad rutinaria, como cepillarte los dientes. Luego, imagínate flotando por detrás de tu asiento, para poder observarte mientras miras tus actividades en la pantalla.

El tercer paso es observarte mientras ves una película en blanco y negro de tu recuerdo desagradable. Mírala desde el comienzo de la experiencia, sin saltarte nada, hasta el final, cuando lo desagradable ya haya pasado. Cuando llegues al final, detén la película para tener una imagen fija de que aquella experiencia se acabó.

El cuarto paso consiste en imaginarte que ahora entras en el cuadro inmóvil, lo coloreas, le añades dimensión y sonido y rebobinas muy rápidamente la película. Esto proporciona al sistema nervioso la vivencia de poner el tiempo al revés. Cuando hayas llegado al comienzo, vuelve a pensar en el recuerdo. Si puedes pensar en él con menos angustia, el proceso ha terminado. De lo contrario, repítelo.

Hay ocasiones en que el recuerdo de un dolor persiste como una advertencia del inconsciente para que nunca dejes que aquello se repita. En ese caso, el solo hecho de neutralizar el recuerdo no sería ecológico. Primero, es necesario que extraigas del recuerdo el necesario aprendizaje, y lo integres en tu estado de conciencia actual.

Una posible manera de extraer tal aprendizaje es mediante el diálogo interno. Podrías preguntarte qué es lo que sabes ahora que, si lo hubieras sabido entonces, habría modificado tu experiencia. O bien qué es lo que sabes ahora que habría podido cambiar la situación si lo hubieras sabido entonces. En cualquiera de los dos casos, vuelve al recuerdo e imagínate aquella experiencia transformada por la información madura que posees en estos momentos. Si lo haces de un modo detallado, con imágenes, sonidos, palabras, movimientos y sentimientos, tu sistema nervioso se valdrá de esa información para depurar tu recuerdo de aquella experiencia.

Las instrucciones del inconsciente

En ocasiones, los sentimientos que afloran a la superficie son demasiado dolorosos para recordarlos conscientemente. Los indicios de que puede estar sucediendo algo así son una angustia extrema, un aburrimiento súbito e inexplicable o la sensación de que te quedas en blanco. Este funcionamiento de nuestro inconsciente va orientado a protegernos de las cosas que, si las reconociéramos conscientemente, podrían perturbar nuestra ecología. Una técnica de la PNL conocida como «reencuadre» (*reframing*) puede ayudarnos a aflojar las tensiones que se originan en ese tipo de experiencias, sin hacer necesariamente que el recuerdo aflore a la conciencia.

La técnica de reenmarcar describe el proceso de contemplar la experiencia desde una nueva perspectiva. En este proceso, uno identifica la conducta o la tensión que quiere modificar y se comunica con ella como si fuera una entidad con personalidad propia.

La forma más fácil de comunicarte con la parte de ti responsable de tu tensión es llevarla al exterior, es decir, imaginarte que, de un salto, se sale de ti y se te planta delante, allí donde puedes verla y tocarla. Quizás esta parte tuya tenga rasgos reconocibles, pero con frecuencia no es más que una forma abstracta, con características aparentemente absurdas. Obsérvala en detalle: su textura, su forma, su color, su temperatura y su peso. Fíjate si hay algún sonido o ruido asociado con ella que hayas llevado al exterior. ¿Tiene voz? Si es así, ¿es grave, intermedia o aguda? ¿Te suena familiar? Pídele a esa parte tuya que está haciéndose cargo de la tensión que te deje saber cuáles son sus intenciones.

Cuando hayas recibido su mensaje, agradéceselo sinceramente. Después, explícale que, aunque aprecias su esfuerzo, preferirías tener más libertad en tu cuerpo. Pregúntale si no le parecería bien cumplir con su función de una manera diferente. La mayoría de las tensiones estarán encantadas de verse libres de la responsabilidad de hacer siempre lo mismo, y se mostrarán de acuerdo con la propuesta de encontrar otras alternativas.

Después, pide a tu parte creativa que confeccione docenas de maneras diferentes de satisfacer esa misma intención. Ella lo hará, en tu inconsciente, con demasiada rapidez como para que tú puedas mantenerte al tanto de todas las opciones. Dile que cuando haya acabado de crear alternativas, te lo haga saber.

Una vez creadas las opciones, pide a la parte tuya que se hizo cargo de la tensión que vaya en busca de alternativas nuevas. Cuando te haya seleccionado algunas buenas ideas, tú sentirás una reacción corporal, pero conscientemente puede que no sepas de qué se trata.

Vuelve ahora a prestar atención a esa parte tuya que has estado teniendo en las manos, y observa si una o más de sus características han cambiado: la forma, el color, la temperatura, el tono de voz. Agradécele que esté dispuesta a probar algunas maneras nuevas de poner en práctica su propósito, y después, para hacer que vuelva a tu interior, llévate ambas manos al pecho o haz una inhalación profunda.

El último paso en este proceso es examinar la ecología de tu sistema cuerpo/mente en su totalidad. ¿Hay alguna otra parte de ti que ponga objeciones a este cambio? ¿Sientes tensión en alguna otra parte de tu cuerpo? En ese caso, puedes establecer comunicación con esa parte y repetir con ella el proceso para «reenmarcarla».

Las características del tratamiento cuerpo/mente

Es probable que antes de que llegara a tus manos este libro ya anduvieras por una senda psicológica o espiritual satisfactoria. O quizá vayas en busca de un enfoque nuevo o de un terapeuta diferente. O puede ser que hayas empezado el trabajo sin más expectativa que la de una ayuda corporal, y ahora te sorprenda encontrarte con cuestiones de la mente y el corazón. Sea cuel fuere tu nivel de evolución personal, puede ser que ocasionalmente necesites el apoyo de un profesional.

El trabajo de Gendlin, el de Mindell y la PNL encarnan tres creencias o características importantes y eficaces como procesos terapéuticos o de autoayuda basados en la totalidad cuerpo/mente. Sus rasgos comunes pueden servirte de orientación cuando entrevistes a un terapeuta con miras a un tratamiento. En ese caso, no dejes de considerar las siguientes cuestiones:

El enfoque del terapeuta, ¿reconoce la sabiduría intrínseca en tu sistema inconsciente cuerpo/mente? Los tres enfoques que he descrito responden afirmativamente a esta pregunta.

¿Respeta la ecología del sistema cuerpo/mente/espíritu en su totalidad? El enfoque orientado hacia el proceso, de Mindell, y la paciencia de Gendlin con los pequeños cambios de la sensación son ejemplos de orientación ecológica. También lo es la seguridad que proporciona, en la PNL, el concepto de los recursos, que asegura que no se confunda la pequeña y dolorida parte del cliente que está bajo examen con la totalidad.

Los tres enfoques reconocen también la resistencia inconsciente al cambio y ofrecen la oportunidad de que se pueda expresar. El último paso del proceso de «reenmarcar» en la PNL hace que el cliente verifique la totalidad de su sistema cuerpo/mente en busca de cualquier objeción a los cambios que haya hecho. El cambio no es ecológico mientras no haya llegado a integrar la parte que se resiste a él.

Es preciso preguntarse también si el enfoque escogido respeta la ley de la conservación de la energía. Los tres métodos descritos siguen una pauta de selección de la experiencia a través de diversos canales o sistemas de representación. Cuando se llega a diferenciar y separar las imágenes visuales, los sonidos, los sentimientos y los movimientos atascados alrededor de una experiencia, esto va seguido de una liberación de energía que da paso a una revelación y un nuevo comportamiento. No se puede descartar, sin más ni más, ningún síntoma, sentimiento, mal hábito o tensión; pero cuando su intención o su mensaje positivo se integra, el cambio tiene lugar de manera espontánea.

Un cuarto principio de una eficaz terapia cuerpo/mente ha llegado a hacerse evidente gracias a métodos de integración estructural como el Rolfing y la Integración corporal por el Rolfing-Movimiento (RM). Este principio implica el establecimiento de un soporte físico para cambios que no son físicos. La sensación de apoyo gravitatorio del cuerpo se traduce como estabilidad y seguridad para la mente. Es decir, que la gravedad es una red de seguridad inapreciable para los momentos, en ocasiones angustiosos, en que uno afloja las contracturas musculares generadas por una experiencia dolorosa.

A veces, desprenderse de un viejo hábito es algo que se siente como si le hubieran quitado a uno el apoyo bajo los pies, o como si las fronteras familiares hubieran desaparecido. Si se desarrolla una nueva tensión defensiva, eso indica que se han violado los principios ecológicos. Pero si se establece como recurso el apoyo equilibrado de la gravedad, entonces uno contará con un confortable hogar físico donde cobijar sus actitudes y comportamientos nuevos.

Bodynamic Analysis

Hay algo evidente para muchos de nosotros: tendemos a tener, una y otra vez, los mismos problemas y se nos presentan, una y otra vez, los mismos dolores y trastornos causados por ellos.

¿Conoce a alguien, tal vez usted mismo, que siempre trabaja demasiado? Vamos a llamarla Sofía. Sofía siempre está desbordada por el trabajo. Ella lo sabe, trata de organizarse, pero, de algún modo, siempre acaba con demasiado trabajo. Además, de alguna manera, nunca se siente plenamente satisfecha con los resultados, encuentra siempre algún fallo y se enoja por ello. Si alguien se enfada con ella, no sabe cómo contestar y, en lugar de defenderse, se deprime y se siente humillada. Es inteligente y sabe que debería hacerse valer, pero nunca logra encontrar las palabras adecuadas. En los días malos cree que podría explotar de tanta presión que lleva dentro. Una de las cosas que la hace sentirse tan mal es que sus amistades opinan que debería relajarse, soltarse más y no reprimirse tanto. Eso la hace sentirse mal porque ella cree que no se reprime. Lo que le pasa es que se siente deprimida, resignada e incomprendida.

Ahora veamos qué aspecto físico tiene una «Sofía», cómo se mueve y cómo siente su cuerpo. Tiene la columna colapsada tras el plexo solar y los hombros caídos, como si llevara una carga invisible en la espalda. El cuello se encuentra un poco hundido en el torso, y los dedos de sus manos están flexionados como si también estuvieran preparados para llevar algo. Sus piernas son fuertes y tensas, y tiende a meter las nalgas ligeramente hacia delante. Cuando camina o baila, no se impulsa con los dedos de los pies, y es posible que tenga cierta dificultad para los cambios repentinos de dirección o velocidad.

Los del Grupo de la Gravedad probablemente ya habrían advertido todo estos problemas. Saben captarlos al vuelo. También sabrían qué hacer con ellos, y cómo ayudarla a aflojar las tensiones de su cuerpo.

Lo que tal vez no hayan pensado es que Sofía no solamente tiene tensiones en su cuerpo sino también zonas de tejido *fláccido*. Los tejidos fláccidos están relacionados con nuestros sentimientos de resignación, mientras que las tensiones reflejan el control psicológico.

Es probable que Sofía piense que los músculos resignados simplemente están fofos y faltos de tono, y que lo que le convendría sería hacer más ejercicio... Pero, si un músculo está resignado por causas emocionales, el ejercicio no le servirá para ponerse más sano. Lo único que le puede devolver el tono es algo que lo ayude a estar menos resignado y, como todos sabemos, eso es más fácil decirlo que hacerlo.

Ahora bien, ¿de qué le sirve a Sofía y al Grupo de la Gravedad ese conocimiento? ¿Qué pueden hacer al respecto? Bueno, lo primero sería reflexionar sobre ello. La mayoría de nosotros, cuando pensamos en los problemas de postura o problemas de la mente/cuerpo, nos centramos en las tensiones.

Todos sabemos que cuando estamos tensos y controlándonos, es maravilloso que lleguemos a relajarnos y a expresar lo que llevamos dentro. Pero si el cuerpo está resignado, eso significa que hemos tirado la toalla. Ya todo ha sido demasiado para nosotros y, probablemente, no sirva de mucho que nos animen a hacer más, a expresar más y a aflojar aún más el cuerpo.

Para la resignación necesitamos una estrategia distinta. Y justamente este es uno de los puntos esenciales de la terapia BODYNAMIC: cómo ayudar a una parte resignada del cuerpo/psique a sentirse bien, esperanzada y lo suficientemente fuerte para encontrar placer en hacer lo que necesita hacer.

La resignación necesita apoyo para encontrar el impulso que conduce a la actuación; las tensiones necesitan permiso para aflojar toda la acción reprimida.

Así pues, la primera parte del trabajo consistiría, por ejemplo, en conectar la percepción que tiene Sofía de su problema con la parte de su cuerpo que ha tirado la toalla, y ayudarla a conectar un «no» con la acción física de empujar algo lejos de sí, con una agradable sensación de fuerza y placer.

La segunda parte del trabajo sería descubrir las experiencias de su infancia que la llevaron a la resignación. Todos los músculos del cuerpo despiertan por primera vez a una edad determinada, y ese despertar va acompañado de problemas existenciales muy concretos. Poder y orgullo personal, capacidad de tomar decisiones y de actuar por sí mismo/a, de fijar límites, de decir «No» y continuar teniendo intimidad con los seres queridos.

Si ahora trabajamos con Sofía en la acción de decir «No», tarde o temprano descubriremos que muchos de sus problemas de postura corporal pertenecen a una determinada fase en su desarrollo. Así, por ejemplo, es posible que su cuerpo diga: «Algo fue francamente mal cuando yo tenía unos tres años y tuve que renunciar a mi poder y mi rabia, porque de lo contrario habría ocurrido algo terrible. Así pues, para estar a salvo, ¡olvidé que tengo ese poder!».

Sofía y su terapeuta deben descubrir qué fue lo terrible que sucedió entonces, y su niña interior de tres años necesita saber que eso no ocurrirá ahora. Sofía necesita encontrar el camino en el cual es más seguro tener sensación de poder y capacidad para decir «no», que ser impotente y hacer lo que desean los demás.

Este es el tipo de trabajo que realiza el Instituto BODYNAMIC. El secreto de su terapia consiste en observar a los adultos bajo el prisma del desarrollo motor de su infancia. Cuando somos niños, en cada nueva fase aprendemos determinados y muy concretos movimientos, nos encontramos ante desafíos especiales, y descubrimos formas especiales de estar con otras personas. Aprendemos a mamar, a levantar la cabeza, a caminar, a saltar, a sujetar un lápiz, a montar en bicicleta y a hablar con otras personas.

Y lo que sentimos se revela en el cuerpo. Así ocurre al montar en bicicleta, al hablar, al caminar e incluso al sostener erguida la cabeza, al decir «no» o «sí», estar felices, enfadados o tristes, o por tomar nuestras decisiones en la vida.

Por eso es fantástico ver cómo en el Grupo de la Gravedad todos se apoyan y confrontan mutuamente, porque la intimidad con los ojos despejados, que es lo que llamamos conexión, es lo más importante que pueden darse unos a otros en su viaje hacia una vida más completa y enriquecedora.

¡Y eso vale para todos nosotros!

El Grupo de la Gravedad

—Bill lo está pasando mal, ¿verdad? —pregunta Pauline.

Ella y Margie están dando un paseo, varios días después de su reunión con Bill y Fred.

—Sí y no —responde Margie—. Ha adelantado mucho desde que Kay lo dejó… Aquello fue un golpe que realmente lo obligó a mirarse un poco a sí mismo. Pero lo del adelanto es relativo, al menos por ahora. Parece que lo único que quisiera fuera cambiar de apariencia, y cree que puede hacerlo leyendo un libro.

—Creo que tiene más conciencia de sus sentimientos de lo que tú crees, Margie. Y también me parece que no te lo puedes sacar de la cabeza.

—En eso tienes razón. Es rara la forma en que la otra noche me estuvo ayudando como quien no quiere la cosa. No había manera de que me acordara del nombre de esa canción, y él sintonizó directamente con mi propio inconsciente.

Ahora, Margie tiene los brazos cruzados y camina a grandes zancadas, con fuertes golpes de tacón. Pauline tiene que darse prisa para seguirla. De pronto, Margie se detiene.

—Y ahí estaba yo, con todo lo que había comprendido sobre apoyarme a mí misma, sentir mi propio centro y reclamar mi espacio, y justo cuando le estaba diciendo lo magnífico que es todo eso, ¡empecé a sentir otra vez la vieja opresión en el pecho! Y me quedé ahí tratando de defenderme, ¡igual que ahora!

–¿Así? –pregunta Pauline, imitando la postura de Margie–. Deja de presionarte, Margie, y de presionar a Bill. Estas cosas llevan tiempo. Estás literalmente despojándote de tus capas defensivas, y no puedes esperar hacerlo de golpe. Actúas como si creyeras que a estas alturas ya deberías estar en el nirvana.

Margie deja escapar un gran suspiro y relaja los brazos.

–Eres una muchacha sabia, Pauline –responde–. Gracias por recordármelo. Me imagino que podría obsesionarme con la gravedad como con cualquier otra cosa: el trabajo, la ropa, el dinero, los hombres, mi estado físico... Ya lo he probado todo. Quizás esta vez llegue a entender el mensaje.

–¿Cuál crees que es el mensaje? –le pregunta Pauline.

–Bueno, creo que en parte es que el hecho de estar sostenida por la gravedad te proporciona una especie de brújula interna. Es una manera de saber dónde estás por dentro. Una vez que sabes cuál es la sensación que te da estar centrada, ya puedes decir cuándo no lo estás.

–Un calibrador automático de la congruencia.

–Exacto. La pesadez o la levedad de tu cuerpo te mantiene en contacto con tus sentimientos.

–Me gusta tu idea de la brújula –comenta Pauline–, siempre y cuando no la uses para andar paseándote sin rumbo.

–De eso no hay demasiado peligro, estando tú cerca –responde Margie–. Y ahora, ¿qué pasa contigo? Lo de la otra noche no fue una simple reacción sin importancia ¿Qué te sucedió?

–Bueno, Bill estaba leyendo el guión sobre la fusión de los dos lados del cuerpo, y yo me encontré nuevamente ante esa gran señal de *stop* roja. No fue tanto verla como sentirla, una sensación de hundimiento, en la boca del estómago. Era como un agujero, enorme y sin fondo.

Pauline ha ido disminuyendo el paso mientras habla, y Margie la ve palidecer.

–Es como si estuvieras hablando de algo donde no te gustaría meterte –señala.

–En aquel momento no, en todo caso. Pero me gustaría explorarlo –reconoce Pauline–. ¡Caramba! Ya estamos en nuestra calle. Me había despistado por completo. –Durante un momento, parpadea y sacude la cabeza–. Me parece que momentáneamente he perdido el rumbo.

–Sabes –reflexiona Margie, después de una pausa–, si te pones a pensarlo, cada uno de nosotros no es más que un fragmento de la Tierra. Es como si fuéramos intrusos en nuestra pequeña porción de terreno. Es raro lo fácil que es perderse.

–Margie, ¿has leído la parte del libro que habla del proceso de reencuadre de la PNL?

–Sí –responde Margie mientras ambas suben la escalera que lleva a su apartamento–. Parece como si fuera algo que pudiera ayudarte a aclarar eso. ¿Te gustaría que te echara una mano el sábado?

–Muy bien. Tenemos una cita –sonríe Pauline, mientras introduce la llave en la cerradura.

Ya es la mañana del sábado. Margie añade un tronco al fuego mientras Pauline se estira sobre una alfombra frente a la chimenea y murmura:

–Qué manera más agradable de pasar una mañana lluviosa.

Margie se instala sobre un cojín, al lado de su compañera, y se queda mirando el fuego mientras Pauline armoniza su respiración.

–¿Cómo sientes tu cuerpo? –le pregunta Margie al cabo de unos minutos.

–Bien. Siento mis dimensiones, y me siento apoyada. La pierna derecha me parece un poco más pesada que la izquierda, pero no mucho. Lo que noto más es como si la respiración se me desviara alrededor de la parte baja del abdomen, algo así como si fuese un río que rodeara una piedra instalada en medio de la corriente.

–¿Lo habías notado antes?

–Sí. Es ese lugar del que siempre he querido deshacerme, y hacer ejercicios abdominales no me sirve de mucho.

Bueno, hazle saber a ese lugar que ya no estás tratando de deshacerte de él, que te gustaría conocerlo mejor y tal vez incluso ayudarle a hacer lo que está haciendo por ti.

Al oír esas palabras, en el rostro de Pauline aparece una expresión de preocupación. Al cabo de un momento, el vientre le hace un sonoro gorgoteo y ella se ríe:

–Acabamos de desayunar; no puede ser hambre.

–Tal vez tu estómago te está diciendo algo.

Pauline se queda en silencio. Se escuchan uno o dos gorgoteos más, y finalmente ella suspira y hace un gesto de asentimiento.

–Ahora la piedra está más blanda, como si le hubiera gustado que la hayan tenido en cuenta.

–Entonces, veamos si podemos comunicarnos con ella. Si pudieras sacártela del cuerpo y tenerla en las manos, frente a ti, ¿qué características tendría?

Durante largo rato, Pauline permanece en silencio. Los músculos del entrecejo y de la mandíbula inferior se le mueven levemente, de modo que Margie sabe que su amiga está sumida en la contemplación de imágenes internas.

–Asombroso –dice finalmente Pauline–. Durante un rato, he estado viendo un montón de formas y destellos de luz. Después, por un segundo he visto la mesa de la cena de Nochebuena, con toda la familia alrededor, yo muy pequeñita, mis primos y mi tío, el que solía burlarse de mí...

Vuelve a hacer una pausa y frunce el ceño. Luego, con un suspiro, continúa:

–Después, todo se ha borrado y sólo ha quedado una gran caja envuelta para regalo.

–Bueno –sugiere Margie–, pregúntale al regalo si quiere comunicarse contigo.

–Sí quiere –responde Pauline, sin vacilación.

–¿Cómo lo sabes?

–Porque el papel del paquete ha empezado a brillar y me ha parecido como si el lazo se iluminara.

–¿Puedes conseguir que lo haga a propósito?

–Sí, pero no es lo mismo –responde Pauline, al cabo de un momento.

–Pídele a tu regalo que te diga qué es lo que tiene dentro –sugiere Margie.

–Ahora no es más que un paquete grandote y bobo –dice Pauline–. No quiere moverse.

–Bueno, eso también es una especie de comunicación, ¿no?

Pauline se ríe entre dientes.

—Le he dado las gracias y me ha contestado: «No hay de qué». No parece que quiera revelar ningún secreto.

—Pregúntale si estaría dispuesto a encontrar alguna otra manera de hacer lo que está haciendo por ti, de modo que no tengas que seguir manteniendo todo el tiempo esa tensión en el vientre.

Pauline hace un gesto de asentimiento.

—Muy bien, Pauline —dice suavemente Margie—. Ya sabes cuáles son los dos pasos siguientes. Pídele al regalo que le explique su propósito a la parte creativa de tu inconsciente, y después pide a tu creatividad que se invente montones y montones de maneras de lograr ese propósito, tantas que conscientemente no puedas seguirles la pista. Y cuando hayas acabado con el proceso, dímelo.

Pauline se queda varios minutos en silencio. Aunque sonrosado, su rostro casi no tiene expresión, a no ser una débil sonrisa. Cuando Margie está empezando a preguntarse si su amiga no se habrá distraído, Pauline traga saliva.

—Ahora ha sucedido algo —dice, como en sueños—. Había un árbol de Navidad con luces de colores. Esa era mi parte creativa que iba planteándose alternativas. Me he dado cuenta de que había acabado cuando las luces han dejado de parpadear.

—Bien. Ahora, pídele al paquete que escoja por lo menos tres respuestas nuevas que pueda usar la próxima vez que sea necesario para su propósito. Y que cuando haya terminado de hacerlo, te lo indique.

Momentos después, Pauline mueve afirmativamente la cabeza.

—Ahora, pasa revista a tu cuerpo para ver si hay alguna parte de ti que se oponga a las nuevas opciones.

Parece como si Pauline estuviera conteniendo el aliento, y su rostro tiene una expresión de cansancio. Después suspira.

—He sentido una presión en los muslos —dice—. Era como una sombra. Pero he seguido respirando y se ha vuelto más leve, y después ha sido como si se fuera alejando a la deriva detrás de mí. Todavía puedo verla a mis espaldas.

—¿Tiene alguna objeción?

—Ninguna, pero quiere quedarse ahí, en el fondo —dice Pauline—, y la tensión en el vientre me ha desaparecido.

–Tal vez deberías hacer algunas rotaciones de la pelvis –sugiere Margie–, para que tu cuerpo se acostumbre a moverse sin la vieja tensión.

El interés de Pauline por las rotaciones de la pelvis es bastante relativo. Está deseosa de levantarse y moverse con esa nueva sensación. Se da la vuelta y se pone de pie.

–¡Oh! –exclama–. ¡Qué sensación más extraña!

El rostro se le ha puesto súbitamente pálido.

Margie acerca una silla y con un ademán indica a Pauline que se siente.

–Será mejor que hagamos un poco de integración. Creo que te estabas dedicando a algún trabajo personal importante, aunque pareciera una fiesta de Navidad.

–Sí, me siento como si me hubieran desaparecido las piernas. Aquel consejo sobre integrar físicamente los cambios debe de ser más importante de lo que yo pensaba. –Pauline se concentra, haciendo oscilar el cuerpo hacia atrás y hacia delante, explorando su zona de asiento–. Ahora siento como si el peso se me instalara en la pelvis, como si tuviera ahí más sitio que antes.

–Inclínate sólo un poco hacia delante, para que el peso de las piernas pueda descansar en los pies.

–Sí, así es mejor –responde Pauline.

Al observarla, a Margie le parece como si su amiga estuviera estableciendo una nueva residencia en la mitad inferior de su cuerpo.

–Ahora me siento más conectada con la Tierra, más estable –comenta Pauline.

–Nunca me has dado la impresión de estar tan cómoda sentada.

–Es verdad. Generalmente, cuando estoy sentada enrosco las piernas y me muevo continuamente.

–Prueba a ponerte de pie. Inclínate hacia delante apoyándote en los pies, y haz presión contra el suelo para levantarte. Mantén esa sensación de apertura en la pelvis... Bien. ¿Te ha parecido tan cómodo como creías que era?

En ese momento, las interrumpe el timbre de la puerta.

–Iré yo –dice Margie, mientras echa a andar hacia el vestíbulo–. ¿Por qué no haces algunas flexiones de rodillas?

«Recuerdo haber sentido que estaba cómoda en mi cuerpo hace algunas semanas –piensa Pauline–, pero aquello no era nada comparado con esto.» Al flexionar las rodillas, siente que el peso se le instala en los pies, con plena seguridad, algo totalmente nuevo para ella. Su aliento se mueve sin trabas por la pelvis. Le parece como si le hubiera pasado algo malo cuando era muy pequeña. Pero ahora tiene la extraña sensación de estar protegida, como si no necesitara recordar aquello mientras no esté preparada para ello. Cuando presiona los pies sobre la alfombra, siente que su cuerpo se eleva sin esfuerzo, tranquilo, seguro y centrado, y echa a andar para recibir a Fred con un abrazo.

–¡Caramba! –dice Fred–. Aquí ha pasado algo bueno. Puedo sentirlo en tu piel.

–¿Como si estuviera más suave? –pregunta ella.

–Un momento, vosotros dos –interrumpe Margie–. Antes que nada, vamos a asegurarnos de que Pauline está segura de que ha acabado el trabajo.

–Me siento muy bien –afirma Pauline–. Me siento presente. Presente en las piernas y en la pelvis de una manera completamente nueva. ¿No crees que quizá lo que hacemos es retirar nuestro espíritu de aquellas partes del cuerpo donde hemos tenido algún tipo de problema?

–¿A ti, qué te parece?

–Bueno, antes tenía continuamente en tensión las piernas y el vientre, y ni siquiera me daba cuenta, como si estuviera al mismo tiempo rígida y ausente. Adormecida, diría yo. Quizá la tensión fuera una manera de establecer mis propios límites. Entonces, hace un rato, cuando me he levantado con demasiada rapidez, he tenido la sensación de que junto con la tensión habían desaparecido los límites.

–Y eso te ha asustado.

–Sí. Pero entonces he vuelto a entrar en contacto con la gravedad, en un nivel de conciencia más profundo que antes, sintiendo más apoyo y mis dimensiones de un modo más pleno, así que he podido instalarme dentro de mí misma y relajarme.

–Sabes –cavila Margie, en voz alta–, hace mucho que la Tierra está ahí, y no va a dejar de sostenernos hasta dentro de mucho tiempo.

—¿Te refieres a que podríamos aceptar su ayuda en vez de seguir esforzándonos tanto por mantenernos erguidos?

—Es como si eso, de alguna manera, replanteara el juego, ¿no te parece? —responde Margie, asintiendo con la cabeza—. ¿Y qué tal si me das un abrazo?

—Gracias, Margie. Me has ayudado más de lo que crees.

—¿Puedo saludaros ahora? —pregunta Fred al ver que las dos mujeres se vuelven hacia él.

—Perdona por no haberte hecho caso —se disculpa Margie—. ¿Cómo te va?

—Bien. Creo que por fin me estoy convirtiendo en un devoto de la gravedad. Aquel ejercicio de la otra noche cambió algunas cosas en mí.

—¿Por ejemplo?

—Mira, después de haberle prestado tanta atención a la rodilla, empecé a darme cuenta de la gran cantidad de tensión que acumulo en la pierna derecha. Resulta que he estado tensando los muslos y el trasero mientras conduzco, y como paso tanto tiempo en el coche, eso representa mucho esfuerzo. Entonces, adivinad lo que pasó.

Las dos chicas lo miran, intrigadas.

—Me di cuenta de que en realidad no necesito hacer trabajar toda la pierna para apretar el acelerador. Basta con que flexione el tobillo, una solución mucho más simple. Acto seguido, eché el respaldo del asiento hacia delante, lo cual me hizo más fácil el desplazamiento del peso del tronco hacia el cuenco pelviano. Cuando relajo la tensión innecesaria que acumulo en las caderas, como por arte de magia, ¡se me va el dolor de espalda!

—¡Tres hurras por la gravedad! —propone Margie, radiante.

—¡Estupendo! —aprueba Pauline, acercándose a Fred para darle otro abrazo—. ¡Y seguro que por dentro también te sientes diferente!

—Tengo una idea —anuncia Margie cuando el entusiasmo disminuye—. Hemos estado hablando mucho de lo bien que se siente uno al vivir en su cuerpo de una manera diferente, pero mientras lo hacemos, ¿por qué no practicamos un poco lo que predicamos? Me refiero a que podríamos practicar nuestra conciencia de la gravedad mientras seguimos hablando. ¿Qué os parece?

—¿Y de qué hablaremos? —pregunta Fred, sin demasiado entusiasmo.

—Eso no importa. De cualquier cosa.

—Se me ocurre una idea mejor —propone Pauline—. Os cantaré algo.

Fred y Margie se esfuerzan por no parecer demasiado asombrados. Pauline es muy reservada con eso del canto; siempre se ha negado a complacer a sus amigos, cuando le piden que cante, asegurando modestamente que no está preparada. Pero algo ha cambiado, y a ellos les encanta. Su placer va en aumento mientras escuchan a su amiga, que les canta primero algunas arias de ópera y luego canciones de Gershwin. Su voz parece resonar desde las plantas de los pies.

—Bueno, eso es todo.

Pauline sonríe mientras retira del radiocasete la cinta de acompañamiento. Las gotas de lluvia salpican los cristales de las ventanas.

—Pauline, tienes una voz preciosa —exclama Margie sonriendo alegre—. No puedes seguir escondiéndola. ¡Es un don!

Bill se ha reservado la tarde para escuchar la cinta que grabó Margie cuando leyó los guiones al resto del grupo, el domingo por la noche. Ella siempre piensa en todo, lo mismo que su madre cuando lo preparaba para ir a la escuela. Bueno, ahora ya no tiene excusa para postergar los aspectos esenciales. Da la impresión de que Fred y Margie han sacado mucho jugo del asunto, aunque hay veces en que el entusiasmo de Margie puede resultar agotador. Pero es incuestionable que al final de la velada Fred caminaba de un modo menos desequilibrado, y eso lo impresionó.

Bill enciende la lámpara de su escritorio y prepara el radiocasete. Se alegra de estar trabajando solo, especialmente después de haberse exasperado de aquella manera con Margie. No consigue entender qué le pasó. Hay veces en que simplemente no puede controlar sus sentimientos, ni encontrar las palabras adecuadas. En ocasiones, las palabras le vienen fácilmente a la cabeza, y en otras le salen como un torrente las menos oportunas. Tenía el mismo problema con Kay.

Suspira y levanta una pila de libros y revistas que están amontonados en el suelo, junto al sofá. Distraidamente, va pasando las páginas de una publicación de informática, y después se pone a hojear su gastado ejemplar de Robert Frost.

—La salida está cerrada —murmura—. Tú dijiste eso en alguna parte, ¿verdad, viejo amigo?

Bill se estira en la alfombra y va relajándose poco a poco. Cuando percibe el silencio que hay en la casa, piensa fugazmente en Kay y se pregunta qué estará haciendo en esos momentos. Con severidad, vuelve a prestar atención a lo que tiene entre manos. Pone en marcha el radiocasete y empieza a respirar. Al cabo de un rato, le parece como si algo estuviera presionándole los hombros hacia abajo. También siente tensión alrededor del pecho, y no puede respirar profundamente. Hace algunas semanas, recuerda, ya le había pasado algo similar, ahí mismo, en su estudio.

—De acuerdo —murmura—. La salida está cerrada.

Luego se sienta, a ver si así entiende mejor lo que su cuerpo está tratando de decirle. Es como si alguien o algo estuviera haciéndole presión sobre los hombros, y tiene una sensación de pesadez en la espalda. Se pone las manos sobre los hombros y presiona, tratando de intensificar la sensación.

—Todos tenemos que llevar nuestra cruz —oye decir.

Es la voz de su padre, áspera y distante. Y Bill está enroscado, oculto en un lugar pequeño y oscuro. Ahora tiene los ojos cerrados y deja que el cuerpo se le enrosque en aquella misma postura de cuando era pequeño, hace mucho tiempo. ¿Dónde está?

—Oh, ya recuerdo —suspira, y vuelve a estirarse sobre la alfombra, dejando que el recuerdo fluya desde el pasado.

Bill se había criado en una familia religiosa, y su padre era especialmente estricto. Cuando era monaguillo, Bill solía levantarse antes de que amaneciera e irse solo a la iglesia, en bicicleta, con el fin de prepararse para la primera misa. La iglesia estaba poblada por extrañas sombras y él se acercaba presurosamente al altar, donde se sentía seguro junto a la estatua de la Virgen. Una mañana se había adormecido mirando el rostro de la imagen, y el ruido de unos fuertes pasos pesados lo sobresaltó. Medio dormido, se había sentido aterrorizado y sólo atinó a ocultarse bajo el mantel del altar, donde permaneció toda la mañana, hasta que terminaron las misas. Cuando finalmente regresó a casa, su padre lo zurró despiadadamente por haber hecho novillos.

Era todo un gran error. Bill se había asustado y después, avergonzado de su miedo, no se había animado a hacer saber al sacerdote que estaba oculto bajo el altar consagrado y la cosa culminó con la mortificación de que su padre lo castigara. Su pecado secreto se le fue haciendo cada vez más pesado, como una cruz. Y esa era la carga que había seguido llevando durante tanto tiempo, incluso después de haberla olvidado y de haber abandonado la religión organizada para establecer una relación más privada con su Dios. Esa carga permanecía con él cada vez que hacía algo de lo cual se avergonzaba.

Bill hace una inspiración lo más profunda posible y saca el aire por entre los labios, dejando que el extraño sonido que hace lo saque de su ensueño. «Ahora, tranquilo», se dice. «Ya puedes quedarte con ese viejo recuerdo y mirarlo por dentro, que no te morderá.»

Cuando vuelve a respirar, todavía sigue sintiendo cierta opresión en el pecho, los hombros y la espalda. Algo pesado, como una armadura. Bill intenta apreciar esa tensión, creer que el hecho de sentirse como se siente sirve a algún propósito positivo. Pero le cuesta: esa sensación de restricción le molesta y quiere librarse de ella.

Ahora retorna al recuerdo de su infancia y se pregunta qué es lo que sabe ahora que podría haberle ayudado si lo hubiera sabido entonces. ¿De qué otra manera podría haber reaccionado ante esa situación?

En su búsqueda de una llave que le permita abrir su oxidada armadura, evoca como en una película la escena de su infancia: la iglesia oscura, cómo se esconde precipitadamente debajo del altar, la cólera de su padre... todo, hasta el final, cuando la zurra queda olvidada y él vuelve a sentirse bien. Luego se pasa por segunda vez la película, en blanco y negro, ahora más rápido, donde todo se mueve a tirones, como en una vieja película muda. Y después la pasa al revés, metiéndose dentro para retroceder en el tiempo, y lo repite una y otra vez. Ahora ya le está resultando divertido verse a sí mismo empezando a sacar los pies por debajo del mantel del altar. Casi podría reírse...

Bueno, por lo menos ya no sigue conteniendo el aliento y puede recordar la experiencia con más objetividad.

Ahora se le ocurre que podría haber salido de su escondite tan pronto como se dio cuenta de que los pasos eran del padre Paisley. El sacerdote habría entendido que no era más que un niño muerto de sueño. Bill se ríe a carcajadas al imaginarse dándole al sacerdote una conferencia sobre la compasión. Y lo gracioso es que el niño tiene la voz grave de Bill.

Se levanta y, arrastrando los pies, se dirige a la cocina en busca de un poco de leche y unas galletas. Con la mirada en el vacío, se sienta ante la mesa. Como en un sueño, ve a un niño empujando un vagón rojo, dentro del cual hay una cruz, grande y pesada. El niño va haciendo retroceder el vagón hacia el pasado, hasta donde sigue estando el padre de Bill, y dice: «Papá, creo que esta cruz es tuya. La encontré y yo ya no la necesito».

El niño estrecha la mano de su padre, se da la vuelta, regresa a la cocina y muerde una galleta.

–¡Caramba! –exclama Bill, sacudiéndose y enderezándose–. Tengo que hacer algo con estas sillas. Hacen que a uno se le duerma el trasero.

Se pone de pie y distraídamente se palmotea las nalgas.

–¡Santo cielo! –exclama y empieza a pasearse nervioso de un lado a otro de la habitación, deteniéndose de vez en cuando para flexionar las rodillas y sacudir las caderas.

–Trasero mío, ya estás libre. Nadie te dará nunca más una paliza.

Mientras se prepara para acostarse, Bill se mira en el espejo. Se nota una amplitud nueva en el pecho, y le parece que hay más distancia entre sus hombros y sus caderas. Va a tener que empezar a fijarse en la altura de las puertas, ahora que se está volviendo tan alto. Flexiona de nuevo las rodillas. ¡Y cómo no! Tiene el peso corporal instalado en la pelvis como si fuera una silla de montar. Recuerda la forma de los huesos de la pelvis.

–Entonces, no tengo que hacer nada con las nalgas –piensa–. Si mantengo esta postura, tendré que comprarme unos tejanos nuevos.

Ahí, de pie y en calzoncillos, Bill hace una inspiración profunda y libre. Por primera vez en años, se siente con ganas de bailar.

10

Ganar en el juego

–Tienes muy buen aspecto, Bill –comenta Fred, dándole una palmada en el hombro–. Hacía tiempo que no te veía. ¿Desde cuándo?

–Hará unos seis meses, creo. Tú tampoco estás mal.

–Gracias. Me siento bien, y me alegro de verte de nuevo. Me gustaría que me contaras en qué andas.

–No tengo ningún inconveniente. Todo ese asunto de la gravedad ha sido utilísimo para mí. ¿Te contó Pauline que Kay y yo volvemos a vivir juntos?

–Sí, y me dijo que estáis tomando lecciones de danza o algo parecido.

Mientras habla, Fred se dirige hacia el sofá.

–Danza griega, sí. Es algo magnífico. Kay siempre quiso que yo hiciera bailes folclóricos con ella, pero me sentía demasiado torpe. En cambio ahora –Bill entrechoca los tacones y hace chasquear los dedos–... soy otro hombre.

–Entonces –sintetiza Fred, con una risita–, ¿la gravedad te ha convertido en un griego?

–¡Vale más griego que borrego! –afirma Bill, mirando con una expresión amenazadora a su alrededor–. ¿Quién ha dicho eso?

Fred se encoge de hombros.

–Probablemente tu otro yo.

–Bueno, pues muéstrale dónde está la puerta. –Bill se sienta junto a Fred en el sofá–. Oye, Margie me dijo que Pauline y tú andáis bastante justos de tiempo estos días.

—Sí, creo que así se podría decir. En este momento, los dos estamos muy ocupados. Ella tiene un trabajo nuevo, y yo sigo estando mucho en la calle, pero cuando disponemos de tiempo para estar juntos, es algo mágico.

—Y hablando de magia —dice Bill—, ese movimiento de rotación de la pelvis nos ha venido muy bien a Kay y a mí... Me refiero a nuestra vida sexual.

—Nosotros también lo notamos —sonríe Fred—. Parece que los beneficios del Juego de la Gravedad fueran inagotables.

—Yo estoy en deuda con la gravedad por haber salvado mi matrimonio —comenta Bill, y ambos se recuestan en el respaldo, sonrientes.

Bill parece a punto de continuar con las confidencias cuando aparece Margie.

—Hola, chicos.

—Hola, Margie.

—Excelente idea la de reunirnos para pasar revista a los movimientos con la gravedad, Marge —comenta Bill, haciéndole un guiño a Fred.

—¿Cómo es eso? —pregunta Margie, con la sensación de que se ha perdido algo.

—Bueno, es que he andado con dolor de cabeza últimamente. Desde hace una semana siento un dolor muy molesto en la nuca.

—¿Qué es lo que pasa? —pregunta Margie—. ¿Acaso no habías tenido nunca dolores de cabeza?

—Sí, solían molestarme mucho antes de que aumentara la altura a la que tengo la pantalla del ordenador en el trabajo. Ya sabes que los ordenadores hacen estragos en el cuerpo.

—Pero ahora tienes el lugar de trabajo adaptado a tu cuerpo, o sea que no puede ser eso. ¿Has estado haciendo algo diferente en la última semana?

—En realidad, no. Lo único es que tengo un nuevo vídeo de ejercicios, y he estado haciendo mucho uno que consiste en elevar el cuerpo y volverlo a bajar rítmicamente apoyando en el suelo las almohadillas de los pies y las palmas de las manos.

Bill estira sus pectorales. A causa de su antiguo hábito de encorvarse, nunca ha tenido bien desarrollada la parte superior del pecho. Ahora que se siente mejor consigo mismo, no sólo está más cómodo con esa parte de su cuerpo, sino también ansioso de trabajarla para que se desarrolle más.

—Pues precisamente quizás esté ahí el problema —sugiere Fred—. Muéstranos cómo haces ese ejercicio.

Bill se tiende boca abajo en el suelo para hacer la demostración.

—Me parece que sólo usas los músculos de los brazos y de los hombros para impulsarte —señala Fred—. Detente un momento. Ponte en contacto con los omóplatos, y siente cómo te conectan los brazos con la espalda. Ahora, empuja haciendo trabajar la parte interior de los brazos.

—Así es mucho más difícil —se queja Bill—. Tengo que hacer la mayor parte del trabajo con la espalda, y no puedo.

—No mientras no se te fortalezcan la espalda y los hombros. Pero nota cómo se te ensancha el pecho.

—Tienes razón —admite Bill.

—Si trabajas en una posición que te ensanche el pecho, terminarás por tener el pecho ancho, pero si lo haces en una postura de estrechez, no harás más que reforzar tu antigua pauta —explica Fred.

—¿Y sabes qué más? Siento más relajado el cuello cuando lo hago de esta manera. Creo que he estado haciendo este ejercicio con el cuello y la mandíbula contraídos.

—Entonces, puede que sea ese el origen de tu dolor de cabeza.

—Otra victoria para la gravedad —bromea Margie.

—Os lo agradezco mucho a los dos —dice Bill, mientras se levanta y se coloca la camisa dentro de los pantalones.

—Encantado de haber podido ayudarte —responde Fred—. Pero no sigamos trabajando mientras no llegue Pauline. Le fastidiaría haberse perdido algo.

—De acuerdo —asiente Bill volviéndose hacia Fred—. Oye, ¿cómo es que ahora tienes una furgoneta? Creía que tú y el Corvette rojo formabais una especie de matrimonio.

—Bueno, es que le hiciera lo que le hiciera, no podía conseguir que el asiento me fuera del todo bien. La furgoneta es mucho más cómoda. Además, necesito espacio para unos chicos que conozco.

—Margie me comentó que estabas haciendo un trabajo de voluntario. ¿De qué se trata?

—Estoy dando unas clases de culturismo en un centro para niños con discapacidad. Sabes, aunque no se comporten como todo el mundo, esos chiquillos también pueden disfrutar de su cuerpo.

—¿Cómo te metiste en eso?

—Pues, aunque parezca extraño, ¿recuerdas la última vez que estuvimos juntos, cuando leímos aquel guión sobre cómo comprender los mensajes del cuerpo? Bueno, para no alargarme, después en la calle vi ese gran letrero que decía «Club de niños». Una cosa me llevó a la otra y acabé entrando en ese lugar.

—Estupendo —aprueba Bill—. ¿Se te había ocurrido antes alguna vez hacer algo así?

—No. Siempre estaba demasiado ocupado demostrándome cosas a mí mismo. Pero esa noche me di cuenta de que había estado tratando de compensar algunas malas pasadas que le había hecho a mi hermano cuando éramos pequeños. Así que este proyecto es una forma de equilibrar aquello, como pedir disculpas, si quieres.

—Pues realmente debe de darte satisfacción.

—Más que ninguna otra cosa que haya hecho nunca.

—Sabes —dice Bill—, hace un año jamás habría creído que uno pudiera introducir cambios en su vida sólo poniéndose en armonía con su cuerpo.

El trofeo es tu cuerpo

Tu juego con la gravedad debería convertirse en una permanente y continua diversión. No es una competición en que intentas triunfar y obtener un trofeo para ponerlo en un estante. Si algún trofeo hay, es tu propio cuerpo, y a lo largo de toda tu vida seguirá cambiando, en un proceso de relación dinámica con la Tierra. Espero que este libro te haya hecho tomar conciencia de esta relación y que te haya dado algunas ideas sobre cómo hacer de ella algo tan grácil, sensible y cómodo como sea posible.

Los principios que ahora te resultan familiares son poderosos.

Rehabilitarán y mantendrán tu estructura física mientras vivas, de manera que cuando hayas envejecido y tengas la suficiente experiencia como para haber alcanzado una cierta sabiduría, sigas contando con la agilidad y la fuerza necesarias para compartirla.

¿Qué has aprendido? A respirar, a percibir cómo el movimiento de la respiración conecta cada parte de tu cuerpo con todas las demás. El flujo de tu respiración te enseña dónde has creado una barrera en tu cuerpo, dónde tu sistema está invadido por el estrés o por la incongruencia. Tu respiración también proporciona a tu cuerpo la estabilidad de las tres dimensiones. Así funcionas como una totalidad, no como partes o lados.

También has aprendido cómo es eso de sentirse apoyado. Tienes una comprensión sensitiva de la Tierra bajo tus pies. No hay elogios ni posesiones comparables con la seguridad personal de saber dónde apoyas los pies. Y conoces tu centro, el núcleo de tu yo físico. Sabes cuál es la diferencia entre sentirse tenso hasta los huesos, acorazado contra las experiencias de la vida, y tener un centro que responde libremente a la vivencia del momento presente. Conoces la sensación de contar con el apoyo de la pelvis tanto como con el de los pies, y la de tener un amplio espacio en la pelvis para tus instintos fundamentales, para tus sensaciones viscerales. Tienes un sentido de la fluidez de tus articulaciones, del modo democrático con que comparten contigo la responsabilidad del movimiento. Has aprendido a reconocer un sentimiento de integración cuando para iniciar los movimientos de los miembros lo haces a partir de la columna. Los brazos, las piernas y la cabeza se extienden a partir de tu centro como lo hacen desde el suyo los brazos de una estrella de mar. Y sabes cuándo hay congruencia entre tu cabeza, tu corazón y tu vientre.

Cuándo es el momento de una puesta a punto

Los niños están enfermos, tú no has podido cumplir con un plazo, alguien te ha desvalijado el coche, tu equipo favorito perdió un partido importante, y tu suegra se viene a pasar un mes a tu casa.

Deja que la gravedad te ayude a ordenar la situación. Cierra la puerta durante diez minutos y escucha un par de los siguientes guiones:

Guión 5: La exploración de tu mitad posterior.
Guión 16: Las flexiones integradoras de las rodillas.
Guión 21: La rotación de la pelvis, desenrollarse para ponerse de pie y las flexiones de rodillas.
Guión 22: Cómo activar tus tirantes internos.
Guión 23: Para pasar de estar sentado a estar de pie
Guión 32: El mantra del movimiento

Aunque cualquiera de los guiones del Juego de la Gravedad puede resultarte útil para conservar la conciencia de tu estructuta, los que anteceden te los recomiendo especialmente. Tal vez te sorprenda la facilidad con que estas meditaciones en movimiento te centran. Al concentrar tu atención en el interior de tu estructura, vuelves a armonizar con tu senda personal de simplicidad. La atención concentrada te permite separar el grano de la paja. Tal vez durante esa pausa de diez minutos te pierdas el desayuno, pero de pronto recordarás que hoy es el cumpleaños de tu marido o tu mujer. No es demasiado tarde para hacer una reserva en vuestro restaurante favorito, y alguna abuela podrá ocuparse de los niños.

Al repasar un ejercicio, ten presente que su objetivo es la sensación de comodidad y de apoyo. La diferencia en la sensación puede crear una forma visual diferente si te miras en el espejo, pero no te apoyes en la información visual para evaluar tu éxito. Deja que la sensación guíe tus cambios.

En este juego, tu mayor ventaja son las sensaciones que tengas de tu relación equilibrada con la gravedad. En ocasiones, cuando no puedas disponer del tiempo necesario para una puesta a punto, el solo hecho de recordar las sensaciones importantes será suficiente para aliviarte el estrés, recuperar tu centro y ponerte nuevamente en marcha por la senda del equilibrio.

Recuerda que has de cultivar una actitud amistosa hacia tus viejos hábitos. Agradéceles el apoyo que te han proporcionado en el pasado. Sedúcelos para que te ayuden y se encarguen de descubrir maneras nuevas de hacer frente a tus tensiones. Escucha sus mensajes.

Tal vez en algún momento recibas un mensaje que preferirías no haber oído, o reconozcas algún aspecto tuyo que te resulta doloroso, o un episodio de tu historia personal del que preferirías no hacer caso. Recuerda que *tú* no eres tu dolor, y que con el apoyo generado por tu nueva relación con la gravedad, puedes apartarte de él. Respira con calma, dejándote sostener por la Tierra mientras observas ese dolor bajo una luz nueva e interpretas su significado dentro de un marco diferente.

Resérvate el tiempo necesario para coreografiar algunas de tus rutinas diarias, la forma en que realizas tus tareas, movimientos tan simples como estirarte para alcanzar algo, inclinarte, mirar, darte la vuelta y caminar. Nota cuándo la gravedad apoya tus intenciones y cuándo saboteas tu comodidad con contraintenciones expresadas activamente en el plano corporal. Escoge una acción o actividad específica, y vuelve a diseñarla. Después, practica uno o dos ejercicios del Juego de la Gravedad para evocar la sensación de comodidad y de apoyo. Una vez hecho esto, pregúntate cómo puedes realizar esa tarea con esa sensación corporal.

La visualización es otra manera de volver a diseñar tus actividades cotidianas. Empieza por practicar un par de ejercicios del Juego de la Gravedad para aumentar la conciencia que tienes de tu estructura. Después, visualízate en tu trabajo, en el campo de golf, en un salón de baile, en el gimnasio, en la piscina o en cualquier otro sitio en donde utilices tu cuerpo de un modo que quieras modificar. Imagínate la escena a todo color, con texturas, temperaturas y sonidos. Se ha demostrado experimentalmente que el pensamiento produce cambios electroquímicos mensurables en el cuerpo. Ensayar mentalmente una manera diferente de comportarte crea en la realidad un comportamiento nuevo.

Es muy importante que te concedas tiempo para aprender estas maneras nuevas de estar en tu cuerpo. Aprecia el poder de los pequeños cambios. Uno insignificante, verdaderamente integrado en tu repertorio de reacciones cotidianas, irá cobrando importancia.

Convence a tu estructura de que se mantenga centrada durante los pocos minutos en que estés cepillándote los dientes. Ese simple recordatorio matutino te volverá a la memoria luego, mientras estés haciendo cola en algún sitio, y te ayudará a transformar tu manera de estar de pie, sea donde fuere.

Otra forma de mejorar tu estructura es conectar con tu mejor manera de relacionarte con la gravedad. Evoca algún momento en que hayas tenido mucha confianza en ti, en que te hayas sentido en conexión con la Tierra, con el cuerpo flexible, espontáneo y seguro. Tanto puede ser algún episodio reciente como un momento ya lejano en el tiempo. Una vez que tengas un recuerdo claro de aquella ocasión, vuelve a crear aquel estado físico. Deja que tu cuerpo se sienta así en el presente. Después empieza a pasearte, saboreando la comodidad y estabilidad de que disfrutas. Nota tu apoyo, tus dimensiones, tu centro, la fluidez y la congruencia con que caminas, te inclinas, te sientas y te pones de pie.

También puedes mejorar tu estructura si adoptas la posición física de alguien que se mueve cómodamente y con gracia: un niño, una bailarina, un atleta... Deja que tu cuerpo imite sus movimientos, pero concéntrate más bien en la sensación que en la apariencia.

El Juego de la Gravedad debería hacerte la vida más fácil, no complicártela abrumándote con detalles. O sea que, si eres una de esas personas que cuando tienen que recordar seis cosas (la respiración, el apoyo, las dimensiones, el centro, la fluidez y la congruencia) se encuentran con que les sobran cinco, escoge la número uno, la respiración. Limítate a respirar. Deja que respiren tus codos, tus rodillas, tus ojos, el dedo pequeño de tu pie. Y tal vez sólo recuerdes algún que otro comentario o idea de este libro que le dijo algo a tu cuerpo, que te pareció importante. Dentro de unos seis meses, cuando tu cuerpo sea diferente, podrías volver a tropezar con el libro, y quizás entonces alguna otra idea te parezca verdadera. Pero no hay ninguna prisa. Tienes toda la vida por delante para llegar a sentirte a gusto en tu propia piel.

* * *

El Grupo de la Gravedad

–¡Eh, vosotros! Tengo una noticia increíble.

Pauline aparece en la puerta con los brazos extendidos como si estuviera entrando en escena. Lleva el pelo recogido en lo alto de la cabeza y un conjunto multicolor que le da un aire de gitana.

Bill deja escapar un silbido.

–Vaya espectáculo para mis pobres ojos. No sabía que te diera por el teatro, Pauline.

–Hola, Bill. ¡Cielos! Hoy es la noche de la gravedad, ¿no? ¡Oh, Margie, Fred! Estoy que no quepo en mí misma. ¿Sabéis quién ha venido hoy?

Pauline flota por la habitación abrazando a todos los presentes. Después retrocede en un vano intento de guardar compostura, pero lo que quiere contar le sale desordenadamente de una tirada.

–Los productores de los que os hablé están preparando una reposición de *Bésame, Kate* en el Grand. ¡Les gusto como canto y quieren probarme para el papel de Kate! –Recogiéndose las largas faldas, se echa a girar sobre sí misma–. ¡Estoy tan entusiasmada y emocionada!

–Eso es fantástico, Paulie –dice Fred sonriendo alegremente–. ¡Vaya noticia!

–Y Lucky estaba tan orgulloso que llamó a Carla para que me reemplazara y yo pudiera salir temprano, conque aquí estoy. Oh...

–A ver, por favor, que alguien me informe –pide Bill–. ¿Quién es Lucky?

–Lucky es el propietario de Luciano's –explica Margie–, donde trabaja Pauline. Es un cabaret. Cuando descubrió que ella sabía cantar, la incluyó en el *show*, o sea que ahora sirve la cena y después canta. Hay montones de cantantes que han empezado allí.

–Me voy a quitar esta ropa –dice Pauline–, y vuelvo dentro de un momento. Perdonadme por haceros esperar.

–Tómate el tiempo que necesites –le dice Fred.

–No hay ningún problema –añade Bill y se vuelve hacia los demás–: Yo ni siquiera sabía que cantara –comenta–. ¡Vaya si ha cambiado!

—Como todos nosotros —señala Margie—. Por eso yo quería que volviéramos a reunirnos de nuevo.

—Bueno, ¿cómo vamos a hacer esto? —pregunta Bill.

—He pensado que podíamos hablar de los descubrimientos que hemos hecho y las dificultades que podamos tener, y después quizá pasar revista a algunos de los ejercicios.

—Me parece un buen plan —asiente Bill.

Mientras esperan, Margie, Fred y Bill se sirven algo y se ponen cómodos. Pauline se les une, vestida con unos tejanos y con la cara lavada, pero radiante.

—Yo empezaré —se ofrece Bill—. Ahora hago pausas para practicar con la gravedad. Antes solía meditar, y todavía lo hago a veces, pero esto es diferente. Cuando me hago una puesta a punto, me parece que cuerpo y mente armonizan de una manera que siento como..., bueno, no sé cómo explicarlo.

—Cuando yo lo hago, me siento más presente —comenta Fred.

—Exacto. A mí, la meditación me hace sentir separado de mi estrés. Pero esto me da una sensación de desapego y de estar presente en mi cuerpo a la vez. Es estupendo. Encuentro soluciones a mis problemas, se me ocurren ideas nuevas y me inspiro, por no hablar de la relajación y de la sensación de tener un cuerpo nuevo y más apuesto...

—Si no tenemos cuidado, a este paso vamos a iniciar un culto nuevo —advierte Fred.

—Y lo mejor de todo —interviene Margie— es que podemos usar esta práctica para todos los niveles diferentes del trabajo con nosotros mismos. A veces parece que sólo promueva un cambio físico, pero otras nos encontramos con una pauta emocional fijada en el cuerpo, y eso nos da la oportunidad de conocernos mejor. Y en ocasiones, también nos pone en contacto con un centro de paz que supongo que es nuestro yo espiritual.

—La gravedad es un regalo para nosotros —reflexiona Pauline, con los ojos clavados en el fuego, y después se vuelve hacia los demás—: Tengo algo que deciros. Ahora que estoy cantando música popular, debo ser más expresiva con los brazos que si cantara en un concierto. Al principio me sentía como si hiciera una parodia, con unos brazos postizos que no tenían nada que ver conmigo. Pero poco a poco voy aprendiendo a dejar que mis gestos broten de la misma fuente que mi voz. Todo surge de la Tierra, sube por mi cuerpo y me sale por el corazón.

–Qué hermoso –dice Fred, mirándola con admiración.

–Cuando lo logro –precisa Pauline–. Y estoy empezando a trazar el camino para llegar ahí. Te da la misma sensación que tienes al caminar cuando todo es congruente. No hay diferencia entre la parte superior del cuerpo y la inferior. Al relajar los brazos siento como si tuviera las piernas más vivas, y al revés.

–Es la sensación que yo tengo de vez en cuando en la pista de tenis –comenta Bill–. Y es estupenda. Oye, ¿nos cantarás algo dentro de un rato?

–Claro que sí, Bill, algo especial para ti –sonríe ella.

–Bueno, chicos –comienza Fred–, dejadme que os muestre algo con lo que estoy luchando. –Se pone de pie y se instala delante de la chimenea–. Todavía tengo ese desequilibrio en las caderas. Está mejor que antes, pero últimamente he observado que me paso mucho más tiempo apoyado en la pierna derecha que en la izquierda. ¿Recordáis la evaluación del principio del libro, aquella en la que hay que quedarse de pie como si se estuviera haciendo cola? Pues bien, fijaos y decidme qué es lo que veis –al terminar de hablar, Fred apoya el peso primero en el lado derecho y después en el izquierdo.

–Cuando estás apoyado en la pierna izquierda, pareces inseguro –comenta Bill–. No como si fueras a caerte ni nada de eso, pero...

–Pero en comparación con la derecha –dice Margie–, bueno, cuando te apoyas en la derecha pareces más cómodo.

–Y eso es lo que siento –confirma Fred–. Entonces, ¿qué hago con esto?

–¿Qué haces cuando te encuentras con que estás apoyado en la pierna dominante? –pregunta Margie.

–Generalmente, me corrijo y distribuyo el peso de forma uniforme entre los dos pies.

–Bien. Entonces, estás actuando como un padre severo –Margie frunce el entrecejo y amenaza a Fred con un dedo–: A ver, ¿cuántas veces te he dicho que no te apoyes en esa pierna? –pregunta en tono áspero–. Pero esa estrategia, en realidad, no funciona, ¿o sí?

–Sospecho que no.

–Apuesto a que no le agradeces a la pierna más fuerte el buen trabajo que ha estado haciendo, sino que más bien la riñes por su fortaleza. Y cuando intentas imponer a tu cuerpo una actitud diferente, se rebela, como es natural.

–Margie, ¿recuerdas el proceso de fusión que exploramos? –interrumpe Pauline–. ¿No crees que podría ayudar a Fred con ese desequilibrio?

–¿Te refieres a cuando fusionaste tus diferentes opciones para sentarte?

Pauline asiente con la cabeza.

–Claro. Inténtalo –dice Margie.

–Lo haré. ¿Recuerdas que te lo comenté, Freddie? Me estaba resultando difícil encontrar una manera cómoda de sentarme al piano. Lo que hice fue moverme muy lentamente hacia atrás y hacia delante, entre mi posición encorvada habitual y otra que me daba una sensación de mayor amplitud y apertura en la pelvis.

–Sí, lo recuerdo. Entonces, yo también necesito fusionar las dos posturas, ¿no?

Fred se inclina sobre el lado derecho, con la rodilla trabada y los brazos cruzados sobre el pecho, mientras el pie izquierdo se apoya levemente en el suelo.

–Está bien –dice Pauline–. Ahora, muy lentamente, empieza a elevarte partiendo de la cadera derecha, y desplaza parte de tu peso hacia el lado izquierdo de la pelvis... Así. Quizá tengas que acercar un poco más el pie izquierdo. Sigue, pero hazlo todavía con más lentitud. Si cierras los ojos percibirás mejor el movimiento... Apoya algo de peso en la pierna izquierda y déjalo llegar hasta el pie. Sigue hasta que tengas la sensación de tener el peso distribuido de forma uniforme entre ambos pies. Y acuérdate de respirar...

–¿Qué te parece esto?

–¿Qué sensación te da? –responde Pauline.

–Un poco rara, pero no desagradable. –Una arruga aparece en la frente de Fred mientras éste se concentra en sus poco familiares sensaciones.

–Bien. Ahora, con igual lentitud, vuelve al punto de partida. Y acuérdate de respirar... Eso mismo, deja que tu peso vuelva gradualmente al pie derecho. Y durante todo el tiempo, permítete sentir las más mínimas gradaciones del cambio.

Cuando Fred ha vuelto a su posición original, Pauline le pide que repita el proceso. La segunda vez, de un modo espontáneo, él deja caer los brazos, pero mantiene las manos juntas aunque flojas. Con los ojos cerrados, es como si pudiera ver cada lado de su cuerpo desde dentro. Es raro lo distintos que parecen los dos: el lado derecho lo siente denso y fuerte, pero también resistente, como si allí residiera su parte tozuda. Por contraste, todo el lado izquierdo le parece insustancial, como si no llevara demasiado tiempo allí. Fred sigue balanceándose, notando la frontera entre sus dos territorios internos. Cada vez que atraviesa esa frontera hay una especie de zumbido dentro de su cuerpo, y en una ocasión lo sacude un estremecimiento involuntario.

Fred continúa su exploración, con una expresión absorta en la cara. Los demás esperan, sabiendo que su amigo está aprendiendo algo importante sobre sí mismo, gracias a las sensaciones interiores de su cuerpo.

Cuando finalmente Fred se detiene, con el peso equilibrado entre ambos lados, se suelta las manos y hace una inspiración profunda.

–Qué bien me siento –dice al abrir los ojos.

–¿Qué has descubierto? –le pregunta Pauline.

–Bueno, al principio pensaba que no había más que dos «hogares» posibles –responde Fred–: mi postura habitual y otra, mejor y más equilibrada. Pero al moverme con tanta lentitud, he podido sentir que soy un extraño para el lado izquierdo de mi cuerpo. Tengo la impresión de que podría necesitar algún tiempo para que ambos lados de mí mismo se conozcan...

En su rostro hay una expresión que Pauline no le ha visto nunca, algo tierno, casi tímido. Ella se ruboriza al sentir que el cambio interno de Fred va a afectar de alguna manera inesperada a su relación. Confundida, busca la mirada de Margie.

–Tienes todo el tiempo que necesites –dice Margie a Fred.

–De acuerdo –responde él–, tengo mucho tiempo. E intuyo que tampoco hay sólo dos hogares. Es probable que haya muchísimos más entre el viejo y el nuevo. Bueno, queda mucho trabajo por hacer, pero ya me siento más libre.

–También lo pareces –comenta Bill–. Una gran demostración, Pauline.

–Gracias –responde ella, sonriendo y moviéndose un poco para que Fred pueda sentarse a su lado en el sofá–. Esa exploración de la fusión es realmente poderosa. Sabéis, cuando pasé por ese proceso al explorar mi posición sentada, hubo un momento en que me sentí muy asustada. Sentía la pelvis demasiado abierta, y era raro, porque no hice más que estar ahí sentada en la banqueta del piano. Me sentía como si tuviera más o menos ocho años.

Bill ha ido siguiendo con interés la conversación hasta ese momento. Reconoce la sensación que describe Pauline, pero se siente incómodo al oírla hablar tan abiertamente de ello. Echa un vistazo a su reloj. Tal vez tendría que irse a la cocina a calentarse un poco de café.

Margie y Fred escuchan atentamente mientras Pauline continúa con su relato.

–Entonces Margie me preguntó qué era lo que necesitaba saber la Pauline niña, y que yo ahora ya sabía. Fue la pregunta perfecta, Margie. Me metí en mi interior y le expliqué a mi niña todo aquello de los pájaros y las abejas, y todas aquellas cosas que utilizan los niños para burlarse de las niñas, pero que mi madre pensaba que yo era demasiado joven para comprender. Ella jamás se sintió cómoda hablando de temas sexuales. Y yo tenía un tío que hacía comentarios inapropiados. Nunca abusó físicamente de mí, pero me atormentaba con sus burlas, y yo me sentía muy confusa. Al llegar a la pubertad, encerré bajo siete llaves todos los sentimientos que tenían que ver con mi cuerpo, porque no los entendía. Y el hecho de que después me fueran explicando todas aquellas cosas no me dio ninguna seguridad para liberarlos. Pero cuando hablé con mi yo adolescente y se lo expliqué todo tal como me hubiera gustado que me lo explicaran entonces, fue increíble la diferencia en la forma como empecé a sentir mi cuerpo.

A esas alturas, Bill ya estaba refugiado en la cocina. La terapia le ha ayudado a hablar más libremente de sí mismo con Kay, pero contar esas intimidades en un grupo, aunque sea otra persona quien lo haga, es demasiado para él. La intimidad y la confianza entre los otros tres son palpables. Él puede percibirlas, pero no en ellas.

Cuando se sienta a la mesa, removiendo su café, Bill tiene una divertida visión de Margie, Fred, Pauline y él en monopatín. Los otros tres se mantienen en equilibrio a toda velocidad, mientras que él no hace más que caerse... Sigue siendo un larguirucho torpe.

—Respira, hombre —se aconseja a sí mismo—. Siente el suelo...

—¿Has encontrado lo que buscabas, Bill? —pregunta Margie, asomándose por la puerta.

—Claro que sí. Son muy buenas estas galletas. ¿Las has hecho tú?

—Sí, y hay muchas. Si quieres, llévate algunas para Kay.

—Gracias.

—Escucha. Cuando has venido a la cocina, me ha llamado la atención algo en tu estructura, y me gustaría comentártelo.

—De acuerdo. Dispara.

—Bueno, para empezar, eres muy alto.

—¡Qué novedad!

—Lo que quiero decir es que los marcos de las puertas te resultan demasiado bajos. Para entrar aquí has tenido que inclinar la cabeza. ¿Lo sabías?

—Sospecho que sí, pero ya estoy acostumbrado.

—Vuelve a atravesar esa puerta, Bill, pero fíjate en lo que haces.

Bill se levanta y va hacia la sala de estar.

—Encojo el cuello como para hundírmelo en el pecho, ¿no?

—Exacto. Ahora, ¿qué podrías hacer en lugar de eso?

Bill repite un par de veces el recorrido, de ida y de vuelta. Intenta doblarse por la cintura, y recoger el mentón. Frustrado, finge que está haciendo un agujero en el marco de la puerta.

Margie se ríe.

—Prueba a flexionar las rodillas, tonto.

Él lo hace.

—¡Vaya! Se doblan, y así quedo más bajo. ¡Cuánto sabes!

—Lo que necesitas ahora es practicarlo un poco —dice Margie—. Hace mucho tiempo que agachas la cabeza, así que cada vez que ves una puerta, tu sistema nervioso te dice que la agaches. Tienes que modelarte una reacción diferente: que cuando veas una puerta, te suene una campanita en la cabeza y se te doblen las rodillas.

–La repetición es un poco como construir una autopista, ¿no?

–¿A qué te refieres?

–Bueno, a que en este momento doblar las rodillas cuando veo una puerta no es más que ir abriendo una estrecha senda...

–Ya entiendo –sonríe Margie–. Sí, tienes que convertirla en una autopista de ocho carriles.

Cuando Margie y Bill vuelven con los demás, se encuentran con que Fred está de pie frente a la chimenea, con los ojos cerrados.

–¿Qué está haciendo? –le susurra Bill a Pauline.

–No hace falta que susurres, Bill –dice Fred–. Simplemente, estoy buscando por dónde agarrar esas sensaciones para poder encontrarlas después.

–Procura llevarte la sensación contigo mientras caminas –sugiere Pauline.

Los demás observan a Fred, que se pasea por la habitación.

–¿Qué es lo que acaba de pasar? –pregunta Margie en cierto momento–. Sea lo que sea lo que estabas pensando o sintiendo ahora, ha marcado una diferencia en tu modo de andar, sin duda.

–Estaba pensando que el suelo era blando, como si estuviera andando sobre una alfombra gruesa y carísima.

–Pues eso te ha hecho mover mejor los pies, de un modo más articulado, y de pronto había una mayor fluidez en todo tu cuerpo. ¿Has tenido alguna otra impresión al caminar de esa manera?

–Sí... Parecía más suave, como si no me exigiera tanta voluntad.

Fred parece un poco desconcertado.

—Muy bien –dice Margie–. Ahora vuelve a caminar como lo haces siempre y procura fusionar las dos maneras. Camina con voluntad, después sin voluntad alguna, y luego prueba con algunas variaciones intermedias para que empieces a encontrar más opciones.

–Yo también quiero probar eso –declara Pauline, mientras con sendos puntapiés se quita los zapatos.

Y pronto están todos caminando deprisa y paseándose despacio por el apartamento, chocando los unos con los otros, hasta que finalmente se ríen tanto que terminan dejándose caer al suelo.

—¿Te animarías a intentar una cosa más, Fred? —pregunta Margie, una vez que han dejado de reírse.

—Claro.

—Perfecto. Siente ese estado de relajación y abandono en todo el cuerpo, y ahora imagínate en el trabajo. Introduce en tu escenario laboral la cantidad adecuada de ese estado de relajación. Si te relajaras demasiado no podrías hacer el trabajo, pero relajarte un poco podría facilitártelo.

Fred asiente con la cabeza.

—Ahora, imagínate trabajando con los niños y pregúntate qué cantidad de tu nuevo estado de relajación es la adecuada para esa situación.

Nuevo gesto de asentimiento.

—E imagínate algo que quieras hacer en el futuro. Imagínate haciéndolo con el mismo equilibrio de fuerza y suavidad.

Al cabo de unos minutos, Fred mira a su alrededor.

—He estado pensando en mi sueño —explica—. Sabéis, algún día me gustaría establecer mi propio centro de trabajo corporal, cuya base sea el Juego de la Gravedad, y con instructores que se hayan formado en los principios que hemos estado aprendiendo.

—Una gran idea —aprueban los demás, casi al unísono.

—Sí, eso creo. Pero lo que acabo de ver ahora, durante el ejercicio, es que tengo que dejar que mi proyecto se desarrolle a partir de un lugar equilibrado dentro de mí. Si lo fuerzo, si me pongo a sacarlo adelante con mis fuertes brazos, por así decirlo, entonces estaría saboteando lo que estoy tratando de lograr.

—Y ahí tenemos de nuevo la senda de la simplicidad —señala Pauline—. Parece como si el sentido común de la gravedad fuera algo inagotable.

—Margie —dice Fred, volviéndose hacia ella y extendiendo la mano para tocarle el hombro—, tú deberías ser terapeuta. Eres realmente buena para esto, ¿lo sabías?

—Oh —suspira Margie y, ruborizándose, empieza a darse la vuelta.

Después, de pronto, se derrumba contra el pecho de Fred, que la rodea con el brazo mientras ella empieza a sollozar. Bill siente un peso sobre los hombros, y se le tensan las piernas, como si quisiera estar en otra parte. Pero esta vez hace una inspiración profunda, cierra los ojos y se permite sentir. Por más fastidiosa que se ponga a veces, Margie es una buena amiga. Y él aguanta a pie firme.

–Es algo que te equilibra tanto –dice Margie, cuando ya puede hablar–. ¿Habéis visto esos acróbatas de circo, los que se van apoyando unos sobre los hombros de los otros?

Los demás asienten, en silencio.

–Bueno, pues la única manera de que se mantengan en equilibrio es que se permitan estar en movimiento. El que está debajo de todos anda en bicicleta, y si alguien intenta quedarse quieto, ahí se acabó todo. Eso es lo que sigo olvidando, que todo es un proceso, algo dinámico. Yo continúo tratando de controlarlo.

Sus amigos esperan que Margie complete sus pensamientos, porque sienten que está luchando por liberar una parte de sí misma que lleva mucho tiempo bloqueada.

–Sabéis, yo también creo que debería ser terapeuta, pero cuando pienso en toda la preparación que eso requiere, lo siento como otra montaña que tengo que trepar. Y estoy cansada.

–¿De qué estás cansada, Margie? –le pregunta Bill.

–Ya hace mucho tiempo que ayudo a todos los que están cerca de mí a mantenerse equilibrados. Y a la gente del trabajo también. ¡Estoy cansada de ayudar a los demás! Entonces, ¿qué clase de terapeuta sería?

–¿En qué parte de tu cuerpo sientes eso? –le pregunta Bill.

–¿Siento qué?

–La tensión de ayudar y de estar cansada de ayudar.

–Buena pregunta –responde Margie–. A ver... En la cabeza. Es como si llevara puesto un gorro, una tensión alrededor del cráneo. Y en alguna otra parte... En los codos. Sí. Es como si estuviera siempre dispuesta a hacer algo.

–¿Siempre en posición de «¡Presenten armas!»?

–Sí, siempre lista.

–Bueno, entonces empecemos por el gorro, ¿de acuerdo? –pregunta Bill.

–De acuerdo.

–¿Qué pasaría si te lo quitaras?

El grupo guarda silencio mientras todos esperan la respuesta de Margie. Fred y Pauline se miran, atónitos ante la audacia de Bill, tan rara en él.

Ahora Margie sonríe; más bien, llora y sonríe al mismo tiempo.

—Si dejara de aferrarme a la cabeza, podría escuchar a mi corazón —responde—. Es así de simple. Y mi corazón sería irresponsable.

—Irresponsable, ¿hasta qué punto?

—Muy irresponsable —al decirlo se levanta y se despereza—. Y le diría a la cabeza que se diera la vuelta para mirar un poco el mundo. —Mientras habla, Margie se mece de un lado a otro; los brazos se le sacuden como las ramas de un árbol azotadas por un vendaval—. ¡Sería una gitana! —ahora, Margie se ríe, con el cuerpo totalmente relajado—. Qué disparate. ¡Me siento como si hubiera bebido!

—¿Y por qué no has de ser una gitana?

—Porque... —sin dejar de hablar, empieza a enderezarse.

—¿Por qué qué?

Ahora Margie frunce el ceño y se cruza de brazos.

—¡Porque soy demasiado vieja para andar de vagabunda por el mundo como una *hippie*!

—Pues esa sí que es una creencia anticuada —declara Pauline—. Como si los treinta y siete años fueran una sentencia de muerte. ¡Y lo dices tú! Si siempre me estás diciendo que siga mi sueño.

—Y a mí también —señala Fred.

Margie se lo piensa un poco.

—Tal vez lo digo porque es lo que necesito oír, ¿no?

—¿Quieres hacer una prueba, Marge? —pregunta Bill.

—Claro.

—Imagínate que tienes en el bolsillo un billete de avión para dar la vuelta al mundo y el pasaporte en regla. Siente esa posibilidad en todas tus células. Abandona la prudencia. Cuando vuelvas, ya podrás ayudar a toda esa gente. Vete a caminar un rato con esa sensación en el cuerpo.

Margie desaparece por el pasillo y vuelve con la chaqueta puesta.

—Chicos, estoy segura de que podéis pasaros un rato sin mí. Voy a dar una vuelta por mi trozo de planeta.

—Ya nos las arreglaremos —la tranquiliza Bill, saludándola mientras ella sale.

Media hora después, Fred y Bill están jugando una partida de *scrabble*, y Pauline se entretiene tocando algunas viejas canciones en el piano. Margie todavía no ha vuelto, y los demás están agradecidos por esa pausa en medio de tanta intensidad. De nuevo, la gravedad les ha dado más de lo que esperaban.

–¡Oh! Me has asustado. ¿Cómo te ha ido el paseo?

Margie ha entrado sin hacer el menor ruido y está de pie, escuchando la música.

–He trepado la colina. La noche está tan fresca y transparente... Se pueden ver todas las estrellas. Es una suerte vivir en un lugar donde todavía se puede salir a caminar sin miedo ya entrada la noche.

Margie ha vuelto con una expresión que Pauline no le ha visto nunca, y parece mucho más joven.

–Creo que voy a hacerlo, Paulie.

–¿Qué es exactamente lo que quieres hacer? No lo acabo de entender.

–Quiero ver el mundo –se instala en la banqueta, junto a su amiga–. Viajar, nada más. Nunca he hablado de eso porque en realidad no me permitía creer que bastaba con decidirse a partir. Tengo el dinero que he ahorrado para comprarme una casa; pero ¿para qué necesito una casa, en comparación con la sensación de volver a esta casa que soy yo? Sabes, esta noche me he dado cuenta de que he tratado de ser perfecta en el Juego de la Gravedad. Otra vez la cabeza se ha estado interponiendo en el camino. Pero en el momento mismo en que diserto pomposamente con la cabeza, destruyo la libertad de mi corazón. Y Fred tiene razón.

–¿En qué?

–En lo de la voluntad. Mientras trepaba la colina, dejando que fuera el corazón y no la cabeza quien guiara mis pasos, no necesitaba esforzarme. Es sorprendente el exceso de voluntad que empleamos sin siquiera darnos cuenta. Y no se trata sólo de la soltura física, aunque realmente siento el cuerpo muy ligero; también es como si me hubiera liberado de una carga psíquica. En este estado, no tengo que estar preparada para cualquier cosa que pudiera suceder, porque estoy presente en el momento, en cada momento.

–Eso suena a libertad.

—La libertad de confiar en el cuerpo.

Durante un rato, las dos mujeres se sientan juntas al piano. La velada ha sido perfecta.

—Tal vez sea hora de dar por terminada la noche —dice finalmente Margie—. Yo empiezo a sentir que los párpados se me han vuelto de plomo.

—Es hora de guardar las fichas, caballeros —advierte Pauline a los jugadores de *scrabble*—. Las señoras ya tenemos suficiente toma de conciencia para una sola velada.

—Pero, ¿qué hay de la canción que nos prometiste? Hola, Margie. ¿Cómo te ha ido el paseo?

—Bill, ha sido increíble —responde ella, abrazándolo—. Nunca podré agradecértelo bastante. Quizá yo debería ser terapeuta, pero tú tendrías que pensártelo un poco también.

—Bueno, creo que estaré demasiado ocupado —responde él— siendo padre.

—¡Bill! —exclaman todos al unísono, mientras se precipitan a abrazarlo.

—¡Y hablábamos de cambios! Esto exige un brindis —declara Fred mientras levanta su taza de café—. ¡Por el feliz papá!

En el rostro de Bill aparece un rubor poco común en él mientras Pauline lo homenajea con una versión jazzística de «Mi corazón pertenece a papá». Bill se regodea en la atención que le prestan, olvidándose a medias de proteger su intimidad.

—Chicos, la velada ha sido estupenda —dice Margie—, y me pregunto qué nos traerá el próximo encuentro.

—¡Os propongo un brindis por la vida errante de los gitanos! —exclama Bill.

—¡Y otro por la gravedad! —dice Pauline, y todos le hacen eco:

—¡Por la gravedad!

Bailando con la gravedad

Y así, el Grupo de la Gravedad vivió más feliz de lo que jamás habrían podido vivir de otra manera, tras haber aprendido que la gravedad no es un adversario, sino un amigo. Desde luego, algunas condiciones previas les ayudaron a descubrirlo. Eran personas de mentalidad abierta, valientes y sinceras consigo mismas, y estaban dispuestas a dejar que los cambios de su cuerpo se reflejaran en su vida. Además, disponían de una red de seguridad, formada por amigos que los apoyaban. Espero que su historia haya despertado en ti la curiosidad por la forma en que la gravedad podría afectar a tu propia vida.

¿Recuerdas la estrella de Belén, el símbolo que une la gravedad y el amor? Supongamos que pudieras estar en esa estrella, a unos cuantos años de luz de aquí, y mirar los movimientos de tu vida en este momento. Estarías demasiado lejos para oír la música, pero podrías contemplar la danza, el movimiento de las formas y los ritmos de tu cuerpo. ¿Qué sentimientos te transmitiría la coreografía de tu vida?

Espero que este libro te haya proporcionado algunos recursos para trabajar en tu propia coreografía y te haya llamado la atención sobre tu capacidad y tu responsabilidad como coreógrafo o coreógrafa. Al fin y al cabo, tu relación con la gravedad no es realmente un juego, sino una danza, y es también una metáfora del amor.

Apéndice

Centros de reestructuración corporal y terapia cuerpo/mente

A continuación presentamos una lista con las direcciones y la información sobre finalidad y características de varios institutos que trabajan en la reestructuración corporal y la terapia cuerpo/mente. Estos institutos proporcionan formación a los terapeutas para facilitarles la transformación personal mediante una exploración orientada físicamente. Si usted cree que necesita una ayuda en su preparación, puede ponerse en contacto con cualquiera de estas organizaciones para obtener información acerca de los terapeutas que hay en su zona.

Aston Patterning®
Aston Patterning®
P.O. Box 3568
Incline Village, NV 89450 [Nevada]
Tel. (702) 831 82 28
   Sistema para deshacer los estratos de tensión almacenados en el cuerpo, a fin de proporcionar al paciente más libertad y agrado. Combinación de trabajo corporal suave, educación del movimiento y examen del medio ambiente para permitir a cada uno conseguir el reordenamiento corporal que mejor se acomode a su estructura y necesidades.

Body-Mind Centering™
The School for Body-Mind Centering™
189 Pondview Drive
Amherst, MA 01002 [Massachusets]
Tel. (413) 256 86 15
   Estudio empírico basado en los principios del movimiento desde el punto de vista anatómico, fisiológico, psicológico y del crecimiento, que

permitan comprender cómo se expresa el yo a través del movimiento. La concentración en el interior y una suave sesión manual ayudan al estudiante a analizar la expresión física y emocional inherente al sistema de cada cuerpo, y a obtener nuevos patrones de movimiento y del yo.

Bodynamic Analysis
Bodynamic Institute
Schleppegrellsgade 7
DK-2200 Copenhague (Dinamarca)
Tel. (45) 35 37 84 00 – Fax (45) 35 37 84 48
Información en España: Bettina Hippel, tel. (93) 210 54 80

El Análisis Bodynamic es una psicoterapia somática de desarrollo basada en la correlación que tiene cada músculo con su correspondiente función psicológica. Esto supone construir la estructura del ego trabajando con habilidades e impulsos no desarrollados. Capacita a los adultos en su vida cotidiana y desarrolla los recursos necesarios para resolver traumas de la infancia.

Conciencia estructural
Nolte System of Movement Education
Dorothy Nolte, Ph. D.
24651 Via Raza
Lake Forest, CA 92630 [California]
Tel. (714) 380 94 67

Educación del movimiento para mejorar la alineación física y el concepto de sí mismo, conduciendo al cuerpo a patrones regidos por la gravedad. Patrones de movimientos específicos, respiración y trabajos con imágenes aumentan la flexibilidad y liberan el cuerpo de costumbres antiguas.

Continuum
Continuum Studio
c/o Emilie Conrad-Da'oud
1629 18th Street, Studio nº 7
Santa Mónica, CA 90404 [California]
Tel. (310) 453 44 02

Experimentar los movimientos esenciales, intrínsecos del cuerpo para facilitar la curación y la creatividad. Sesiones privadas y en grupo proporcionan un contexto en el que los estudiantes desarrollan la sensibilidad a los menores movimientos vitales, desde el aliento y los movimientos fluidos de los tejidos hasta patrones de relaciones con los demás.

El enfoque Trager
Trager Institute
33 Millwood
Mill Valley, CA 94941 [California]
Tel. (415) 388 26 88

Facilita la liberación de patrones psico-fisiológicos que bloquean la libertad de movimiento. El terapeuta mueve rítmicamente el cuerpo del alumno, produciendo una relajación profunda y una liberación del estrés tanto mental como físico. Puede practicarse una secuencia muy cercana a la danza para profundizar y continuar el proceso. Las mejoras estructurales y funcionales ocurren de forma espontánea como resultado de este replanteamiento de patrones sensoriales.

Hellerwork
Hellerwork
406 Berry Street
Mt. Shasta, CA 96067 [California]
Tel. (800) 392 39 00, (916) 926 25 00

Conciencia corporal intensificada mediante el trabajo de equilibrar el cuerpo en la gravedad. Masajes a los tejidos profundos combinados con la reeducación del movimiento y diálogo acerca de temas relacionados con la emoción ayudan al alumno en su búsqueda de la armonía entre el cuerpo y el yo.

Integración estructural
Guild for Structural Integration, Inc.
P.O. Box 1559
Boulder, CO 80306 [Colorado]
Tel. (800) 447 01 50, (303) 447 01 22

Masaje de los tejidos profundos y educación del movimiento permiten que la estructura corporal se libere de patrones de tensión que arrastramos desde antiguo, permitiendo que la gravedad realinee el cuerpo. La experiencia del equilibrio físico conduce a una mejora de la imagen propia y de la evolución personal.

El método Feldenkrais
The Feldenkrais Guild
524 Ellsworth Street
P.O. Box 489
Albany, OR 97321 01 43 [Oregón]
Tel. (503) 926 09 81

Patrones mantenidos en el subsconciente son traídos hasta el nivel consciente y luego liberados, en un intento por lograr la integración natural de nuestro cuerpo/cerebro. La educación se basa en el sentido de equilibrio físico de cada estudiante más que en la búsqueda de un ideal específico de la estructura corporal. Manipulación suave, atención centrada en el interior y movimientos no enérgicos reeducan la mente y el cuerpo en busca de patrones de expresión más eficientes.

Process Work
Process Work Center of Portland
733 N.W. Everett
Box 11/Suite 3C
Portland, OR 97209 [Oregón]
Tel. (503) 223 81 88
Asesoramiento psicológico individual con especial hincapié en las relaciones entre las experiencias físicas, psicológicas y transpersonales. Se estudian las huellas que ha dejado el sufrimiento para la solución de problemas, y también se proporcionan estrategias para la curación y el crecimiento personal. Seminarios y grupos de trabajo alientan el crecimiento personal.

Programación neurolingüística (PNL)
Dynamic Learning Center
P.O. Box 1112
Ben Lomond, CA 95005 [California]
Tel. (408) 336 34 57
Asesoramiento psicológico individual y solución de problemas mediante una mayor flexibilidad de la manera como la experiencia se codifica en la mente. Se comprueba el cambio personal buscando la ecología física y la integración. Seminarios de trabajo y ejercicios en grupo facilitan la transformación personal.

Rolfing® y Rolfing-Movimiento®
The Rolf Institute
302 Pearl Street, P.O. Box 1868
Boulder, CO 80306-1868 [Colorado]
Tel. (800) 530 88 75, (303) 449 59 03
En el rolfing, la manipulación de los tejidos profundos y la educación del movimiento permiten que la estructura corporal se libere de los patrones de tensión que arrastramos desde antiguo, permitiendo que la gravedad reali-

nee el cuerpo. La experiencia de un equilibrio físico conduce a una mejora de la imagen propia y de la evolución personal. El rolfing-movimiento, o integración del movimiento por el rolfing, emplea toques suaves, toma de conciencia guiada y diálogo verbal para ayudar al estudiante a resituar sus tensiones físicas y emociones concurrentes en un movimiento libre y bien integrado.

Somatic Experiencing (SE)
The Ergos Institute for Somatic Education
788 Old Apple Valley Rd.
Lyons, CO [Colorado]
Tel. (303) 651 05 00 – Fax (303) 651 37 87
Información en España: Bettina Hippel, tel. (93) 210 54 80
   Terapia de enfoque somático para la transformación y curación de shocks y traumas. *Somatic Experiencing* permite tratar eficazmente síntomas crónicos de estrés debidos a traumas físicos y psicológicos (accidentes, operaciones, abusos, etc.) sin necesidad de recordar o revivir la experiencia. Son los propios recursos del cuerpo los que permiten el paso hacia la resolución y curación del trauma.

Técnica Alexander
The North American Society of Teachers of the Alexander Technique (NASTAT)
P.O. Box 3992
Champaign, IL 61826-3992 [Illinois]
Tel. (217) 358 35 29
   Descubrimiento de uno mismo y alivio de tensiones físicas mediante la reeducación del sentido cinestésico. Énfasis en la liberación consciente de la tensión muscular innecesaria. Masajes suaves y sugerencias verbales guían al estudiante a que adquiera conciencia de posturas habituales dañinas, inhibiéndolas y reemplazándolas por posturas beneficiosas.

Terapia Hakomi
Hakomi Institute
1800 30th Street, Suite 201
Boulder, CO 80301 [Colorado]
Tel. (303) 443 62 09
   Trabajo de transformación basado en la suavidad, conciencia atenta y respeto por el continuo mente/cuerpo. La conducta, la estructura del cuerpo y la fisiología experimentan la influencia de creencias profundamente

ancladas, imágenes guiadas y recuerdos tempranos. La comunicación en el punto de conexión entre mente y cuerpo ayuda al cliente a acceder a su propia capacidad de autocuración y sabiduría interior.

Rolfing-Movimiento
Oficina de contacto para España:
Fuensanta Muñoz de la Cruz
Tel. (91) 730 09 35 (Madrid)

Bibliografía

Andreas, Connirae, y Steve Andreas, *Heart of the Mind: Engaging Your Inner Power to Change with Neuro Linguistic Programming*, Real People Press, Moab (Utah), 1989. [Hay trad. al castellano: *Corazón de la mente*, Cuatro Vientos, Santiago de Chile, 1991.]

Bandler, Richard, y John Grinder, *Frogs Into Princes: Neuro Linguistic Programming*, Real People Press, Moab (Utah), 1979. [Hay trad. al castellano: *De sapos a príncipes*, Cuatro Vientos, Santiago de Chile, 1982.]

Barlow, Wilfred, *The Alexander Technique: How to Use Your Body Without Stress*, Healing Arts Press, Rochester (Vermont), 1991. [En castellano, véase de este autor: *El principio de Matthias Alexander: el saber del cuerpo*, Paidós Ibérica, Barcelona, 1992.]

Bertherat, Therese, y Carol Bernstein, *The Body Has Its Reasons*, Healing Arts Press, Rochester (Vermont), 1989. [Hay trad. al castellano: *El cuerpo tiene sus razones: autocura y antigimnasia*, Paidós Ibérica, Barcelona, 1994.]

Dychtwald, Ken, *Bodymind*, J. P. Tarcher, Los Angeles, 1986. [Hay trad. al castellano: *Cuerpo-mente*, Temas de Hoy, Madrid, 1993.]

Fahey, Brian W., *The Power of Balance: A Rolfing View of Health*, Metamorphous Press, Portland, 1989.

Feldenkrais, Moshe, *Awareness Through Movement: Health Exercises for Personal Growth*, HarperCollins, San Francisco, 1972. [Hay trad. al castellano: *Autoconciencia por el movimiento: ejercicios para el desarrollo*, Paidós Ibérica, Barcelona, 3.ª ed., 1992.]

Gendlin, Eugene T., *Focusing*, Bantam Books, Nueva York, 3.ª ed., 1982.

Houston, Jean, *The Possible Human: A Course in Extending Your Physical, Mental, and Creative Abilities*, J. P. Tarcher, Los Angeles, 1982.

Hunt, Valerie, W. Massey, R. Weinberg, R. Bruyere y P. Hahn, *A Study of Structural Integration from Neuromuscular, Energy, Field, and Emotional Approaches*, Informe inédito, UCLA, 1977.

Keleman, Stanley, *Emotional Anatomy*, Center Press, Berkeley, 1985.

Kurtz, Ron, *Body-Centered Psychotherapy: The Hakomi Method*, Life Rhythm, Mendocino (California), 1980.

— y Hector Prestera, *The Body Reveals: An Illustrated Guide to the Psychology of the Body*, Harper & Row, Nueva York, 1976.

Lee, Jennette, *This Magic Body*, Viking, Nueva York, 1946.

Masters, Robert, y Jean Houston, *Listening to the Body*, Dell, Nueva York, 1989.

Mindell, Arnold, *Coma: Key to Awakening*, Shambhala, Boston, 1989.

— *Working with the Dreaming Body*, Routledge & Kegan, Paul, Londres, 1985.

Pierce, Alexandra, y Roger Pierce, *Expressive Movement: Posture and Action in Daily Life, Sports, and the Performing Arts*, Plenum Press, Nueva York, 1989.

— *Generous Movement: A Practical Guide to Balance in Action*, The Center of Balance Press, Redlands (California), 1991.

Rolf, Ida P., *Gravity: An Unexplored Factor in a More Human Use of Human Beings*, Rolf Institute, Boulder (Colorado), 1979.

— *Rolfing and Physical Reality*, Healing Arts Press, Rochester (Vermont), 1990.

— *Rolfing: Reestablishing the Natural Alignment and Structural Integration of the Human Body for Vitality and Well-Being*, Healing Arts Press, Rochester (Vermont), 1989.

Todd, Mable E., *The Thinking Body: A Study of the Balancing Forces of Dynamic Man*, Dance Horizons, Nueva York, 1968.

Recordamos que la obra capital de Ida P. Rolf, *Rolfing: The Integration of Human Structures* (Harper & Row, Nueva York, 1977), ha sido publicada por Ediciones Urano en 1994 con el título: *Rolfing. Integración de las estructuras del cuerpo humano. [N. del E.]*

Índice de conceptos